山东省自然科学基金项目"全球化时代背景下旅游者目的地依恋研究：维度、影响与表征"（ZR2019MG038）

旅游目的地依恋研究

Research on Tourism
Destination Attachment

贾衍菊 著

中国社会科学出版社

图书在版编目（CIP）数据

旅游目的地依恋研究/贾衍菊著.—北京：中国社会科学出版社，2021.8
ISBN 978 - 7 - 5203 - 8992 - 1

Ⅰ.①旅…　Ⅱ.①贾…　Ⅲ.①旅游地—研究　Ⅳ.①F590.3

中国版本图书馆 CIP 数据核字 (2021) 第 172801 号

出 版 人	赵剑英
责任编辑	刘晓红
责任校对	周晓东
责任印制	戴 宽

出　　版	中国社会科学出版社
社　　址	北京鼓楼西大街甲 158 号
邮　　编	100720
网　　址	http://www.csspw.cn
发 行 部	010 - 84083685
门 市 部	010 - 84029450
经　　销	新华书店及其他书店
印　　刷	北京君升印刷有限公司
装　　订	廊坊市广阳区广增装订厂
版　　次	2021 年 8 月第 1 版
印　　次	2021 年 8 月第 1 次印刷
开　　本	710 × 1000　1/16
印　　张	15.5
插　　页	2
字　　数	231 千字
定　　价	88.00 元

凡购买中国社会科学出版社图书，如有质量问题请与本社营销中心联系调换
电话：010 - 84083683

序

    中国旅游业经过四十多年的积累进入了高质量发展的新阶段。当前，旅游已经成为人们日常生活的重要组成部分，旅游者的出游方式、旅游动机、消费内容与消费模式都在发生着深刻变化。在追寻"诗和远方"的旅程中，现代人穿梭于固定的生活居所与变换的目的地之间，正在展示着人类情感的多样性和交流的丰富性，以及这些情感与文化、社会与生活空间之间的多元关系。源自人文地理学的"地方依恋"（Place Attachment）是分析人与特定地方情感关系的重要概念。地方依恋是一种非常普遍的现象，如"思乡情怀""回归故里""寻根问祖""母校情结"等。每个人都有自己对特定地方的情感，"家"是最为典型的一种地方形态。对于那些常年生活在某一固定居所的人们来说，"家"是最熟悉也是最安全的地方；而对于那些多年漂泊在外的游子来讲，"家"是心灵的港湾，是人生的避风港，乡情、乡思、乡愁、乡音，家乡始终是令人梦绕魂牵的地方，对"家"或"故乡"的依恋是人类共有的、最真挚的情感。

    现代社会生活、工作方式的改变和旅游活动的兴起，扩大了人们在地理空间上的活动半径，而且也推动人类依恋尺度的不断拓展，从家到社区、从整个地区乃至更广阔的区域。对于旅游者来讲，"家"的概念正在悄然发生变化，"家"与"目的地"之间的界限变得愈加模糊。旅游目的地是一个充满意义的地方，是被众多旅游者消费的地方。地方依恋理论从个体情感角度出发，注重分析情感对其态度和行为的影响。旅游目的地依恋是地方依恋的一种类型，特指旅游者与特定目的地之间建立积极的情感联系。相对于传统的旅游者的决策行为和旅游体验研究，旅游目的地依恋研究更为注重从人地关系角度分析旅游者与目的地之间的关联。在这种人地关系中，旅游者居于主动地位，他们可以能动地体验、认识、影响旅游目的地环境，成为旅游目的地地方建构的重要力量。就像当地居民依恋于自己所在的社区一样，旅游者对目的地也会注入不同形式的情感，既包括爱、满意等正面的情愫，也包括悲伤、失望等负面的情感。从中国旅游业实际发展来看，传统的以经济绩效为核心的旅游目的地管理理论与方法，忽视了旅游者与目的地之间的情感联结关系对旅游资源保护和旅游地持续发展的影响作用。旅游目的地的经营管理需要注入更多的人文关怀因素，满足现代旅游者多样化、多层次、多方面需要。

本书由贾衍菊的博士学位论文整理而成，书中通过对国内外相关文献的系统梳理，采用质性研究和量化研究相结合的方法来对旅游目的地依恋展开系统的研究，其研究内容具有一定的前瞻性和创新性。在质性研究阶段，以旅游者在线点评为资料来源，采用扎根理论方法构建旅游目的地依恋的结构维度模型和影响关系模型；然后采用规范的实证研究方法将质性研究提出的理论框架和变量进行概念化操作，通过预调研和正式调研获取数据，对量表进行探索性和验证性分析，并采用结构方程方法分析旅游目的地依恋结构维度和影响关系机理。整体而言，此书从理论和实证角度论证了旅游目的地依恋是高质量的人地关系的表现，这种良好的人地关系不仅可以给旅游者带来情感上的满足，而且可以为目的地带来良好的口碑宣传和重游的需求，因此旅游目的地依恋情感的形成在构建和谐的旅游者—目的地关系中起着重要作用。

2012 年年初，贾衍菊得到了山东大学管理学院王德刚教授的极力推荐而报考了我的博士生，于同年就读于厦门大学管理学院旅游与酒店管理系。在学期间，她与导师合作在国内核心学术期刊上发表数篇有关旅游消费者行为和地方依恋的论文，体现出很好的科研能力。作为她的博士导师，本人目睹她近几年来在旅游学术研究方面所取得的可喜成绩，是以在其学术专著付梓之际，欣然应允为其作序。衷心希望此书的出版能给旅游目的地依恋理论的研究添砖加瓦，同时也希望贾衍菊博士在旅游学术研究领域取得更好的成就。

2020 年 6 月于厦门大学成枫楼

摘　要

　　德国哲学家海德格尔提出的"人，诗意栖居在大地上"是人类共同的向往。在现代社会，人们生活在喧嚣的城市里，生活在追逐现实利益的环境下，生活在反复琐碎的日常中，如何实现诗意地栖居是值得深入思考的哲学命题。旅游是一种在别处的生活，是惯常生活常态的逸出，是"诗意栖居在大地上"的一种现代形式。正所谓"行走的是身体，愉悦的是心灵"，旅游不仅让人们欣赏到美丽的风景、多样的文化、灿烂的文明，更让人们在身临其境的体验中实现了自我成长和提升。与之相应，旅游目的地不仅是旅游者观光游览、休闲度假的物质空间，还是他们追求愉悦、发展自我、寄托情感之所在。在追求"诗和远方"的"行走"过程中，人们与外在环境的关系以及自我意义建构的形式在发生着重大变化。当下，旅游已经成为国民一种常规的异地体验，旅游活动所追求的"畅爽"成为大多数人的自觉目标。人们地方依恋的尺度由惯常的生活环境逐渐延伸到异地的旅游目的地空间，目的地空间也被旅游者赋予了更加丰富的意义。

　　20世纪人本地理学家Tuan最先把"地方"的人文主义精神引入地理学研究中，将其与人的心理和情感联系在一起。在不同学科学者的共同努力下，地方理论由最初对恋地情结的观察分析，发展成由地方性、地方感、地方依恋等概念以及相应指标体系构成的完整理论。国外学术界有关地方依恋的研究始于20世纪80年代，前期发展速度较为缓慢，在2000年以后呈现快速上升趋势，特别是2010年后研究尤为兴盛。2006年国内学者将地方依恋理论正式引进中国并得到了广大学者的积极响应，相关成果不断涌现。

　　本书专注于中国旅游高质量发展阶段的旅游目的地依恋研究。旅游目的地依恋是指旅游者与特定目的地之间积极的情感联系。对这一概念的深入认识有助于解释旅游者与目的地之间的情感关系，深入理解旅游者的行为有助于促进旅游目的地与旅游者建立和谐的关系。从理论发展角度看，现有的地方依恋研究在社区居民依恋方面取得了丰硕的成果，而对于旅游者对目的地的依恋还缺乏系统性研究。从实践价值角度来看，对于旅游目的地依恋的研究，有助于目的地管理者熟悉和理解旅游者的情感诉求，了解维系旅游者与目的地情感关系的媒介，并采取针对性措施推进旅游目的地资源的有效开发与旅游者诉求的协调互利。

由于缺乏可以直接使用的权威理论成果，本书研究采用质性研究和量化研究相结合的方法来探讨旅游目的地依恋问题。在质性研究阶段，以旅游者在线点评资料为数据来源，构建了旅游目的地依恋四维度的结构维度和影响关系模型；然后采用规范的实证研究方法将质性研究提出的理论框架和变量进行概念化操作，通过预调研和正式调查问卷法，对量表进行了探索性和验证性分析，并采用结构方程模型方法分析了旅游目的地依恋结构维度和影响关系机理。

研究得出以下四个结论：第一，旅游目的地依恋是一个包括地方依赖、地方认同、地方情结和社会联结的多维度概念；第二，基于旅游者感知的目的地属性变量——目的地形象、目的地品质和目的地个性均对旅游目的地依恋有显著的影响，其中，目的地形象的影响最强，其次是目的地个性和目的地品质；第三，作为旅游者与目的地互动程度的替代变量，旅游者的旅游频率对旅游目的地依恋具有正向的影响，而旅游方式的影响并不显著；第四，旅游目的地依恋对旅游者的满意度和意向忠诚具有显著的影响效应，满意度在旅游目的地依恋和意向忠诚关系中起到部分中介作用。

研究的主要创新点包括：第一，基于已有研究结论和扎根理论分析结果，构建了旅游目的地依恋四维度结构模型，并通过科学、严谨的量表开发程序，对目的地依恋的量表进行了修正，为旅游目的地依恋本土化研究的开展提供了可靠、有效的测量工具。第二，构建了旅游目的地依恋影响关系模型，对目的地依恋的前因变量与后果变量进

行整合分析，验证了目的地形象、品质、个性、旅游频率、旅游方式
对于旅游目的地依恋的影响机理，以及旅游目的地依恋对于旅游者满
意度和忠诚度的影响关系路径。

关键词：地方依恋；旅游目的地依恋；结构维度；影响关系

Abstract

"Human beings, poetically inhabit on the earth", which was put forward by Heidegger, a German philosopher, is a beautiful yearning. In modern society, people live in a noisy city, in the environment of chasing realistic interests, and in the repeated trivial daily life. So how to achieve poetic dwelling is a philosophical proposition worthy of in – depth thinking. Travelling is a kind of life in other places, an escape from the normal life, and a modern form of "poetic dwelling on the earth". As the saying goes, "walking with the body, pleasure is accompanied in the mind. " Travelling not only allows people to enjoy the beautiful scenery, diverse culture and splendid civilization, but also enables people to realize self – development in the immersing experience. Consequently, tourism destination is not only a physical space for sightseeing and entertainment, but also a place of great significance for tourists to improve and develop themselves and to respond to their emotions. In the process of pursuing "poetry and distance", the relationships between people and place and the form of self – meaning construction are also undergoing great changes. At present, tourism has become a common spiritual pleasure of people in China, and flow experiences of tourism activities has become the conscious goal of most people. The scale of people's place attachment has gradually extended from the usual living environment to the tourism destination space, and the destination space has been given more abundant significance by tourists.

Yi – Fu Tuan, a humanist geographer in the 20th century, first introduced the humanistic spirit of "place" into the study of geography, connecting it with human psychology and emotion. With the joint efforts of different disciplines, place theory has developed from the observation and analysis of topophilia to a complete theory composed of the concepts of placeness, sense of place and place attachment. The research on place attachment in foreign academic field started in the 1980s, and the development speed was slow in the early stage and showed a rapid upward trend after 2000 especially after 2010. In 2006, the theory of place attachment was officially introduced into China and has been actively responded by domestic scholars.

This book focuses on the study of destination attachment in the high – quality development stage of Chinese tourism. Destination attachment refers to a kind of positive emotional connection between tourists and specific destinations. Further research and deeper understanding of this subject is conductive to promoting effective management of tourist destination resources and building harmonious relationship between destinations and tourists. From the perspective of theoretical research, the existing research on place attachment has yielded great achievements in community attachment of local residents, while there is not enough systematic and localized research on place attachment of tourists to destinations. In addition, compared with the research results abroad, domestic research in this field is lack of systematic research. From the perspective of practice, research on destination attachment can help destination managers learn about the emotional pursuit of tourists, know about the maintaining the attachment of tourists to destinations and adopt effective measures to promote mutual coordination. Based on relevant documents and papers at home and abroad, this dissertation systematically analyses the dimensions and influence mechanism of tourism destination attachment.

In light of lacking authoritative theoretical results which could be learned from directly, qualitative research and quantitative research methods are combined to explore the destination attachment. In the process of qualitative research, a four – dimension structural dimension model and an influential

2

relationship model for tourism destination attachment are proposed based on the information collected through online reviews of tourists. Then, with rigor empirical research method, the concepts and theoretical frameworks are measured which are raised in the process of qualitative research. Through pre – test and formal questionnaire survey, exploratory analysis and confirmatory analysis of the measurement scales of the concepts are conducted to determine the specific measurement items. The structural dimension and influential relationship mechanism of tourism destination attachment are tested through structural equation model method.

This study has four following conclusions. First, destination attachment is a multi – dimension concept which consists of place dependence, place identity, place affect and social bonding. Second, the antecedent variables of tourism destination attachment based on the perception of tourists, namely the image, quality and personality of destination have significant influence on destination attachment. In addition, the image of destination has the greatest influence on destination attachment, followed by the personality and quality of tourism destination. Third, as the proxy variable of the interaction degree between tourists and destination, visiting frequency is proved to be a critical antecedent of destination attachment, while the travelling way has no significant influence on destination attachment. Fourth, the influence of destination attachment on tourists' conative loyalty is significant. Satisfaction plays a partial mediating role in the relationship between tourism destination attachment and conative loyalty.

This study is innovative in the following aspects. First, based on existing research results and grounded theory discoveries, a four – dimension model of tourism destination attachment is proposed. Through scientific and rigor development procedures, the measurement scale of destination attachment is modified, so a reliable and effective tool is presented for localization research of tourism destination attachment. Second, an integrated relationship model is proposed for tourism destination attachment to explore its antecedents and outcome variables, and influence mechanism of destination image, quality and personality on destination attachment are verified. At the same time the relationships between destination attachment and tourists' satisfaction and loyalty are also examined.

Key words: place attachment; tourism destination attachment; structural dimension; influence relationship

目　录

第一章

绪 论

第一节 研究背景

一 实践背景

（一）旅游成为美好生活方式背景下旅游业供给侧结构性改革的现实要求

当前，在消费升级、全域旅游等因素的共同驱动下，旅游成为经济增长的新引擎，国民旅游诉求开始向"美好的生活方式"转变。同时，以文化、旅游作为经济发展主要驱动力的旅游目的地正在面临产业转型升级。中国旅游业经过改革开放后40余年的积累，与中国经济保持同步、快速和持续高位增长，成为世界重要的旅游目的地和客源国。作为五大幸福产业之首，旅游业是衡量民众生活质量和获得感、幸福感的重要标志。面向未来，旅游产业将在促进消费、拉动增长、助推乡村振兴等方面继续发挥关键作用。

旅游业需要深刻认识新时代旅游消费的需求供给关系，围绕满足"人民美好生活需要"为目标，着力以供给侧结构性改革为主线，推动中国旅游经济高质量发展，把注意力集中到推动我国旅游供给能力更好满足人民不断升级以及个性化、情感化的物质文化和精神文化需要。需求方面，中国旅游消费者已经逐渐成熟，他们既关心旅游产品

1

质量的好坏和价格的高低，更看重旅游活动过程是否给自己带来预期的感受和情感上的满足。他们通过实施多次前往或向他人推荐（余勇等，2010）、关注当地环境（唐文跃，2011）、季节性迁移居住（杨钊、陆林，2005）等行为与旅游地保持一种"亲密"（intimacy）的关系（Trauer and Ryan，2005），以寻求"更好或更满意的生活方式（Benson and O'reilly，2009）。特别是伴随城镇化水平的提高，人们的旅游动机越发强烈。供给方面，我国有着广大的旅游资源，奇山秀水、名胜古迹、民俗风情等资源富集，发展旅游有着独特优势。但是经过多年积累，很多旅游目的地面临着产品同质化、竞争无优势、有效供给不足的困境，迫切寻求产业升级的可行性路径。满足人们美好生活需求的"旅游品质"问题成为旅游产业实践的核心矛盾，如何通过"幸福产业"满足人们的出游需求、提升生活品质已成为从政府层面到学术研究方面的热点话题。基于中国旅游业迅速发展的背景，借鉴相关理论深入研究旅游者的情感诉求，细致刻画微观层面旅游者情感特征与机制，成为有效促进旅游地优化发展、全面推进旅游目的地转型升级的关键科学问题。

（二）大规模旅游者流动正在深刻影响着旅游目的地的人地关系

作为现代社会大多数人日常生活的重要组成部分，旅游已经成为具有普遍意义的社会活动。当前跨区域、大规模的旅游者流动已经成为现实。联合国世界旅游组织发布的《2030年全球旅游发展展望报告》中预测，到2030年，全球旅游人数将达18亿人次。① 在国内，受国民经济的持续稳定增长和节假日制度的影响，国内旅游市场和出境旅游市场稳步增长。这种大规模的旅游者流动构成了一种新型的人（旅游者）—地（目的地）关系。主要表现在，旅游业在为当地创造更多劳动就业机会和收入的同时，旅游者绝对数量的增加严重威胁着旅游目的地的地方性特征。例如，旅游业功利性的发展正在改变着目的地原有的文化个性，旅游者和居民之间的矛盾冲突不断出现，旅游

---

① 新华网：《联合国世界旅游组织发布最新世界旅游趋势与研究报告》，http：//www.cssn.cn/dzyx/dzyx_ jlyhz/201410/t20141014_ 1363175. shtml，2014 - 10 - 14。

者的不良行为给旅游目的地环境带来了巨大的压力，导致目的地的资源、生态、环境不同程度的破坏；与此同时，目的地环境对旅游业发展的影响和反作用也愈加强烈，影响着旅游地的持续经营发展。如何深刻认识和解决这些问题，成为当前旅游业发展的核心问题。传统的旅游经济视角已经不足以深入认识这些现象，需要从"旅游社会""旅游文化""旅游环境"的角度，从价值、情感、意义等层面分析旅游发展中的人地关系。

在这种人地关系中，旅游者居于主动地位，他们可以能动地体验、认识、影响旅游地环境，成为旅游目的地地方建构的重要力量。正如当地居民依恋于自己所在的社区一样，旅游者对目的地也会注入不同形式的情感，既包括爱、满意等正面的情感，也包括悲伤、失望等负面的情感，这属于地方依恋理论的研究范畴。该理论认为，个体对地方的感知是人们对特定地方表现出的依恋与厌恶交织在一起的综合情感反应，这种情感联结会表现出相应的行为特征，如对某个地方的接近倾向、在该地方特定的行为模式等。地方依恋是一种广泛存在的客观现象，如"思乡情怀""回归故里""寻根问祖""母校情结"等，它描述了人与某些地方之间的特殊依赖关系，这些地方包括家乡、社区、宗教场所、公园、户外游憩地以及旅游景区、旅游目的地等多种类型。因此，地方依恋理论为解释旅游者与目的地之间的关系提供了独特的理论视角，可以为解决上述矛盾和问题提供崭新的策略支持。

（三）"人民群众更加满意"的战略定位需要旅游目的地经营管理体现人文关怀

当前中国旅游业已经进入大众旅游消费阶段，"国民经济的战略性支柱产业和人民群众更加满意的现代服务业"是国家赋予旅游业的战略定位。伴随国内旅游者的不断成熟，其消费诉求也在不断发生转变：从快餐式旅游过渡到兼具主动性、情感化和生态化的休闲娱乐旅游；旅游者越来越注重旅游过程中个人的感受以及旅游经历给个人成长带来的价值。通过旅游，人们的视野得到拓展，见识不断增长，在旅游之中有所感悟，释放自我，找寻生活的真正乐趣。在旅游活动过程中，旅游者往往因对地方的"消费"而对某个地方产生不同形式的情感、态度，而且正面的情感可以导致积极的行为，如多次游览目的地或积极传播目的地正面形象等。很多旅游目的地的游客多半是重游，对于他们而言，已经不是旅游地的物质景观在吸引他们，而是一种对这个地方的依恋情感是重游的关键驱动力。如黄帝陵的"祭祖"活动每年都吸引着数以万计的海外旅游者，其原因是华夏儿女对中国民族共同始祖轩辕黄帝的根情结；丽江古城旅游开发以后，游客回头率非常高，很多游客反映丽江古城让人难以忘怀。因此，这些现象引发我们思考：旅游者为什么会频繁游览同一目的地，旅游者是如何与目的地联系在一起的，旅游者的积极情感在这当中发挥了怎样的作用呢？

传统的旅游目的地选择模型强调旅游者在目的地选择决策时会重点考虑其旅游活动开展的功能属性，这意味着具有相似特征的目的地环境是可以替代的，很显然这与现实并不完全吻合。地方依恋理论给予了一种基于人类情感的独特解释。Williams 和 Roggenbuck（1989）提出旅游者会根据对某个特定旅游地的心理偏好选择旅游地，而地方依恋是产生这种偏好的根本原因，而不仅只是因为特定地方在满足人们需求方面的功能性特征。这种依恋情感是旅游者深入体验目的地并与目的地互动形成的正面情感，由旅游者的持续参与又反作用于旅游者的体验和行为。地方依恋理论既契合了旅游作为一种追求新奇和愉悦性质的活动特质（余意峰、熊剑平，2010），也为学者深入思考旅游者与目的地的情感联系提供了理论指导。从中国旅游业实际发展来看，传统的以经济绩效为核心的旅游地管理理论与方法忽视了旅游者与目的地之间的情感联结关系对自然资源和旅游地管理的影响作用。地方依恋理论从个体情感角度出发，注重于分析情感对于其态度和行为的影响。相应地，目的地对于旅游者的情感意义和价值应该受到重视，旅游目的地的经营管理需要体现人文关怀，这将是中国旅游业未来的发展趋势。

（四）日益激烈的旅游市场竞争使目的地进入关系营销时代

进入 21 世纪，国内众多旅游地在得到迅速发展的同时，彼此之间的竞争越发激烈，都需要稳定的客源维持自身的发展。在实践层面，国外目的地营销者已经意识到与旅游者建立稳定关系的重要性。例如，北美的奥兰多主题公园充分利用网络进行游旅游者关系营销，建立旅游者关系数据库，观测网络访客的来源地，并以此为依据制定以及调整广告方案（邵隽，2007）。Pike 等（2011）指出，目的地管理仅仅关注于销售额是不够的，应该着力于旅游者关系管理，与旅游者建立稳固的关系，才能有效应对激烈的市场竞争。建立和维系旅游者—目的地之间的关系，不仅可以强化旅游者的重游意愿，而且会提升目的地在旅游者之间的口碑效应。

旅游者与目的地的关系是国外旅游目的地研究的重点领域（钟行明、喻学才，2005）。研究这种关系的重要方式是聚焦于依恋。正如顾客会与某种特定的产品、服务（Dall'Olmo Riley and De Chernatony，2000）、品牌（Thomson et al.，2005）之间建立情感关系一样，旅游者也会与那些具有象征价值或符号意义的目的地建立起情感联结，并进而影响其未来的行为。因此，目的地营销成功的关键在于同旅游者建立一种特殊的情感关联并对两者的关系进行有效管理（Ekinci，2003）。Chen 和 Phou（2013）以营销领域的品牌关系理论和态度理论为基础，正式提出了旅游者—目的地的关系问题，研究结果显示地方依恋是旅游者—目的地关系的主要维度，较高水平的地方依恋是旅游者与目的地良好关系的重要体现，这是理论界首次从目的地营销视角分析了地方依恋在旅游者—目的地关系中的作用，并为目的地实行有效的关系营销策略提供了新的思路。

综上所述，在目的地管理实践中，与地方依恋有关的问题就出现了：第一，如何认识旅游者对目的地的依恋情感，使目的地管理者更好地认识旅游者，了解旅游者的情感需求，为旅游者提供高质量的旅游体验？第二，旅游目的地依恋是如何形成的，目的地的环境以及属性如何影响了这种情感的建立？第三，如何通过目的地的开发管理引导旅游目的地依恋的建立，增强旅游者与目的地的积极情感联结，促进旅游目的地的可持续经营？第四，如何通过发挥旅游目的地依恋的作用，促进旅游者在目的地积极的情感和行为参与，有效协调旅游目的地的人地关系，全面推动目的地社会和谐有序发展？

二 理论背景

（一）地理学的"情感"转向

英国著名哲学家休谟说："人类心灵的主要动力原则就是快乐与痛苦。"法国著名哲学家奥古斯特·孔德认为感情、行为和才智构成人性，而其中起决定作用的是感情，感情动机决定了个体的理智和活动目标。情感是人类感知、体验世界的重要内容，是人类日常生活空间建构过程中的重要组成部分。20世纪70年代中期，伴随相关学科的逐步成熟及研究思潮的多元化，学术界掀起"情感研究"革命，特别是情感在社会—空间生活和人地关系影响的重要性日益得到体现，地理学迎来了"情感转向"（Davidson et al. , 2005）。受到现象学和身体哲学等哲学思潮的影响，情感地理学（Emotional Geography）是21世纪以来形成并日益发展壮大的新兴领域。在"情感转向"的影响下，情感开始摆脱作为纯粹主观精神问题的范畴而走向广阔的社会—文化空间（朱竑、高权，2015）。情感地理学倡导者强调关注人在社会情境中情感的建构机制及其与空间场所的相互作用，以改变地理研究长期以来唯科学主义的研究取向。

地理学的情感转向为更好理解人与生活世界的关系提供了新方式。人本主义地理学在空间与地方的主观体验方面的理论和方法，对情感地理学的发展产生了深刻影响。将人们的情感注入特定的地理和社会生活空间进行思考，源于20世纪70年代人文地理学家Tuan[①]（1974）对"恋地情结"（Topophilia）现象的分析和"地方"（Place）（1975）概念的提出。在过去40余年里，作为描述人与地方情感联系与心理依附的地方感、地方依恋等概念被广泛应用到地理学、城市规划与环境心理学等领域，以描述人们体验的"生活世界"（Lewicka，2011），自此人的主观体验在地理学中的地位得以确认。基于新古典

[①] Yi - Fu Tuan（1930— ），中文姓名段义孚，美国著名华裔地理学家，是享誉学术界的人文主义地理学大师、美国艺术与科学院院士、英国皇家科学院院士，被美国地理学会授予杰出贡献奖获得者。

经济学的假设，人总是倾向于自治和经济理性的行动者，这也使逻辑实证主义的计量方法被广泛地运用到地理学研究中。地理学曾一度概念化成"空间科学"，而人本主义地理学对此则持强烈批判态度（Bondi，2005）。空间不仅仅具有几何特征，还是人类情感体验的载体，地方"是体验建构意义的中心"（Tuan，1974）。人本主义地理学在空间与地方的主观体验方面的研究，为旅游情感空间的深入探讨提供了理论支持。

（二）旅游学情感研究的深化

旅游作为一种追求愉悦的活动，旅游者的情感应当是旅游背景下情感研究的核心任务之一（刘丹萍、金程，2015）。旅游者常常会接触到各类新鲜事物，随着旅游刺激物的不断变化，旅游者的心理也会随之发生变化，并可能产生愉悦、兴奋、悲伤、愤怒、后悔等正面或负面情感，这些情感不仅构成了旅游者重要的旅游经历，同时也对他们的旅游动机、满意度、行为意图和人际互动等产生重要影响。因此，从20世纪90年代开始，旅游者情感研究开始兴起，主要研究集中在基本维度和因素的界定上。例如，Filep（2009）从积极心理学角度出发，利用内容分析法研究了澳大利亚赴西班牙旅游的青年旅游者的"畅爽"体验，指出亲密关系、归属感、安全感、舒适、好奇、外界刺激和自我发展等动机与旅游者"畅爽"体验相关性较高。旅游情感量化研究较多关注旅游者出发前的心理预期、心理动机和游程结束之后的满意度、愉悦度等。特别是旅游者在旅游过程中感知的服务质量，是旅游者愉悦度的决定性因素，而旅游对公共服务的感知往往对整体满意度有着显著影响。由于许多情感反应难以在意识层面捕捉到，所以需要发展非常规和间接的新方法，进而在经验层面对情感进行研究。在当前大数据研究背景下，地理学者开始采用GIS和GPS等新的空间技术，有针对性地采集个体时空行为和其他信息，从而获得群体性的空间规律和综合评价。如刘逸等（2017）借助大数据挖掘技术，抓取自然和人文类各9个旅游景区的旅游者在线评论，探索旅游者对于两类旅游资源评价情感画像的特征和差异；黄潇婷（2015）提出"旅游情感路径"概念模型构建了一种定量化、过程化和可视化研究旅游体验情感的新方法。

（三）社交媒体时代下旅游研究的深入

社交媒体时代下的大数据发展使旅游研究更加深入。当 21 世纪信息化的浪潮席卷全球的时候，社交媒体的迅速发展正以它前所未有的渗透力浸入人类现实社会生活的各个领域，并且深刻影响和改变着人们的消费、交往、协作等行为方式。社交媒体现已成为继电视、报刊、朋友或家人、个人经验等传统信息搜寻方式之后一种新兴的信息源。与传统"自上而下"的信息交流方式相反，社交媒体"自下而上"的方式加快了信息更新的速度，同时它搜寻信息的数量和渠道也是传统信息搜寻方式所不及的。社交媒体改变了旅游者传统的旅游决策和产品购买行为，给他们带来了个性化需求、感知、满意度等方面的深刻变化。同时，社交媒体强调信息传播方式的转变和传播内容的个性化，赋予旅游者更多的自主权和话语权，使其依托该平台分享个人体验、提供资讯，并与其他旅客、旅游企业以及目的地管理者进行即时沟通。这不仅影响着其他在线旅游者的旅行安排、目的地选择等行为，还推动着旅游企业和目的地在管理模式和行动策略上进行变革（贾衍菊，2017）。社交媒体的发展促进了旅游体验经历以文字、图像、照片、视频等多种形式呈现在网站、博客、媒体分享网页上，它们对旅游者目的地、住宿设施、旅游活动的选择具有重要的参考价值。用户生成内容（User Generated Content，UGC）作为数据源为旅游者行为研究开辟了新路径。

社交媒体的快速传播摆脱了传统口碑"人际圈子"的局限性，传播范围更广，能够影响更多的弱联结消费，进而影响旅游者的决策行为和信息行为。由于旅游产品购买具有一定的风险，旅游者会借助用户生成内容建构产品的形象。Vermeulen 和 Seegers（2009）采用实验方法验证了酒店在线评论对顾客决策的影响，研究发现，在线评论无论是正面评价还是负面评价都可以提高顾客对酒店的知晓度，积极的评论可以提升潜在顾客对酒店的看法。Papathanassis 和 Knolle（2011）建议对旅游者采用和处理在线假期评论过程进行全面考虑，揭示两者之间的影响机制以及旅游者处理信息元素（如照片、文本）过程中的认知变化，探索性研究证明在线评论在旅游者假期选择过程中起到支持性作用。旅游者运用社交媒体平台去表达意见和分享旅游经历，既可以让旅游者收获更多的快乐，也有助于他们与亲属、朋友维系感情进而保持和积累社会资本。这种内在动因可以满足个体的心理需求，具有一定内在价值和持久动力。

旅游者信息分享的主要动机有"表达对旅行过程的满意感"（Murphy et al.，2010）、"获得旅游信息、传播信息和增加个人阅历"（Huang et al.，2010）、"利他行为（帮助别人）"和"防止别人使用坏产品"（Munar and Jacobsen，2014），而"没有时间"以及"出于对个人隐私的顾虑和时间限制问题"（Huang et al.，2010）则是导致人们无法或不愿进行分享的客观原因。旅游者内在因素，如人格特征会影响人们对分享内容限制的感知、分享动机以及特定的分享行为（Yoo and Gretzel，2011）。Stoeckl 等（2007）对分享视频和分享日志的用户进行对比研究，发现视频分享用户的动机主要是与追求乐趣和消耗时间有关，而分享日志的用户主要关注信息的传播。Wilson 等（2012）指出，不同国家旅游者的分享动机、分享平台及分享方式有很大差异，这可能与人们不同的文化背景有关，因此需要旅游接待业针对不同目标市场群体的分享行为采取相应的营销策略。

从社交媒体获取新数据为旅游者行为描述和分析带来了质的转变，可以彻底改变传统的统计调查方法及模式，大大提高数据的效度和信度。学者对用户生成内容涉及的大量文本、图片、视频信息进行分析，可以获得旅游者对目的地或企业产品的认知、情感评价和行为倾向等有价值的数据。Waldhör 和 Rind（2008）的研究运用统计与语言学分析旅游者在不同时间发布的博客，以评估旅游者对特定产品或服务的评论，以此帮助企业管理者改进服务质量。Volo（2010）选取了103名游览南蒂罗尔游客的博客作为研究对象，被选的博客有英文和意大利语两种语言。研究结果发现，由意大利语写成的博客由于含有很多的推荐评论以及作者旅行意愿的详细阐述从而对潜在游客决策过程的影响较大。同时，用户生成内容使对某一细分旅游市场的特定行为进行细致化描述和解释成为可能。Wu和 Pearce（2014）利用网络民族志方法，以在澳大利亚旅行并使用休闲娱乐车（旅宿车和野营车）的中国游客为对象，分析他们的博客识别出中国游客赴澳大利亚旅行以及使用休闲娱乐车的主要动机。Lu 和 Stepchenkova（2012）在 TripAdvisor 网站收集了到哥斯达黎加旅游的美国生态旅游者对其住宿设施的评论，内容分析得出影响生态旅游者满意度的 7 种因子。梁嘉琪等（2020）以网络游记为数据源，通过语义分析识别旅游者情绪与时空行为要素，并在 GIS 中叠加整合进行交互分析与解释。这些研究成果把旅游学情感研究带入了一个更加深刻的认识领域。但是在线网站的旅游评价是否能真实反映游客心理，如何从海量的、非/半结构化的旅游评论中准确提取旅游者情感特征信息，是当前社交媒体时代背景下旅游研究的新挑战。

第二节　研究现状

随着 20 世纪人文地理学、游憩地理学、环境心理学的发展，地方成为这些研究领域的核心内容，从而引发人们多角度、多视角地思考自我与地方的关系。经过诸多学者的努力，系统化的地方理论已经初步形成，而地方依恋是其中的重要理论概念。近 40 多年来，关于"地方"的研究尤其受到关注，其主要原因是学者意识到人的心理和情感因素在资源保护、设施使用、景区管理、游客管理中的突出作用。传统的研究主要着眼于资源和设施的吸引力方面，而随着知识的积累，人们发现由于主体的经验使地方成为生动、鲜活、有意义的空间，而地方依恋是联结个体与地方关系的有效纽带，这种人地之间的特殊关系将对旅游者积极行为产生重要影响。

一　国外文献计量分析

（一）数据来源

文献是科学研究的关键载体。文献计量法通过全面挖掘研究文献，减少主观信息过滤带来的失真和偏见（李杰、陈超美，2016）。为了全面掌握国内外地方依恋研究的发展趋势，本书对国外现有文献进行了检索，检索时间为 2021 年 1 月 10 日，以 "place attachment" "attachment to place" "place identity" "place dependence" 作为关键词，选取综合性社科文献数据库 Web of science 核心数据库合集进行检索，数据搜索范围为 "主题"，得出 1998—2020 年的公开出版文献 2468 篇。以此为研究样本，采用 CiteSpace V 软件进行文献计量分析。作为可视化知识图谱分析软件，CiteSpace 集成了统计理论、计算机科学、管理科学、图形学等学科，并集成了数据挖掘、社交网络等方法，通过对数据进行筛选整理、对特定领域的文献进行计量、研究热点以及发展趋势的分析（陈悦等，2015）。

（二）年发文数量分析

从文献量年度趋势（见图 1 - 1）来看，国外关于地方依恋的研究始于 20 世纪 80 年代，前期发展速度较为缓慢，在 2000 年以后呈现快速上升趋势，特别是 2010 年以后研究尤为兴盛。从文献分布来看，在搜索到的所有文献中，刊登文献数量位居前十的是：*Journal of Environmental Psychology*、*Sustainability*、*Tourism Management*、*Environment and Behavior*、*Journal of Sustainable Tourism*、*Social Natural Resources*、*Journal of Rural Studies*、*Landscape and Urban Planning*、*Asia Pacific Journal of Tourism Research*、*Cities*。可以看出，地方依恋概念虽然起源于人文地理学，但是环境心理学、休闲游憩和旅游学已经成为地方依恋研究的主要领域。

（三）发文国家、机构和作者合作特征分析

CiteSpace 软件可以可视化分析作者合作网络、机构合作网略和国际地区合作网络关系，进而呈现研究领域内领先的国家、机构和个人。图 1 - 2 为不同国家之间合作图谱，共 100 个节点，472 条连线。其中，图形大小与文献数量成正比；图形外圈代表中介中心性，中介中心性越高表示所发文献共被引数越多，文献总体质量越高；年轮颜色的深浅程度代表发表的时间长度，颜色越深发表时间越远；年轮的厚度与文献频率成正相关；节点间的连线代表两者共现或共被引关

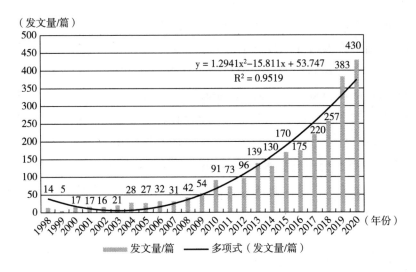

（发文量/篇）

$y = 1.2941x^2 - 15.811x + 53.747$

$R^2 = 0.9519$

图 1 – 1　Web of science 核心数据库地方依恋年发文量统计

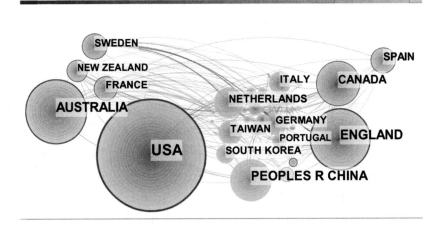

图 1 – 2　国家合作网络

系。对可视化知识图谱进一步细化，无论是从发表文章数量角度还是关键节点（中心性 > 0.1）角度，美国、英国、澳大利亚位于前 3 位。其中，美国不仅对地方依恋研究最早，同时发文量（661 篇）远高于其他国家（见表 1 – 1）。另外，其中介中心性为 0.50，表明美国在地方依恋领域居于领先地位，其所发文献共被引次数较多，文献总体质量较高。国内学者在国际刊物发表地方依恋的研究成果始于 2005 年，虽开始较晚但发展迅速，在 15 年间发文数量达到 242 篇，排名第 4，但中介中心性为 0.03，说明国内学者在该领域的文献数量在增加，但是缺少高被引文章（见表 1 - 1）。另外，加拿大、西班牙、荷兰等国家也均在地方依恋领域有较多论文成果。

表 1 - 1　　　　　　　　发文数量前 10 的国家（地区）

国家	中介中心性	频数	首发年份
美国	0.50	661	1998
英国	0.39	297	1998
澳大利亚	0.20	270	2000
中国	0.03	242	2005
加拿大	0.10	132	1998
西班牙	0.12	99	2001
荷兰	0.02	96	2001
韩国	0.04	84	2008
中国台湾	0.02	78	2002
瑞典	0.10	74	1998

图 1 - 3 为该研究领域的作者合作网络图和高产作者分析，共 293 个节点，307 条连线，代表着有 293 位科研人员关注该领域，彼此间进行 307 次合作。图中节点越大，表示作者出现频次越多。分析结果显示，节点最大、出现频次最多的作者是 Kyle M. Woosnam，发文量超过 10 篇的作者有 7 位，分别为 Kyle M. Woosnam（15）、Richard C. Stedman（13）、Heesup Han（13）、Choongki Lee（12）、Haywantee Ramkissoon（12）、Gerard T. Kyle（10）、Patrick Devinewright（10）。中国学者张捷（9）、徐红罡（6）、朱竑（4）、钱俊希（4）等均有多篇文章发表。

（四）关键词共现特征分析

共词分析法是内容分析法的一种，常用来反映学科或领域的研究热点和发展趋势，文献关键词是文章内容的核心主题，通过对相关文献的关键词进行梳理能够发现该领域的研究热点方向。出现频次前 5 关键词代表了所发文献普遍关注的热点，分别为：place attachment、identity、community、perception、sense（见图 1–4）。除了节点最大的"地方依恋"（Place Attachment）外，"认同、社区、感知、态度"等都是该领域的研究热点。

图 1–3　作者合作网络

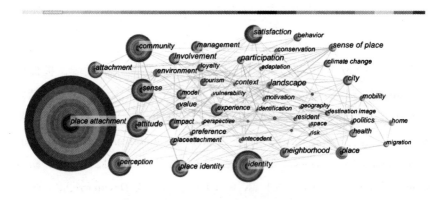

图 1–4　关键词共现网络

综上所述，国外学术界对地方依恋的研究从初期的理论探讨逐步转向定量研究。特别是进入 20 世纪 90 年代以后，实证研究逐渐从居住环境转向休闲、游憩环境，主要以"游憩者""游憩地居民"为研究对象。在研究方法上，通过构建模型与设计量表是地方依恋研究的主流手段。在研究内容上，主要包括地方依恋的理论研究、方法研究和应用研究，特别是在理论研究方面，包括概念、维度、影响因素以及研究情境等。整体来说，由于不同的学科背景，国外关于地方依恋的研究虽然成果较多，但并没有普遍认可的结论，大多数研究从概念到维度都显现出结果的不一致性。基于众多学者的研究结果和已经提出的地方依恋结构模型，Scannell 和 Gifford（2010）提出了人、地方、心理过程三个层面的地方依恋框架理论，试图将众多零散的地方依恋概念和地方依恋结构知识组合在一起。其中，人（People）是地方依恋的主体，说明谁对地方产生依恋及达到怎样的程度；地方（Place）是地方依恋的客体，强调地方的属性特征；过程（Process）是指人与地方相互作用的心理过程，表明依恋对个体认知和行为的影响方式。但是该模型对于研究对象、情境的解释能力还有待于进一步验证，特别是对于地方依恋的形成机制问题更需要做深入分析。

二　国内文献计量分析

（一）数据来源及年发文数量分析

为了了解国内相关方面的研究状况，以"地方依恋""场所依赖"①"地方认同"为关键词，选择中国知网（CNKI）的中国学术期刊网络出版总库为检索数据库，数据搜索范围为"主题"，对国内地方依恋相关研究进行查询，共得到 1999—2020 年收录的 729 条检索结果。去掉报纸、会议等不相关文献得到 729 篇文献作为本书的样本，其年发文量如图 1-5 所示。进行指数函数拟合所得拟合函数为 $Y = 0.3903x^2 - 3.5702x + 6.9091$，$R^2$ 值为 0.9793，说明研究增长曲线拟合优度高，表示我国对该领域的研究量级呈指数性增长，近年来发文量增速较快。相对较为广泛的研究是从 2000 年以后开始。综合来看，国内关于地方依恋的研究还是一个蓬勃发展的领域，尤其是随着国内旅游业发展的不断深入和旅游者的不断成熟，尚有大量的地方

①　由于不同学科研究者的习惯，"place attachment"在国内有两种翻译方法，"地方依恋"与"场所依赖"。

依恋相关话题值得学者进行更为深刻的探索。

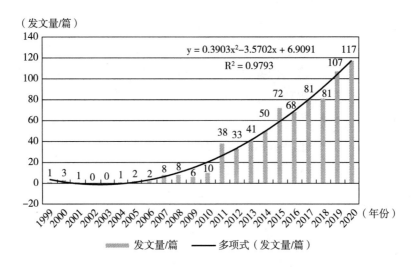

（发文量/篇）

$y = 0.3903x^2 - 3.5702x + 6.9091$
$R^2 = 0.9793$

图 1-5　中国知网地方依恋年发文量统计

（二）关键词共现特征分析

为获得热点关键词的分布及演进情况，绘制关键词时区图谱，图谱是由 CiteSpace 软件的 Timezone（时区视图）生成，时间选择为 1999—2020 年，其中，节点所在位置对应的年份表示该关键词首次出现的时间，节点的大小代表从首次出现到其后出现次数累加后的频次，节点之间的连线表示关键词之间的共现关系，结果见图 1-6。可以看出，2006 年之前地方依恋领域研究的热点关键词的分布较为稀疏，从 2006 年开始热点关键词的分布变得密集，2014 年以后又进入了高度密集区，说明从 2014 年开始，地方依恋领域的研究逐渐趋热，2020 年主要热点关键词为感知价值、生活满意度、社区参与、社区治理、目的地依恋、行为意愿、景观感知。

（三）研究前沿及热点分析

新主题的出现代表了研究前沿，继续进行关键词的突变分析，可以得出突变强度排名的突变词，见图 1-7。突现词表示在一段时期内该研究主题的关注度突发式的增长，通过对突变词进行分析，可以在

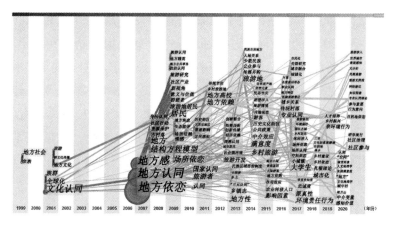

图 1-6 关键词共现时区图谱

突发强度前25的关键词

关键词	年份	强度值	起始	结束	1999—2020年
地方社会	1999	1.89	1999	2008	
宗族	1999	1.37	1999	2000	
族群	1999	1.17	2000	2010	
政治认同	1999	1.33	2007	2013	
旅游研究	1999	1.27	2007	2009	
居民	1999	2.95	2008	2014	
古村落	1999	2.2	2008	2011	
旅游开发	1999	2.03	2010	2013	
地方	1999	1.25	2010	2012	
居民感知	1999	1.23	2010	2011	
地方性	1999	3.63	2013	2015	
国家认同	1999	2.39	2013	2014	
旅游地	1999	1.47	2013	2015	
地方高校	1999	2.04	2015	2018	
地方依附	1999	1.9	2015	2018	
职业认同	1999	1.67	2015	2017	
地方依赖	1999	1.26	2016	2017	
环境责任行为	1999	2.8	2017	2020	
满意度	1999	2.67	2017	2018	
原真性	1999	1.28	2017	2020	
大学生	1999	2.57	2018	2020	
扎根理论	1999	2.32	2018	2020	
城市化	1999	1.86	2018	2020	

图 1-7 主要突变词

一定程度上体现该领域研究的主研究题及发展趋势。运用 CiteSpace 对 1999—2020 年的所得数据的关键词进行突变词分析，在术语类型中加选突变项（Burst Term），共得到 25 个最为显著的突变词。其中，突变的起止时间组成了该突变词的突变期间，图中体现为粗（红色）线条，如地方社会的突变时间为 1999—2008 年。从 2015 年开始，地方依恋领域的突变词有所变化，主要集中在地方高校、职业认同以及环境责任行为等方面。

聚类分析指将数据根据特性分到不同类或簇，是通过数据建模简化数据的探索性分析过程。CiteSpace 依据网络结构和聚类的清晰度，提供了模块值（Q 值）和平均轮廓值（S 值）两个指标，一般而言，Q > 0.3 就意味着划分出来的社团结构是显著的，S > 0.5，聚类被认为是合理的（陈悦等，2015）。通过选择 MI 算法，对所得数据进行聚类分析，得出聚类结果模块值 Q = 0.6365、平均轮廓值 S = 0.5184，证明所得聚类划分结构显著且聚类合理，可视化图谱如图 1 - 8 所示。

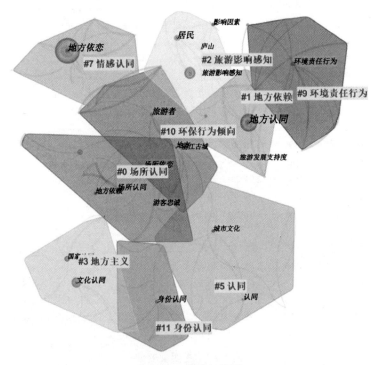

图 1 - 8　关键词聚类

根据关键词信息筛选提取了9个聚类标签，分别为：#0 场所认同、#1 地方依靠、#2 旅游影响感知、#3 地方主义、#5 认同、#7 情感认同、#9 环境责任行为、#10 环保行为倾向、#11 身份认同。

结合上述分析发现，2006年国内学者黄向和保继刚首次将地方依恋①理论正式引进中国大陆地区，他们运用数学方法示意理解地方依恋的结构，构建了基于地方依恋理论的 CDEEM（Concept，Description，Explanation，Evaluation，Methodology）研究框架，包括概念研究、描述性研究、解释型研究、评估型研究和方法论研究。国内地方依恋早期研究多落脚于宏观或中观层次的理论探讨，集中在对国外研究成果的评述上，为地方依恋研究在国内的开展提供了理论支持，如杨昀（2011）系统追溯了地方依恋概念体系的学术渊源，从形成机制、构成维度、测量方法、实证研究等方面重点梳理其在旅游领域的国内外研究进展，在此基础上尝试构建旅游地理学视角下的地方依恋研究框架。在研究范式上，实证研究呈明显增长趋势，特别是特定群体地方依恋的特征（熊帼，2013）、地方依恋强度的比较（唐文跃，2011）、旅游者的地方依恋与忠诚度（Yuksel et al.，2010）和环保行为（Ramkissoon et al.，2013；范钧等，2014）的关系等方面是学者比较关注的问题，部分研究关注了地方依恋价值（肖潇，2013；Brown and Raymond，2007）以及城市弱势群体在变迁过程中的身份认同和地方依恋特征（朱竑，2012）。从整体上来说，国内关于地方依恋研究处于迅速发展阶段。

三 现有研究评述

综合上述国内外关于地方依恋的研究成果，现有研究呈现以下特征：

第一，在研究对象上，前期主要集中在以居民与社区为代表的惯常的人地关系，而以游客与目的地为代表的非惯常的人地关系研究成为近期研究热点。旅游者是旅游活动的主体，是旅游发展过程中的重

---

① 国内学者黄向等在将该理论引入国内时，是从休闲、游憩角度切入的，因此原文作者使用的是"场所依赖"这一称谓。

要利益群体，其心理感知特征及情感需求反映了旅游活动的特质，是旅游研究不可忽视的内容。旅游者对旅游目的地的感知和评价是影响旅游目的地可持续发展的关键因素。地方依恋是用于描述人与地方之间情感联结的一个概念，个体或群体通过感知环境某种特殊的意义或价值，从而影响到其决策和行为。通常来讲，人容易与自身熟悉的环境，如社区、游憩地产生依恋情感，他们往往因对环境的使用而对某个地方产生情感联结和态度与行为的忠诚。相对于这些群体，诸如旅游者此类的外来者是否产生地方依恋曾经受到学者的质疑。如 Stedman（2006）将学者的质疑观点总结为：外来者是地方的消费者而非创造者，对社区价值观的形成没有任何贡献，也不可能与社区居民分享共同的价值，他们甚至会对地方的特征产生负面影响。这就是"局内人—局外人"（Insider - outsider）的差别，他们在处理同一问题时，由于立场和价值观不同，会采取符合其自身利益的思维形式和行为模式。

随着研究的深入，地方依恋主体从社区居民逐渐向外来人扩展，这成为近些年地方依恋研究的一个明显趋势。旅游者对目的地的依恋是客观存在的现象，但是将已有的关于社区居民、休闲游憩者的地方依恋理论直接用于旅游目的地依恋是不合适的。因为旅游是人们在非惯常环境下的体验和在此环境下的一种短暂的生活方式（张凌云，2009），并且作为一种有目的的消费活动，旅游者与目的地的互动时间和空间范围会受到闲暇时间以及旅游资金预算等因素的制约。所以旅游目的地依恋内涵以及影响效应会有自身的特点，需要对其做深入分析和探讨。

第二，在研究情境上，主要以家、社区、户外游憩地、公园、地区为主，而专门以旅游目的地为情境的研究成果正在出现。其中，较为流行的研究是"社区""家"。地方的研究情境不同，依恋产生的原因和强度也会不同。Tuan（1980）曾经指出，随着世界范围内流动性的整体增强，人们依恋的尺度会从社区扩展到整个地区乃至全球。现代旅游者流动性的加强，使他们依恋的尺度由熟悉的环境逐渐拓展到异地的旅游目的地空间。很显然，旅游目的地是一个充满意义的

"地方"，是被众多旅游者消费的地方。但是，相比于社区、公园、游憩地等已有的研究情境，旅游目的地包含众多的服务、产品以及自然和文化要素。因此，在考察旅游者对目的地的依恋情感时，需要考虑更多复杂的因素。以受广大旅游者喜爱的文化旅游地为例，一个地方之所以成为吸引游客前来的文化旅游地，不仅是因为它长期存在于同一空间位置，关键在于这个旅游地所在的地方呈现了历史发展中各种事件的累积，这些历史事件以不同形式呈现在书籍、遗址遗迹、纪念碑、节庆活动或标志物当中，从而成为地方延续历史传统的重要载体。近年来，国外已经有学者开始关注旅游目的地的地方依恋，如Yuksel 等（2010）以土耳其成熟的避暑胜地 Didim 为案例地，实证分析了地方依恋在影响游客度假体验满意度和忠诚度中所起的中介作用。虽然目前国外学术界对旅游目的地依恋的研究才刚刚起步，但是借鉴已有的成果开展旅游目的地依恋的深入研究，不仅可以丰富地方依恋的理论成果，还将为旅游目的地管理和旅游者体验研究提供新的学术视角。

第三，从国内外现有研究成果来看，相对于国外学者的研究，目前国内对旅游目的地依恋研究正在兴起。国内学者唐文跃（2013）以四川九寨沟、皖南古村落和南京夫子庙为案例，设计量表对旅游者和旅游地居民的地方感进行测量，定量分析了自然旅游者、古村落居民和城市游憩者的地方感特征及其对资源环境保护态度的影响，探讨了地方感的影响因素及其形成机制。范钧等（2014）以浙江省旅游度假区为例，从地方依恋的角度切入，探究了地方依恋在旅游地意象与旅游者环境责任行为中发挥的中介作用。本书研究认为，地方依恋情感应该考虑不同的目的地类型，因为引发旅游者依恋产生的重要原因是目的地的环境特征，如迷人的自然风光、可参与的休闲活动、高水平的城市建设、深厚的文化氛围等。此外，对于旅游目的地依恋的测量还应该考虑国外量表在中国情境下的适用性。因为目前现有的研究成果均聚焦于西方文化背景，而东西方文化背景下人们的情感表达和情感诉求有很大的差异。国外学者运用量表是不是完全适合于国内旅游地的情境，是否需要进行修正，与国外量表比较国内量表有哪些不同等问题都需要作出本土性的回答。

四 研究问题

整体来看，国外地方依恋研究在环境心理学、人文地理学和休闲旅游学领域已经积累了丰富的成果，但是专门探讨旅游目的地依恋的研究还较为缺乏。国外现有的研究已经初步揭示了地方依恋对提升旅游者—目的地关系和目的地忠诚度等变量的影响，但是没有做出令人信服的解释。特别是在中国旅游业迅速发展和城镇化水平不断提高的现实背景下，旅游目的地依恋尚处于较为初期研究阶段，如这种依恋的内涵是什么，其形成机制是什么，对旅游者哪些行为产生影响，影响机理如何，还没有系统化的研究成果。对这些问题的深入研究，不仅有助于丰富旅游目的地营销理论和地方依恋理论，而且对旅游目的地制订切实可行的营销计划具有重要的指导意义。

旅游目的地依恋属于旅游者情感研究范畴。情感本身是主体与客观对象之间某种关系的反应，它经常表现为对待客观对象的一定的主观态度。旅游活动中的依恋情感，是以旅游者对目的地属性的感知为基础。所以，旅游目的地依恋的形成必然会受到目的地属性的影响。本书研究将采用一种更全面的视角来研究旅游目的地依恋问题，探索"旅游者"与"目的地"是如何建立联系的。据此，本书具体的研究问题包括：旅游目的地依恋是什么，即旅游目的地依恋概念的内涵或结构维度如何；旅游目的地依恋受到目的地哪些属性的影响；目的地依恋如何影响旅游者的行为，影响关系如何。对这些问题的深入解析，是本书研究的核心内容。

第三节 研究意义

一 理论意义

地方依恋是解释个体与地方关系建立的有效理论。由于地方依恋可以对个体基于地方的态度和行为产生积极影响，国外环境心理学、游憩地理学、休闲旅游学等领域都高度关注这一议题。本书将深入考察旅游目的地依恋的概念架构，厘清旅游目的地依恋的构成维度，进一步探究旅游目的地依恋影响因素，其理论意义主要体现在以下4个方面：

第一，对旅游目的地依恋的内涵进行理论探索和实证检验。受到地方依恋理论的推动，学者对于地方依恋的内涵或结构维度的认识在不断发展过程中。本书首先通过扎根理论方法探索旅游目的地依恋的4个维度结构——地方依赖、地方认同、地方情结和社会联结。实证研究结果表明，相较于其他竞争性模型，旅游目的地依恋4个维度的结构模型是最为理想的。

第二，对旅游目的地依恋的量表进行修正。地方依恋量表的发展与其维度的发展进程同步。本书运用预调研、正式调研获取数据，对旅游目的地依恋的量表进行修正。结果表明，由于文化背景的差异，本书修正后的目的地依恋量表在一些具体的测量指标上与国外研究存在不同之处。这一研究结果有利于推动旅游目的地依恋理论在我国旅游目的地管理研究中的本土化应用。

第三，对旅游目的地依恋的影响关系机理深入分析。本书在全面梳理地方依恋已有研究的基础上，通过扎根理论方法建构了旅游目的地依恋影响关系概念模型，发现目的地的形象、品质与个性会影响旅游目的地依恋，旅游目的地依恋会影响旅游者的满意度和忠诚度。实证研究结果支持了这一影响关系模型，并呈现不同变量之间的影响关系机理。

第四，对旅游目的地忠诚度研究提供了新视角。旅游者对目的地忠诚是目的地参与市场竞争、获取竞争优势、提升目的地竞争力的重要手段。地方依恋可以驱动旅游目的地忠诚度的形成。本书的研究成果表明旅游者与目的地正面的情感联结是影响目的地忠诚度的显著因素。这说明当旅游者在情感上对目的地具有强烈的心理依恋时，就会驱动旅游者克服客观障碍再次到访目的地或向他人推荐目的地。该研究结论不仅为旅游目的地忠诚度研究提供了崭新的视角，也拓展和补充了旅游目的地忠诚度影响因素与机制的研究。

二　实践意义

旅游目的地依恋从旅游者情感的角度揭示旅游者与目的地之间关系的建立。因此，对旅游目的地依恋的深入认识对于旅游目的地管理、营销以及可持续性发展等都具有重要的实践指导价值。具体来讲，主要表现在以下 3 个方面：

第一，为和谐旅游目的地人地关系的建立提供新的策略支持。旅游目的地依恋理论可以运用到旅游目的地管理中，成为一种基于地方的管理理念。这一理念有助于目的地管理者认识到目的地特定地方元素在功能、情感上对于旅游者的意义和价值，并在经营管理中做出响应，实现旅游者与目的地的和谐共存与发展。例如，在进行地方特质营造和宣传的过程中，旅游目的地管理者和规划设计者应该关注的问题有：维系旅游者与目的地依恋关系的中间媒介是什么，旅游者对目的地的情感诉求是什么样的，旅游者最珍视的景观主要是有哪些特征，目的地环境的改变怎样影响到他们的依恋水平，怎样协调不同游客群体情感依恋的冲突，达成最大化有利于不同利益相关者的共识方案等。

第二，为旅游目的地可持续经营管理提供新的思路借鉴。旅游目的地依恋理论有助于目的地管理者重新认识旅游者忠诚度的形成机制，并采取相应的措施。旅游目的地依恋是旅游者与目的地互动作用形成的积极的情感联结。这种情感具有较高的稳定性和持久性。旅游者一旦对某一目的地形成依恋情感，就会表现出对这个空间的眷顾，并伴随多次重游行为的发生，成为旅游目的地最为忠诚的客源市场。因此，目的地管理者不仅要加强目的地景区、接待、娱乐等设施的服务质量和目的地形象、个性的营造，更要关注这些因素对旅游者依恋情感的影响，注重旅游者的情感管理，培育旅游者对目的地的依恋情感，使旅游者在旅游过程中保持愉快的心情，增强对目的地的情感体验，并最终提高旅游者对目的地的满意度和忠诚度。

第三，为旅游目的地关系营销有效开展提供新的思维方式。旅游目的地市场营销的重要目标之一是在旅游者与目的地之间建立紧密的联系（Hiscock，2001），而这一联系的主要成分是旅游者对目的地的依恋。因此，可以根据旅游目的地依恋水平区分不同行为特征的旅游者，不仅有效解释目标市场群体的异质性，即哪些旅游者更愿意与目的地维系关系，哪些旅游者不愿意或者拒绝与目的地建立密切关系；而且可以有效细分旅游者群体，使目的地管理部门将关系营销资源投放到适合的旅游者群体身上，切实提高目的地关系营销效率。

第四节　研究设计和研究框架

一　研究设计

（一）研究内容

在地方依恋理论溯源和现有研究述评的基础上，探讨旅游者与目的地积极的情感联结——旅游目的地依恋，系统性分析旅游者个体层面目的地依恋的内涵和影响关系。具体包括 8 个章节：

第一章，绪论。在描述本书实践背景的基础上，提出地方依恋范畴，然后对地方依恋国内外研究背景进行分析，归纳本书领域的现状和不足，并提出本书的核心问题——旅游目的地依恋的结构维度与影响关系。然后对本书的研究意义、研究设计、研究框架、研究方法和创新点进行全面阐述。

第二章，地方依恋研究综述。从地方依恋的概念、理论以及方法三个方面对现有的相关研究进行归纳与总结，深入分析地方依恋研究的理论成果，梳理地方依恋影响关系的途径，并对现有成果进行评述。

第三章，地方依恋理论基础。旅游目的地依恋是地方依恋的一种类型。为了深刻理解旅游目的地依恋的内涵和影响关系，本章分析地方依恋的理论基础，为开展旅游目的地依恋的研究做好理论铺垫。

第四章，旅游目的地依恋理论模型建构。选取质性研究方法——

扎根理论作为理论建构方法，选取旅游者在线点评资料，进行归纳推理实现从具体现象到抽象理论的过程，初步构建旅游目的地依恋结构维度和影响关系模型。

第五章，旅游目的地依恋理论模型的概念阐释与假设提出。对质性研究得出的理论模型所涉及的概念进行阐释，并依据理论推演提出本书的研究假设模型。

第六章，旅游目的地依恋实证研究设计。采用实证研究方法，遵循严格的问卷开发程序，为理论模型和研究假设所涉及的变量进行测量，编制旅游目的地依恋调查问卷，并按照预调研、正式调研的步骤收集汇总数据。

第七章，旅游目的地依恋理论模型的实证分析。运用数据分析软件对正式调研的有效样本数据进行分析，检验本书研究提出的假设，并对假设检验结果进行讨论和分析。

第八章，研究结论与展望。通过对研究结果进行概括提升，总结本书的主要结论，并明确提出本书研究的应用前景，最后指出本书研究的不足，并对未来研究提出展望。

（二）研究情境和案例地选择

目的地是旅游者依恋的对象或目标。当目的地的属性特征不同时，即使其他因素相同，地方依恋的强度和特征也会有很大差异。因此，旅游目的地依恋研究的开展需要考虑研究情境的问题。本书选择中国著名的海滨旅游胜地——厦门作为研究区域。选取海滨旅游地作为研究情境，主要是因为海滨旅游是备受现代大众游客青睐的旅游产品，海滨旅游业是现代大众旅游增长最快的领域。据世界旅游组织统计，海滨旅游收入已经占全球旅游业总收入的1/2；在欧美、澳洲和东南亚一些海滨地区，海滨旅游业早已成为当地国民经济的重要支撑（王跃伟，2010）。因此，旅游者对海滨旅游地极有可能具有较强的依恋情感。

选择厦门市作为研究区域，主要基于以下考虑：①厦门市位于福建省东南部，背靠漳州、泉州平原，濒临台湾海峡，面对金门诸岛，与台湾岛和澎湖列岛隔海相望，是一个国际性海港风景城市，具有独特的区位、优越的海岛环境和休闲的文化氛围，素有"海上花园""钢琴之岛"之美誉。②近年来厦门市旅游业进入快速发展阶段。厦门旅游发展环境不断优化，旅游服务体系日渐完善，建设了旅游服务质量、安全生产、教育培训、公共服务和市场监测五大保障体系。岛内景区的吸引力不断提升，景区内部持续加强提升改造工作，优化服务环境，丰富游客体验。③游客对厦门的积极评价较高。根据中国旅游研究院发布的全国游客满意度调查结果显示，厦门游客满意度从 2010 年开始连续五年排名全国前十。①④游客以散客为主，且具有较高的重游率。这说明游客对厦门市极有可能具有较高水平的地方依恋。⑤由于游客数量逐年增加，在旅游旺季厦门岛内人满为患，给岛内原有的人地关系产生了重要影响。因此分析该区域的旅游目的地依恋问题具有一定的代表性和典型性。

二　研究框架

本书采用规范的科学范式进行研究，诠释理论、寻找事实、将事实与理论匹配是规范科学的三个主要活动。规范的科学研究过程有 4 个步骤：第一步是提出研究问题；第二步是进行文献回归；第三步是找到理论，提出假设；第四步是设计并执行实证研究（徐淑英，2012）。本书根据所要研究的问题，包括以下 7 个系列化工作步骤：①选择主题；②聚焦研究；③概念模型建构；④理论模型和研究假设；⑤数据收集；⑥分析、解释数据；⑦解释发现。根据这一研究过程和本书逻辑思路、内容安排，本书研究框架如图 1 - 9 所示。

---

① 厦门市旅游局：《厦门游客满意度连续五年排名全国前十》，http：//xm. ifeng. com/travel/lvyou/ xiamen_ 2015_ 01/13/3417553_ 0. shtml, 2015 - 01 - 13。

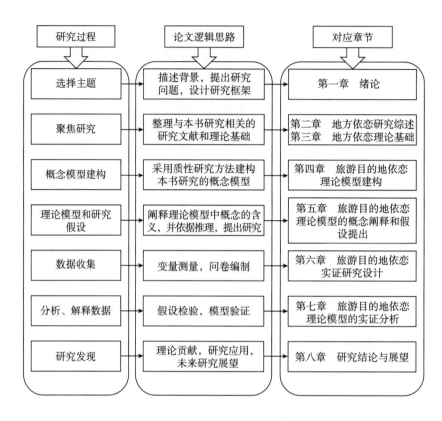

图1-9 本书的研究框架

第五节 研究方法和创新点

一 研究方法

(一) 研究方法的选择

科学的目标是为自然界或社会领域中的问题寻求答案。规范科学范式决定了分析问题时，必须选择方法或工具。研究方法是从事研究的计划、策略、手段、工具、步骤以及研究过程的总和（陈向明，2000）。社会科学家运用不同的方式来组织对社会生活的了解和研究。

作为两种不同的研究范式，质性研究①（Qualitative research，也译为质的研究）与量化研究（Quantitative research，也译为定量研究）均在管理学研究领域得到广泛应用。质性研究是以研究者在自然情境下采用多种资料收集方法对社会现象进行归纳式研究，通过与研究对象互动对其行为和意义建构获得解释性阐释的一种活动。量化研究则是采用演绎式的逻辑思路，对事物进行量化的测量与分析，验证某些因果关系，以达到预测或利用的目的（陈向明，2000）。

长期以来，学术界对质性研究和量化研究有着激烈的争论。这场争论起源于19世纪中期，并于20世纪20年代在社会学中浮现。最近这一争论重新获得关注始于20世纪60年代质性研究在社会学和心理学的复苏，因为这两个领域在整个20世纪四五十年代都被量化研究所支配。这两种研究方法之所以形成强大的对立，是因为他们分别代表了两种不同的科学范式。根据美国著名科学哲学家托马斯·库恩（1968）的界定，"范式"是指"常规的科学赖以运作的理论基础和实践规范，是从事某一科学的研究者群体所共同遵从的世界观和行为方式"。量化研究和质性研究在方法上的不同实质上反映了它们在哲学根基、本体论方面的分歧。它们分别体现了不同的哲学精神，并对于"什么是知识"的本体论问题有着截然不同的认识。具体来说，量化研究是建立在实证主义的理论基础之上的，在本体论上属于实在论，认为可以通过科学的方法创造正确的、客观的知识；而质性研究体现的是现象学、解释主义和社会建构主义的思想意识，在本体论上属于情景论，强调知识产生于人类互动的情景，理解与描述有意义的行动是质性研究的重要任务（尤莉，2010）。

尽管争论一直没有停止，然而自20世纪80年代以来，许多学者依据实用主义哲学观点，采用中庸的"范式相对主义"立场，在整合两种研究范式的基础上提出了"混合方法论"（Mixed Methodology，

---

① 国内著名研究方法学者陈向明认为"质性研究"，在我国人类学界通常被称为"文化人类学方法"。然而，它与我国学术界一般意义上只用思辨方法进行的"定性研究"不同，有深入实地、收集现场资料、开展经验研究的要求。

或译为方法论混合），其典型特征为以实用主义为基础、以研究问题为核心、强调多元化交叉研究（尤莉，2010）。混合方法研究被看作继定性和定量方法之后的"第三次方法论运动""第三条道路""第三种研究范式""第三种研究共同体"（蒋逸民，2009）。混合方法研究的认识基础是质性研究和量化研究各有特点，各具擅长的主题或议题（见表1-2）。两者并不是截然对立的，而在某种程度上是相互关联，甚至是相互补充的。因此，结合这两大研究类型特点的作品往往能对研究对象进行多角度、全方位的认识。中西方学者所运用的混合方法研究步骤主要有顺序法、并行法、转换法三种方式（尤莉，2010）。近年来，管理学领域一些学者开始尝试使用"混合的方法设计"，这在一定程度上标志着一个管理学研究领域新时代的开始（陈忠卫，2012）。

表1-2　　　　　　　　　　量化研究与质性研究特点比较

量化研究	质性研究
测量客观的事实	建构社会现实、文化意义
焦点是变量	焦点是互动的过程、事件
信度是关键	关键在于货真价实
价值中立	价值无所不在，而且分外明显
不受情境影响	受情境限制
多个个案、受试者	少数个案、受试者
统计分析	主题分析
研究者保持中立	研究者置身其中

资料来源：劳伦斯·纽曼：《社会研究方法——定性和定量的取向》，郝大海译，中国人民大学出版社2007年版。

由于本书研究的核心议题——旅游目的地依恋的研究尚处于起步阶段，目前还没有学者做出过足以令人信服的解释，而且现有相关研究主要是基于西方文化背景而开展的，如果单纯使用量化研究方法提出研究假设，这些假设就可能脱离中国的具体情境，在发展概念和构建理论时，归纳性的质性研究是必要且适宜的研究方法。因此，本书拟采用混合方法设计，首先采用质性研究方法建构理论模型，并在阐释概念的基础上，结合已有研究提出研究假设，然后运用量化研究方法验证概念之间的关系。由于两者存在先后顺序关系，这种混合方式被国内学者称为顺序式融合模式（陈忠卫，2012）。具体而言，本书首先系统梳理地方依恋的研究现状和理论基础，以知名旅游网站上旅游者对目的地的点评作为研究资料，使用质性研究方法——扎根理论深入挖掘研究线索，构建理论模型和相关研究假设，关注于旅游目的地依恋"是什么""如何"等问题；然后采用量化研究范式——问卷调查法，通过合理界定变量、设计问卷、数据收集、数据处理的步骤，分析量化数据对理论模型进行验证，从而使形成的理论模型得以量化证明，关注旅游目的地依恋"为什么""怎么样"等问题。本书综合使用这两种研究方法，可以在不同层面和角度对目的地依恋问题进行探讨，有效结合自下而上建构理论和自上而下验证理论两种逻辑思路的互补性，从而增强理论研究和实证研究的深度，并降低因某一种方法本身的限制而导致错误结论的可能性，以期达到发展理论的目的。

（二）本研究具体的研究方法

1. 文献归纳法

对现有文献的整理和归纳、厘清研究现状进展与困境是学术研究开展的前提。通过对文献的梳理和分析，可以全面把握相关领域的研究现状，探索存在的问题以及在现有基础上继续深入研究的可能性。本书的文献收集渠道主要有以下 3 种：第一，高校图书馆的中英文电子数据库，中文数据库主要是 CNKI，英文数据库主要为 Web of science、Science Direct，并根据文章后参考文献进行补充性收集；第二，学术网站，以谷歌学术搜索、百度学术网站、读秀作为拓展搜寻的主要渠道；第三，本书相关的书籍。通过对这些文献的梳理和归纳，全面回顾人文地理学、环境心理学、游憩地理学、休闲旅游学等领域的相关文献和理论基础，并系统整理模型中出现的重要变量的内涵、维度和测量，为提出理论模型以及论证本书研究的观点提供丰富、可靠的文献资料。

2. 扎根理论方法

扎根理论（Grounded Theory Method，GTM）是国外质性研究的一个杰出代表，被认为是社会学五大传统研究方法中最适于进行理论建构的方法①（贾旭东、谭新辉，2010）。近年来，扎根理论在国内外管理研究中得到了广泛的关注并被认为是当前在中国开展管理研究时一种"必要且适宜的研究工具"（张敬伟，2010）。扎根理论的基本观点为，研究者在研究开始之前没有理论假设，而是直接带着问题从调查资料中进行经验概括，提炼出概念和范畴，最终上升为理论。对于缺乏理论解释或现有理论解释力不足的研究领域，扎根理论方法有着明显的优势，因为这种方法的使命在于发掘对现象新的理解和认识。因此，本书运用扎根理论对调查资料进行归纳性总结，遵循扎根理论的基本思路和操作程序，发现旅游目的地依恋的结构维度、影响因素等变量，建构理论模型。

3. 问卷调查法

依据扎根理论发展的理论和研究假设是有待验证的概念之间的关系，需要采用演绎式的量化研究方法对理论模型进行检验。量化研究过程主要包括以下主要步骤：依据理论模型设计问卷、确定目标群体与抽样方法、进行抽样、数据预处理、数据分析并根据数据分析结果对理论模型与实证研究进行再思考（徐云杰，2011）。本书使用管理研究中常用的量化研究方法——问卷调查法。这种方法为社会学研究从定性走向定量，从思辨走向实证，提供了一条可行的途径（风笑天，1994）。成功的问卷调查必须有充分的理论分析做基础，必须有明确的理论框架性指导。问卷调查方法也是管理学定量研究中最为普及的方法，如果实施得当，问卷调查法是最快速且有效的收集数据的方法（谢家琳，2012）。本书综合运用现场、网络、旅行社三种渠道发放问卷，首先实施"预调研"修订初始量表，再运用"正式调研"的数据进行理论模型验证。在数据分析阶段，运用SPSS22.0统计分析软件对测量变量的信度和效度进行检验，分析问卷数据的质量，然

_____

① 其他四种方法为现象学研究、传记研究、民族志和案例研究。

后采用结构方程方法分析变量的影响关系以及影响机理，从而检验理论模型的科学性，使形成的研究结论具有更意义的推广价值。

4. 结构方程方法

结构方程方法（Structural Equation Model，SEM）是本书处理问卷数据的主要技术方法。结构模型方法是量化研究一个重要的分析工具。在心理学、社会学、教育学和管理学领域中，很多概念都是潜变量，难以直接准确测量，如态度、动机、情绪、满意度等，因此需要测量工具进行间接测量。结构方程模型采用多个指标去反映潜在变量，并提供了一个处理测量误差的方法，令估计整个模型概念（因子）间的关系较传统回归方法更为准确合理（侯杰泰、成子娟，1999）。本书将使用结构方程方法检验概念模型以及变量之间的影响关系。

（三）技术路线

技术路线是引导本书的研究从选题、设计、论述、分析，直至得出研究结论的总体规划。本书研究的技术路线如图 1 - 10 所示。

二　创新点

本书关注于旅游者对特定目的地的依恋，属于特定群体与特定空间的研究。为了深刻剖析旅游者与目的地之间的互动特点，本书采用扎根理论方法构建了旅游目的地依恋的结构维度和影响关系模型，并对模型中变量之间的关系进行了实证检验，揭示了旅游目的地依恋的内涵以及影响关系机理。本书创新点主要体现在以下 3 个方面。

第一，构建旅游目的地依恋结构维度模型。

把握旅游目的地依恋的内涵是本书开展的根基。相较于传统的社区依恋，旅游目的地依恋有着自身鲜明的独特特征。本书研究通过质性研究和量化研究相结合方式，论证了旅游目的地依恋包含 4 个层面：地方依赖、地方认同、地方情结和社会联结。其中，地方情结和社会联结是旅游目的地依恋构成的特有维度，区别于社区依恋研究结论，而地方情结维度也有别于国外学者的旅游目的地依恋研究结论。与此同时，本书并通过科学、严谨的量表开发程序，对旅游目的地依恋的量表进行了修正，为旅游目的地依恋本土化研究的开展提供了可

33

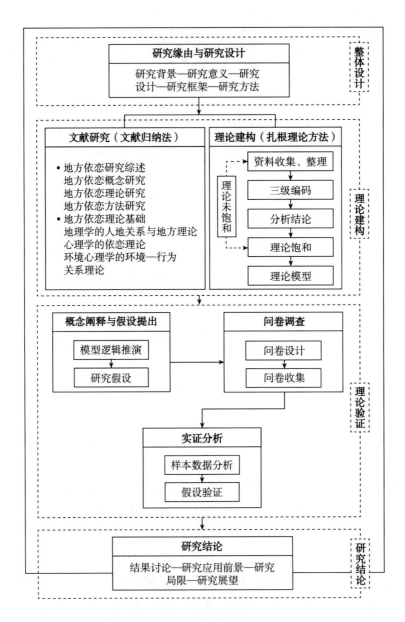

图 1-10　本书研究技术路线

靠、有效的测量工具。

　　第二，揭示基于旅游者感知的目的地属性对目的地依恋的影响机制。

　　影响机制问题是目的地依恋研究的重点和难点。由于旅游者感知的特点，目的地地方特征会影响旅游目的地依恋的强度。本书从旅游者对目的地属性感知的角度出发，分析了目的地形象、目的地个性和目的地品质三大目的地特征因素与目的地依恋之间的关系以及影响机制。其中，目的地形象通常与特定目的地的自然资源和人文环境相联系，目的地个性则是旅游者赋予目的地的一系列人格化特征，目的地品质主要是指目的地产品或服务供给的质量，三者能够较好地反映目的地特征的不同层面。实证研究结果表明，目的地形象的影响作用最大，其次是目的地个性和目的地品质。本书对目的地属性变量对旅游目的地依恋的影响机制分析，不仅在理论上充实了地方依恋研究的内容，而且为旅游目的地经营和管理部门提供了具有现实指导意义的实践建议。

　　第三，分析旅游目的地依恋对旅游者忠诚行为的影响。

　　本书通过扎根理论方法发现，旅游目的地依恋可以对旅游者的忠诚行为产生影响。旅游目的地忠诚是过去 10 多年旅游研究中的热点问题，其形成机制也是学者探讨的关键。本书的研究结果表明，旅游者对目的地依恋可以显著影响其意向忠诚。这意味着，旅游目的地依恋是预测旅游者未来重游意向和向他人推荐目的地的显著因素。而且，满意度在目的地依恋和旅游者态度忠诚中起到完全中介作用，在目的地依恋和旅游者意向忠诚中起到部分中介作用。

　　综上所述，本书从理论和实证角度论证了旅游目的地依恋是高质量人地关系的表现，这种良好的人地关系不仅可以给旅游者带来情感上的满足，而且可以为目的地带来良好的口碑宣传和重游旅游需求，因此旅游目的地依恋情感的形成在构建和谐的旅游者—目的地关系中起着重要作用。

第六节　本章小结

　　旅游者与特定目的地的情感联结是一种客观存在的现象。由于现有地方依恋研究主要关注于当地居民对社区的依恋，对旅游目的地依恋的研究还缺乏系统性，需要对旅游目的地依恋量表结构需要验证，对于其影响机制也有待于进一步探索。本章在系统阐述研究背景的基础上，根据当前地方依恋研究的发展现状，提出了本课题的研究问题。然后提出了本书研究的设计思路、框架与具体的研究方法，最后就本书创新点进行了详细阐述。

第二章

地方依恋研究综述

对研究对象进行系统性综述能够提炼出有价值的文献规律。在过去的四十余年里，作为分析人与特定地方情感联结的重要理论，地方依恋成为国外众多学科的研究热点。本章通过对现有文献的全面梳理，将地方依恋现有研究从概念、理论以及方法三个模块展开系统性论述，为旅游目的地依恋研究的开展奠定基础。

第一节　地方依恋概念研究

一　地方依恋概念的界定

环境心理学者 Williams 和 Roggenbuck（1989）正式提出了地方依恋概念，用于描述人与地方之间的情感关系，并通过实证分析了旅游者对资源地环境的依恋情感特征，认为旅游者与资源地之间建立的关系是因为这些地理区域对于旅游者具有特定的意义和象征，而且依恋的程度决定着旅游者对目的地可替代性、冲突以及总体满意度的感知。由于地方依恋关注人的情感这一微妙而又复杂的心理过程，导致这一概念"容易理解却难以界定"（Morgan，2010）。因此，各个学科在使用这一概念时，都从自身角度将其进行了界定（见表 2 - 1），使地方依恋研究成果更具多样化。整体上来说，社会学中的地方依恋强调环境的符号意义对于社会情境中人类互动的影响；人类学家在考察地方依恋时试图理解地方在日常生活的文化含义；而人文地理学中的"地方感"和环境心理学中的"地方依恋"都表达了个体与特定地方之间积极的情感联系（Connection）或纽带（Bond）。尽管存在这些不同的表述，Hidalgo 和 Hernandez（2001）的定义被广泛使用，他们认为地方依恋是个体与特定地方之间建立起的情感联系，这种联系的主要特征个体倾向与该地方保持亲近（Closeness）关系。

表 2 – 1 各个学科对地方依恋的界定

学科	代表性人物	含义
环境心理学	Williams 和 Roggenbuck（1989）；Williams 和 Vaske（2003）	人与地方之间基于感情、认知和实践的一种联系，其中，感情因素是第一位的
	Halpenny（2006）	个体与地方在认知、情感和功能上的联结
	Hidalgo 和 Hernandez（2001）	个体与特定地方建立的情感联系，这种联系的主要特征是个体倾向与该地方保持亲密的关系
	Morgan（2010）	人在心理上对于地方积极的情感依附，被认为是持续的，并随着时间不断变化
社会学	Hummon（1992）	个体对地方的心理投资
	Kyle 和 Chick（2007）；Sampson 和 Goodrich（2009）	个体对特定群体，如家庭、朋友的归属感，以及基于共同历史、兴趣和关注点的情感联结
人类学	Gupta 和 Ferguson（1997）	地方在日常生活的文化重要性
休闲游憩和旅游学	Moore 和 Graefe（1994）	个体对于特定地方的认同和评价
	Bricker 和 Kerstetter（2000）	一种情感上的归属，是使用者感知到自己与地方的结合程度

地方依恋概念引入旅游学研究中，是由于众多学者逐渐将研究对象从当地居民转向外来者，将研究情境从居住地转向休闲环境中，这是地方依恋研究最近十多年来的重要趋势。关于像旅游者这样的外来者是否会与当地居民一样会产生地方依恋，学者的观点经历了一个转

变的过程。"传统"观点是前期人文地理学学者所坚持的主张，以
Tuan（1975）、Relph（1976）、Porteous（1976）、Hay（1998）等为
代表，他们认为依恋产生的重要前提是全身心的投入，由于居住或停
留时间的短暂，外来者不可能向世代生活在那里的居民一样建立同等
意义上的依恋。Relph（1976）对旅游者与所游览的地方所建立的关
系持怀疑态度，他认为旅游者的态度是"不真实的"，旅游者至多算
是"客观的局内人"，而非"存在的局内人"，后者是指那些长时间
居住并且与当地环境融为一体的人们，他们具有对地方强烈的归属感
和认同感。Porteous（1976）认为，离开家庭住所的旅行只会增强他
们与自己真正意义上"家"的情感联结，而不是创造一个新的可以依
恋的地方。Hay（1998）根据人们地方根植的程度划分为5种类型的
地方感，由低到高依次为：肤浅（Superficial）的联系、偏爱（Par-
tial）的联系、个人（Personal）的联系、祖籍（Ancestral）的联系和
文化（Cultural）的联系。依据这些传统观点，只有那些成长或是几
代人生活在该地方的人们才会产生地方依恋。Hay（1998）还指出，
地方依恋是一种持续的心理反应，会随着时间、年龄发生变化，会从
早期婴儿地方依恋向青少年、成人的地方依恋转移，这对早期地方依
恋认识的静态观点做了有益的补充。

随着众多学者对休闲环境中地方依恋的研究，上述传统观点受到
了质疑。Kaltenborn 和 Williams（2002）是向传统观点发起挑战的学
者之一，他反对以居住时间作为地方依恋的主要预测因素，也反对
"地方感研究的社区和人本主义方法——较之与长时间居住的'局内
人'，暂住者或游客就已经预先假定为无法形成依恋"。他认为，现代
社会流动性明显增强，地方是不同群体共同社会化建构的过程，这些
群体具有不同强度的依恋程度和认同感，而不仅仅局限于当地居民；
此外，现代社会居住、工作和旅游的方式不仅使人们在地理空间上扩
大了社会联系，而且使地方形式变得多样性，地方认同呈现分散性。
在这种情形下，尽管产生于不同情境中不同群体的地方依恋情感可能
会有不同特征，但是地方依恋的建立及强度不仅仅依赖于居住时间的
长短。

地方研究情境的拓展与这个时期的经济发展背景紧密相关。从世界范围来看，西方经济的持续繁荣推动了世界各地休闲度假地的兴起，很多曾经以传统经济为主要支撑的地方经济正在向休闲旅游业转型。越来越多的人不仅到此旅游，还会购买第二居所定期来此居住，这些变化引发人们对地方生态环境保护以及人与休闲旅游地关系问题的思考。以避暑别墅（Beckley，2003）、第二居所（Gustafson，2006；Van Patten and Williams，2008）、户外休闲地（Kaltenborn and Bjerke，2002；Brown and Raymond，2007）、湖泊（Jorgensen and Stedman，2001）、海岸（Kelly，2008）、山地（Kyle et al.，2003）、野生地（Williams et al.，1992）等为代表的非永久性环境的依恋研究逐渐成为学者广泛讨论的对象。Kaltenborn 和 Williams（2002）认为，人们购买避暑别墅或第二居所，不仅体现了现代社会人们对多个地方的认同，也是人们逃离现代去建构一种更为持久地方感、根植性以及认同的尝试。

旅游目的地依恋问题是近年来旅游学研究领域较新的议题，旅游者与旅游地之间的行为互动以及产生的情感依恋问题受到学者的关注。从国内外现有的文献来看，将地方依恋理论广泛引用到旅游领域是从 2000 年以后。旅游领域内地方依恋的研究对象主要以旅游地的社区居民和旅游者为主，同时两个群体地方依恋的对比也是一个重要的关注点。在研究方法上，侧重于"量表问卷"的实证主义路线，辅以质性研究。在研究内容上，着重与分析旅游地情境中地方依恋的维度、前因与结果变量，特别是地方依恋对休闲旅游者的满意度评价、忠诚度与环境行为的影响研究，成为学者探讨的焦点，研究成果对于旅游目的地营销管理和可持续发展提供了新的思路借鉴。

二　地方依恋结构维度的发展

学术界对地方依恋结构维度的认识经历了从单维度到多维度的发展过程。一般认为，社区居民地方依恋是一个单维度构念，只是在依恋强度表述上存在差异。最早提出依恋强度差异的是 Relph（1976），他将居民的地方感描述为一个从外部性到内部性的结构谱系。Shamai（1991）支持这一观点，将社区居民的地方依恋描述为一个包括 7 个阶段从"疏远"到"自愿为地方牺牲"的连续统一体。长期关注居民满意度和社区依恋的意大利学者使用社区依恋指数（Neighborhood Attachment Index，NAI）用于测量社区居民的依恋，该测量指数包括8 个测量题项。

当前学术界普遍认为，外来者对休闲游憩环境的地方依恋是一个多维度概念，但是对其维度构成还存在不同的观点。Williams 和 Roggenbuck（1989）在前人研究的基础上首次提出地方依恋的两个基本维度——地方依赖（Place Dependence）和地方认同（Place Identity）。地方依赖是指特定地方具备满足某种活动需要方面的条件，人们由此产生对环境的功能性依恋。例如，一个人高度评价一个地方可能是因为它是一个徒步旅行、野营或钓鱼的好地方，也可能是因为它有优美的景色可以满足其休闲目的（Stokols and Shumaker，1981），因此功能性条件是地方依赖形成的基础。地方认同是指个体与特定地方自我调适过程中形成的情感性依恋。地方不仅是个体与社会互动调适的中介物，还是保持和发展自我的手段（Korpela，1989）。由于地方是富有意义和象征性价值的活动场所，个体在特定活动中会产生对地方的认同感。个体在旅游地的活动和持续的访问，使个人与目的地联系不断增强，经验和记忆更加强烈，个体在情感上逐渐将自身定义为地方的一部分（Williams et al.，1992）。

虽然地方依恋的两个维度被大多数实证研究所采用，但是很多学者在分析不同休闲活动背景的旅游者地方依恋时，发现除地方依赖和地方认同外，还包括其他的维度，逐步形成了三维度、四维度、五维度的观点。Bricker 和 Kerstetter（2000）考察了漂流休闲旅游者的地方依恋，主成分分析结果显示地方依恋有地方依赖、地方认同与生活方式（Lifestyle）三个维度，生活方式维度中的测量项表征了个体对特定地方深刻的依恋情感，并且与其生活方式密切相关。Kyle 和 Graefe（2005）在分析美国阿帕拉契山道的徒步旅行者时，在两个基本维度基础上增加了社会联结（Social Bonding），用于捕捉受访者由于旅游社交派生形成的依恋，实证分析结果验证了地方依恋三维度结构满足计量特性要求，并认为社会联结是地方意义形成的重要来源，在很多情况下某一环境之所以重要性，是因为这里是与生活中其他重要群体（如亲人、朋友）共同分享体验记忆的场所。Ramkissoon 等（2013）提出了地方依赖、地方认同、地方情结（Place Affect）、社会联结四个维度，其中地方情结是指个人对特定环境的喜好和情感，社会联结维度表明环境是社会交往的场所，在地方形成的社会和人际关系是高水平地方依恋形成的驱动因素。

由于每个人对特定地方的依恋强弱程度不同，因此地方依恋存在层次差别。Hammitt 和 Cole（1998）将地方特质与地方依恋的强度相联结，认为游客对旅游地的地方依恋会形成类似金字塔的层级分类，地方依恋层级随着联结强度与联结特质的强度由浅至深，从地方熟悉感（Place Familiarity）到地方归属感（Place Belongingness）、地方认同感、地方依赖感直至长久持续的地方根深蒂固感（Place Rootedness），形成了地方依恋概念五维度的观点（见图 2 - 1）。其中，金字塔的下层部分是"地方熟悉感"。熟悉感来自个人记忆与经验积累产生的对地方的认知与了解，熟悉感是游客赋予旅游地环境的一种情感联系，这种情感联系的作用会将游憩地方延伸为"最喜爱的地方"或者是"独一无二的地方"。在记忆与经验增加的基础上，人们感觉属于这个地方，并融入当地环境中，就会产生"地方归属感"。位于金字塔最上层的"地方根深蒂固感"是指个体在一个地方长时间地进行休闲或游憩活动，会使人产生想要定居在此地方的愿望，是一种对地方强烈的、专注的情感联结。游客对旅游地的特殊环境变得非常注意，并将特殊的情感投注在这个特定的地方（张中华，2008）。

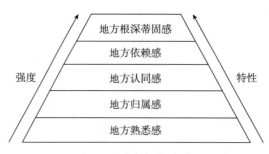

图 2 - 1 地方依恋的层级

资料来源：Hammitt and Cole, 1998。

三　旅游目的地依恋的概念界定

旅游目的地依恋指旅游者对特定目的地的依恋，是地方依恋的一种类型，区别于当地居民对所在社区的依恋。根据上述对地方依恋概念的系统阐述，本书将旅游目的地依恋概念做出如下界定：旅游者与特定目的地之间建立起来的积极的情感联系，以表达旅游者倾向于留在该目的地的心理状态。该概念具有两个基本特性：①情感特性，旅游者对目的地唤起的思绪和感情，是一种积极的情感；②行为倾向性，由于积极情感的存在，旅游目的地依恋会使旅游者产生一种愿意维持关系的强烈动机，从而诱发一系列特定行为。关于这一概念，有以下两点需要强调：

第一，旅游目的地依恋表征了旅游者对目的地积极的情感体验，如热爱、留恋、喜欢等，但是旅游者在目的地的情感体验既有积极的，也是消极的，甚至是两者交融的。本书所关注的旅游目的地依恋是具有能动作用的积极情感。

第二，旅游目的地依恋情感还会带来一系列积极行为，如重游意愿、推荐意愿、主动保护环境等，所以旅游目的地依恋的本质是大众化旅游背景发展出来一种新型的人地关系，这种关系既是旅游者与目的地良性互动的结果，也是旅游者和目的地之间和谐关系的重要表现。

需要说明的是，旅游目的地依恋与某些相近的目的地营销概念，如态度具有本质区别。态度是社会心理学的核心内容，态度研究的重要性在于态度与行为之间存在紧密联系。按照 Fishbein 和 Ajzen（1975）提出的理性行为理论（Theory of Reasoned Action, TRA），人的行为意向受到态度和主观规范的影响。态度只是反映了旅游者对某一目的地持有的或者正面或者负面的评价，但是这种评价不触及情感反应。也就是说，态度是告知性的，而并没有考虑这种评价的深层原因。而旅游目的地依恋则是强调对旅游者对目的地的情感反应特性，这种情感反应会引发一系列行为特征。而态度与行为之间的关系依赖于态度的强度、可达性（Park et al., 2006）等因素。因此，上述差异的存在使旅游目的地依恋在预测旅游者行为方面较之态度更具有效性。

第二节　地方依恋理论研究

一　地方依恋的多学科关注

20 世纪以来，来自人文地理学、环境心理学、市场营销学和旅游学等学科的学者通过各自的观察和分析，探讨了人与地方、环境的关系，引发人们多角度、多视角地思考自我与地方的关系。

受现象学与存在主义哲学思潮的影响，20 世纪 70 年代以 Tuan 为代表的人文主义地理学开始兴起，开始了对客观性、理性与逻辑实证主义的反思，他们认为"空间不仅仅具有几何特征，还承载人类丰富的情感体验"（Tuan，2006）。关注个体"粒子"的空间过程。地理学对空间问题长期关注，认为空间是物体在某一环境中的一种特性，空间认知学派更关注于实体和空间领域特性之间的空间联系与相互依赖，人类处理和操控在空间容器中感知的信息后再采取行动。而人文主义地理学对此则持强烈批判态度，动摇了经济合理性对地理学的统治（Bodi，2005）。Hart 和 Conn（1991）认为，用"地方"代替"空间"更为合适，因为地方关注人类行为动机。基于这个观点，空间领域就可以将情感的部分整合引入，从而假定思想、感性及行动等特性与环境中的地方有关，而不是与抽象的空间结构有关。这直接影响到了地理学对"抽象空间"的思考，人文地理学在空间与地方主观体验方面的研究，为地方依恋研究积累了丰富的成果。

环境心理学是研究人所处的环境与人的行为、心理之间关系的学科，着重探讨不同的心理对人塑造环境的影响和不同的环境对人心理的影响（胡正凡、林玉莲，2012）。人类的心理活动是脑与环境相互作用的产物，人与环境始终处于一个相互作用的过程中。环境心理学关于地方感知的研究，对人地关系的研究起到了推动作用。Proshansky（1978）根据自我和物理环境之间的认知联结，从概念上定义了地方认同，他认为地方认同是自我的一部分，是通过人们意识和无意识中存在的想法、信念、偏好、情感、价值观、目标、行为倾向以及技能的复杂交互作用，确定与物理环境有关的个人认同。它是个人或群体与地方互动从而实现社会化的过程，通过这一过程，个人与群体将自身定义为某个特定地方的一分子，从而通过地方来构建自身在社会中的位置与角色（朱竑、刘博，2011）。地方认同与地方依恋是有关地方研究最不容易区分的概念，一般认为广义的地方依恋包括地方认同，地方认同是地方依恋的认知成分，两者都对积极的地方情感产生正面影响。在现实中，一个人可能依恋一个地方，而不认同自己属于这个地方；也可能对某个地方有高度的认同感，却没有形成地方依恋。很多研究根据人们对居住地产生的地方依恋和地方认同进行了对比研究。例如，Hernandez 等（2007）以出生地和居住时间来区分本地人与外地人，经比较研究发现，本地人在地方依恋和地方认同上没有差异，而外地人的地方依恋在地方认同前发生，这似乎说明地方认同的形成需要更长的人地互动时间，表现出更为稳定的特征。

市场营销学关注于顾客关系研究，理解和预测顾客在交换情境中的品牌反应是市场营销学的重要议题之一。顾客与品牌的关系是一个由弱到强的变化过程，顾客会由最初的仅仅对产品、品牌的喜欢和购买发展到渴望与品牌保持一种长期的关系，并表现出与品牌的情感共鸣。在研究实践中营销学者发现依恋对象呈现出物化倾向，产品或服务（Dall'Olmo Riley and De Chernatony，2000）、品牌（Thomson et al.，2005）以及其他特定类型的对象（Park et al.，2006）都可以成为顾客依恋的对象。Park 等学者（2006）认为，品牌依恋是一个基于关系过程的概念，将其定义为"认知与情感层面联结消费者自我与品牌之间的关系强度"，并将品牌依恋划分为品牌与自我关联和情感联结两个维度。消费者自我与品牌之间内在的内资关联，这种内在关联越强，其关系越稳定越持久。因此是衡量消费者与品牌关系质量的重要指标（Yang and Galyak，2015）。现有研究指出，品牌依恋体现了消费者积极的品牌感知、特殊的品牌偏爱及积极的品牌忠诚行为，强烈的品牌依恋是企业品牌建设的顶点和品牌资产的形成基础。李娟等（2018）从消费者视角出发，以绿色品牌为例，构建了基于关系互动的绿色品牌权益的测量维度，包含品牌形象、品牌互惠、品牌依恋、品牌信任和品牌满意五个维度。刘燕等（2019）从消费者角度出发，以酒店业为例，探究了感知价值对品牌依恋的影响机制。

旅游学对地方依恋的关注沿袭了环境心理学关于"态度—行为"整体思路，相关研究在地方依恋已经形成的理论预设基础上，通过实证研究来探讨旅游目的地社区居民和旅游者地方依恋的测度、影响因素及其行为倾向。传统的地方感、地方依恋研究暗含着当地居民视角。除关注以往研究成果中的居住时长和是否为出生地外，旅游目的地居民依恋的影响因素还要考虑旅游经营模式、旅游发展水平等（唐文跃，2011）。另外社区中历史和物质景观是社区居民认同的关键，是地方依恋形成的重要基础（王兆峰、向秋霜，2020）。以消费为特征、追求异地美好体验、参与目的地居民的生活等为目的的旅游者，是现代社会重要的流动群体。旅游不再是单纯的移动距离和时间成本的测算，而是富含了新的社会文化背景下的精神诉求（杨茜好、朱竑，2015）。因此，旅游者视角的依恋研究成为学者关注的对象。国内旅游者的地方依恋研究议题集中于地方感的影响关系（如苏勤、钱树伟，2012）、旅游者地方感对其态度（唐文跃，2011）和行为（范钧等，2004）的影响，地方依恋价值评估（肖潇等，2013）、地方感的游客认知研究（汪芳等，2009）、地方依恋与恢复性知觉的关系（刘群阅等，2017）；同时，地方依恋是旅游者环境保护行为（贾衍菊等，2018）、环境公民行为（Gottwald，2020；Song et al.，2019）重要的前置变量，另外地方依恋显著影响个体对区域或酒店品牌的忠诚度（Konu et al.，2020）等。研究表明，旅游者地方依恋既受到地方社会属性的影响，如社区关系（Lewicka，2010）、安全感知（Brown et al.，2003）、社会互动（Woosnam et al.，2018）、品牌忠诚（Liu et al.，2020），也受到物理环境因素的影响（Félonneau，2004），还受到旅游者主体属性的影响，如旅游经验、频率（George，2004）、动机（Kyle et al.，2004）等。

旅游业的经济贡献吸引了大量社会资本和人力，旅游目的地聚集了越来越多的旅游者、经营者和投资者，各个利益群体不仅把"地方"作为利益博弈的舞台，还将其视为社会情感表达的场所。在这一共同行动过程中，旅游目的地中多群体间的感知差异和利益问题成为学术界的又一议题。运用地方理论可以解释多主体间的社会关系与行为现象，从现实的经济利益和各自对地方的理解来解读群体间的相互关系（Yosef，2009）。各个主体在共享旅游空间和资源的同时产生分歧和矛盾，地方依恋体现了不同群体对于地方的情感联结和态度，为认识旅游社区冲突提供了理论支持。随着旅游目的地的纵深发展，不同群体会根据自身的需求产生不同的地方情感和行为结果。当地居民根植于多年积累的社会资本和人脉关系形成了"家乡"的感觉，旅游者在旅游地滞留时间的长短客观表征了外来游客与当地居民互动的可能性，短期到访的观光游客、长期停留的度假游客和季节性造访的旅居者出自不同的旅游动机，形成了不同强度的依恋程度和认同感。可以肯定的是，旅游作为现代流动性的重要形式，目的地是不同群体共同社会化建构的过程。

二　地方依恋的理论发展

关于地方依恋的形成机制，比较有代表性的理论或观点有：Seamon（1980）的地方芭蕾观点、Morgan（2010）的地方依恋发展理论、Scannell 和 Gifford（2010）的三维框架理论，这些理论或观点从不同的角度对地方依恋的形成进行了独到分析，也分别代表了地方依恋研究三种截然不同的方法：人文地理学的现象学方法、发展心理学的理论发展方法和环境心理学的心理测量方法。

（一）人文地理学的地方芭蕾观点

人文地理学者主张运用现象学方法研究人与地方之间的关系，反对实证主义的研究范式。现象学的哲学基础是所有的知识都是主观的，其基本目标是直接考察和描述有意识经验的现象，不需要关于现象之因果解释的理论，要尽可能摆脱各种未经考察的先入之见和预先假定（R. J. 约翰斯顿，2001）。Tuan（1976）将"从纯空间向……某种强烈的人文地方"的转换视为人文地理学的主要议题之一。他把这样一种过程表示为更为一般的恋地情结概念，即信奉"一切的人类活动都与物质环境联系在一起"。Relph（1976）认为，地方是安全感和身份认同的源泉，地方感是"理所当然"世界的一个基本要素。

地方感是如何形成的是人文地理学需要回答的问题。Seamon（1980）在观察日常生活世界中人的移动规律基础上提出了"地方芭蕾"观点，用于解释地方感的形成过程。借助于现象学分析方法，Seamon（1980）探讨了移动（Movement）、休息（Rest）和相遇（Encounter）这三个人们生活世界的议题。其中移动是指人们在日常生活中身体的移动，这是个体理解事物意义及世界的主要方式之一；在地方的休息形成人与地方之间的依恋关系；与相遇的人的互动形成了共享的价值观和世界观。他声称这三个议题一起构成了地方芭蕾（Place Ballet），而地方芭蕾由形体芭蕾（Body Ballet）和"时空常规"（Time - space Routines）两部分组成，前者是指"一套证明特殊任务或目的的综合手势和运动"，后者是指"一套通过时间的某一重要部分扩展的习惯性形体行为"（R. J. 约翰斯顿，2001）。"形体芭蕾"可以通俗地理解为人们在日常生活中各种活动的身体动作，这些动作具有一定的重复性和连续性；"时空常规"则是人们的生活规律和行为习惯呈现出来的时空规律性。人类持续有规律的活动和行为促使人与地方情感联结的形成。

地方芭蕾是普遍存在的。地方芭蕾所在的地点是使人感到安全舒适的空间，人们在这里可以和那些有文化认同的人相遇，形成文化共同体。但是经验认识到的地方芭蕾的价值对局内人和局外人并不一样。"局内人感觉到一种要证明存在地方芭蕾并要培育新的地方芭蕾的愿望；在这同时，局外人认识到地方芭蕾在他们的管辖权之下；他们做出一些规划和政策来保护地方芭蕾，并把他们的动态综合到更大的环境整体中去"（R. J. 约翰斯顿，2001）。地方芭蕾的价值在于体现地方的文化维度，保持、维护地方意义的根系。

作为早期地方研究的代表性成果，地方芭蕾观点呈现了人本主义思潮影响下的人文地理学研究任务——从纯粹的空间转向具有人文特征的地方。在这个转型过程中，需要依据地方和人们本来的面目去认识两者的关系，以及人与人在特定地方关联范围内的相互关系。地方芭蕾观点自提出以后就被广泛引用，但是一直没有做深入研究，而且这一观点只是从某一角度解释了"局内人"地方依恋的形成，并没有对揭示地方依恋发展的内部机制进行系统性阐释。此外，从方法论角度上，人文地理学的现象学研究传统因为缺乏实证基础而受到了实证主义研究者的批评，也因为忽略了地方意义建构中社会力量的作用而受到社会学者的指责。

（二）发展心理学的地方依恋发展理论

在心理学领域，发展心理学和认知神经学在过去 30 多年取得了丰硕成果。发展心理学认为，依恋理论是一个毕生发展的理论。根据依恋概念提出者 Bowlby（1969）的观点，形成于婴儿时期的依恋模式通过内部工作模式影响成年以后的依恋模式。内部工作模式是婴儿与父母交互作用的过程中发展起来的对他人和自我的一种心理表征，是理解依恋关系形成的基础（王争艳等，2005）。认知神经科学角度的依恋研究表明，个体在感知到外界风险时，会主动地寻求与依恋对象的亲近以获得安全感，此时形成于婴儿时期的依恋系统会自动激活，与此同时，个体的神经系统、内分泌系统和大脑也同时被激活（张姿、刘文，2013）。随着科技手段的日益完善，借助技术手段探讨依恋的脑机制已经成为这一研究领域的发展方向。

Morgan（2010）在借鉴上述依恋理论研究成果的基础上，通过半结构化访谈的质性研究方法，分析了基于儿童地方体验的地方依恋形成过程。通过让受访者回忆儿童时期的地方经历，研究识别出了儿时地方体验的主题：爱（Love）、悲伤（Grief）、快乐（Pleasure）、安全（Security）、认同（Identity）。Morgan 根据 Marvin 等（2002）的研究提出儿童依恋安全循环（Circle of Security，COS）模型，将影响个体行为的地方环境融入模型之中，提出了基于依恋和地方依恋的整合系统模型——地方依恋发展理论（A Developmental Theory of Place Attachment）（见图 2 - 2）。在该系统中，个体显性行为受内部动机系统所驱使，而个体动机系统包括探索动机和依恋动机两大部分，个体启动哪个系统会受到与外界环境互动时情绪的影响。当儿童置身于外在环境时，对环境的投入与兴奋之情会引发其探索动机系统，驱动个体到外部环境中探索和玩耍，与地方互动的过程会出现征服、冒险、自由或感官快乐的积极情感。当儿童在外部环境环境中产生痛苦体验（比如说受伤）、焦虑（因为感知威胁或因长时间离开依恋对象），儿童内在的依恋动机系统将会取代探索动机系统，儿童会主动接近依恋对象寻求安慰，儿童与依恋对象的相互作用产生了积极情感和自我情绪调节。当这些痛苦情绪平息以后，外在的环境线索又会激活探索动机系统，再次进入地方唤醒—地方行为—积极情感的阶段，从而形成依恋对象与环境之间情绪唤起—互动—积极情感的周期循环模式。就像内部工作模式的形成过程一样，儿童与环境之间日复一日的积极探索/玩耍/征服和感官互动会逐渐内化为无意识的内部工作模式，地方依恋便会逐步发展起来。而且，Morgan 还发现形成于儿童时期的积极地方体验能够影响成人时期的地方依恋，并有助于建立和强化其认同感，这与依恋理论的"毕生发展观"相吻合。

图 2－2　依恋和地方依恋的整合系统模型

资料来源：Morgan（2010）。

该理论的提出明显受到早期心理学依恋研究的影响。有关母婴关系的研究已表明，依恋与婴儿的"寻求亲近"行为、"安全基地"行为、"避风港"行为和离别悲伤行为紧密相关，其中"安全基地"行为是指婴儿处于依恋对象的身边时，内在的安全感会激发他探索外部环境的兴趣，"避风港"行为是指当婴儿感受到不安全时，会停止探索活动，回到依恋对象身边寻求保护和安慰。这两种行为与模型中的探索动机系统和依恋动机系统有着一脉相承的关系，所以地方依恋发展理论将传统的人与人间的依恋拓展到人与环境间的依恋，实现了心理学依恋理论和地方依恋理论的整合。

但是，该理论研究基于婴儿时期的内部工作模式，说明了孩提时代的故土情结会对成年后的地方依恋产生影响，可以解释当地居民地方依恋的形成过程，却无法解释外来游客地方依恋的发生机制。而且心理学研究已经表明，成人依恋与亲子依恋特征有很大的差异，在不同的人际关系中，个体会形成不同的有组织的层级模式；此外，依恋理论关于内部工作模式稳定性的假设也受到了质疑，也就是说，人们的依恋模式可能会发生变化，尤其是重大生活事件的影响（王争艳等，2005）。所以，地方发展理论在解释游客地方依恋生成机制方面存在明显的不足。另外，在实践层面，心理学的理论模型难以通过实证方式进行验证，缺乏对社会现实的关照，从而削弱了其应用价值。

（三）环境心理学的地方依恋三维框架理论

环境心理学关注人与其所处环境之间相互作用和相互关系，尤其是环境及其各种因素对人的心理产生的影响。沿用心理测量学派的实证主义研究范式，环境心理学者通过开发设计量表，对地方依恋的形成机制和影响效应进行了大量的实证研究。Scannell 和 Gifford（2010）提出了地方依恋的三维框架理论。该框架提出的主要初衷是：①经过30多年渐进式研究积累后，地方依恋研究成果数量明显增加，但是一直处于分散化、碎片化状态，具体表现在概念界定不统一、维度分类不一致、研究情境多样化，这在一定程度上束缚了地方依恋的深层次发展，急需在理论层面上解决这些问题。②以往有关地方依恋的研究模型存在不同程度的局限性，如很多研究只能解释人们与其居住环境的情感依恋。在这样的背景下，该理论将地方依恋的经典研究和当前的研究成果纳入一个理论框架中。其主要观点是：地方依恋是一个包含人（People）、地方（People）、心理过程（Process）三个维度的框架，三个维度彼此相关且区分明确。其中人的维度是地方依恋的主体，包括个体和群体两个层面，强调是谁对地方产生依恋以及达到何种程度；地方的维度是依恋的对象，用于说明地方具有哪些特征引发人们的依恋，这些特征可以进一步分为社会、物理两个层面；过程的维度是人与地方互动的过程，包括地方依恋的认知、情感和行为成分三个层面（见图 2 - 3）。与前期研究结果相比，该理论框架特别强调了地方依恋的地方特征（独特性等）以及地方的意义，突出了地方依恋的认知成分。而且，该框架基本涵盖了地方依恋研究的所有层面，以往多学科的释义大多可以放在这个框架之内；除了能解释现有的研究外，还尝试把未来研究中的相关内容纳入这三个不同维度之中（范莉娜等，2014）。

图 2 - 3   地方依恋三维框架结构

资料来源：Scannell and Gifford（2010）。

严格意义上讲，该框架并不是真正的创新性理论，而是对之前地方依恋研究的整合性概括。它最大的贡献是将已有的地方依恋知识有效地组织在一起，将已有的研究结论包容在一个框架之中。而且该框架为地方依恋质性研究指明了方向，为地方依恋的量化研究提供了操作性定义。但是应该看到，在 Scannell 等的地方依恋三维结构研究里，对人或地的描述都非常粗略，如个体与群体的地方依恋有什么差异，地方的社会和物理特征具体包括哪些；而且，该框架依然没有揭示地方依恋产生的内在心理机制的实质，这个"黑箱"更多的是一种复杂的心理作用过程。Jeannerod（2006）认为，解决这个问题需要持续关注认知心理学或神经系统科学领域的研究，找出人与地方有意义联结的心理机制。此外，该模型未能解释结构中不同维度之间的内在联系和相互作用，以及引发这种相互作用的机制。所以这种将已有地方依恋的定义归位的做法在很多方面还有待深入。特别是根据不同的地方尺度和地方意义，需要将地方依恋三维框架模型进行"情境化改造"。国内学者艾少伟等（2013）在分析了中国城市化进程中回族社区的人地关系机制时，在地方依恋三维框架中加入了民族、宗教因素等重要变量，构建了开封东大寺社区地方依恋理论模型，初步验证了三维框架模型的应用性，并且提升了地方依恋理论对特殊"地方"类型的解释力。

三 地方依恋的影响因素

Stedman（2003）指出，地方依恋研究应该重点关注两个区域：一方面是哪些变量决定了个体地方依恋的产生，即将地方依恋视为因变量，探讨决定地方依恋形成的地理、社会、心理因素是什么；另一方面是具有强烈地方依恋的个体会引发哪些行为变量，会给个体带来何种程度的影响，考察地方依恋对个体行为决策的影响结果变量，从而为地方发展和区域政策制定提供依据。

（一）地方依恋的前因变量

影响地方依恋形成的因素很多，综合来看，可以将其分为三大类：依恋主体（个体或群体）特征、地方特征和心理因素变量。其中个体特征可以用人口统计变量来代替，如文化背景、性别、年龄、受教育程度、社会经济地位等；地方特征，包括地方的社会特征和物理环境特征，对社会特征因素的研究主要有社会资本、社会关系等，物理环境特征包括自然风光、城市建设、设施水平等；心理因素变量则说明地方依恋形成的心理过程，包括动机、熟悉度、形象感知、涉入程度等。

1. 依恋主体特征对地方依恋的影响

每个人都有自己对特定地方的依恋，但是依恋的要素及强度与个体特征密切相关。由于个体差异较大，很多学者运用个体的人口统计变量来代表个体特征，分析其对地方依恋的影响，但是这种简单的替代并没有得出一致结论。在 Lewicka（2005）实施一项公民活动参与意愿的调查研究中发现，性别和生活质量对地方依恋没有影响，而受教育水平负向影响地方依恋，年龄与地方依恋呈正相关。而 Hidalgo 和 Hernandez（2001）的研究表明，女性比男性具有较高水平的地方依恋，地方依恋的强度随着年龄的增长而增加，而社会地位对地方依恋的影响并不显著。之所以会有相互矛盾的结论，极有可能是因为这些人口统计变量只是某些心理变量的工具，因此寻找更为适宜的心理变量是揭示地方依恋形成原因的根本。但是，这种研究对于特定的地方有积极意义，可以帮助社区或资源管理者辨识不同群体的地方依恋特征，并根据地方依恋水平区分不同行为特征的旅游者，这对于社区或资源地的管理和规划至关重要。

相比之下，个体的旅游经历、使用频率、旅游次数等变量对地方依恋的影响较为明确。Moore 和 Graefe（1994）通过对休闲铁路游径使用者的调查表明，地方认同与使用者的使用时间和此项休闲活动的重要性感知有关，而地方依赖和游径离家距离、使用频率有关。Moore 和 Scott（2003）在对城市公园使用者的依恋以及对公园中一条小径的依恋研究中发现，使用者在公园和小径所从事活动的热爱程度是驱动地方依恋形成的强有力因素。George（2004）则调研了到访印度两个著名目的地的游客，发现过去游览的经历直接影响游客地方依恋形成，并进而影响他们的重游行为，其原因很可能是个体频繁光顾目的地生成的熟悉感促进了良性情感反馈环路的生成，从而诱发个体再次到访。

既然地方依恋离不开人们对地方的感知，因此不同的个体或群体对特定地方意义的认识会存在差异，甚至会因为某一事件而引发相互冲突的行为。比如，当地居民与环境保护者虽然都有强烈的地方依恋，但是感知的具体内容会有很大差异。与外来的企业、政府、旅游者等利益相关者相比，当地居民的地方依恋强度会更高，因为他们会对自己赖以生存的家园有着更为强烈的情感依恋。因此，当地社区居民和外来者在资源价值和开发价值的认识上经常会有冲突的地方。比如，当一个街区的完整性受到威胁时，地方观念会刺激居民们组织起来，反对破坏社区地方感项目的实施，为重新划区而奋斗；或者抵制商业入侵，反对把土地用于商业方面等。当这类组织发展顺利时，它就会形成保护和维护街区地方感特征的有效工具。

2. 地方特征对地方依恋的影响

地方特征是个体对地方属性的主观认知，包括社会与物理环境特征两个层面。社会特征是指人与地方之间建立的社会关系和情感关系，这是个体与地方其他成员之间建立信任、认同以及信息和资源优势的重要渠道。对于社区居民而言，这种关系是基于共同的历史联系和利益共同点而形成的。而对于游憩者或旅游者而言，这种关系则是源于共同的爱好、兴趣或信仰而形成的。Lee 和 Shen（2013）研究发现，喜欢养宠物狗的社区居民依恋于城市公园的主要原因不仅在于这些公园可以满足他们带宠物休闲散步的需求，关键还可以结交众多有养宠物爱好的朋友。社会建构对于地方依恋形成的价值一直是现象学、人类学和社会建构学派关注的问题。对于旅游者而言，社会关系的建立是个体与地方联结的重要方面。Kyle 和 Graefe（2005）对美国阿帕拉契山道徒步旅行者的研究证明了这一点，他们表示与其他旅行者有着特殊的联系，这也是旅行美好回忆的重要部分。

相比来看，多年来学术界对于社会特征的关注一直要强于物质环境。Stedman（2003）认为，以往的实证研究忽视了物质环境的重要性，尽管社会建构很重要，但是这一过程并非凭空出世，社会建构的边界和模式是由物质环境因素决定的。由于旅游活动的异地性，旅游者基于旅游地形成的社会关系强度会弱于社区居民的社会关系，因此社会特征对于旅游者地方依恋的影响并不是问题的全部。对于旅游者而言，地方依恋是外在环境刺激下的产物，当依恋来自可以开展的休闲活动、迷人的自然风景以及异域的文化景观设施等物质特性时，地方的物理环境特征应该成为研究重点。在这方面，很多休闲领域研究关注过这一问题，主要集中于个体在特定自然环境中的休闲游憩活动，如垂钓、徒步、骑单车等。

3. 心理因素变量对地方依恋的影响

人与地方互动的心理过程是地方依恋形成的重要因素，也是研究难点之一，至今还未形成系统化的理论解释。上述所讲的"地方芭蕾"观点在一定程度上解释了社区居民依恋产生的机制，但这并不能解释旅游者对于特定目的地的依恋。当前学者从实证角度对旅游者地方依恋形成的心理因素进行了探讨，主要有涉入程度、动机、形象认知等。

涉入程度代表了旅游活动过程对游客的重要性。高涉入的游客可能会投入更多精力去收集旅游地相关信息，游览时可能会积极参加旅游地的活动，这些都可能对游客与目的地之间积极情感的联结以及未来行为联结的形成产生影响，这一点在相关研究中已经得到初步验证。例如，Hou 等（2005）以我国台湾裴傅历史客家村为案例，对客家人和非客家人两种文化背景的台湾旅游者进行抽样调查分析发现，旅游者持续性涉入对文化遗产地情感依恋具有显著的正向影响。王坤等（2013）以文化旅游区为案例地，分析了文化旅游区休闲涉入与地方依恋的结构性关系。旅游动机既是人们行为背后的驱动力量，也是决定旅游者目的地选择意愿和地方依恋的影响因素。Kyle 等（2004）对城市公园周边的居民进行调查，发现动机的不同维度对地方依恋各个维度有着不同的影响，其中居民追求健康动机正向影响地方依赖，自主动机、亲近自然和追求健康的动机正向影响地方依恋的情感依赖维度，而地方认同可以被学习动机和自主动机所解释，社会联结被活动和社会动机所影响。

目的地形象直接影响旅游者目的地选择意愿、行为意图等行为变量。国内学者张中华等（2008）将地方依恋应用于目的地形象研究中，指出目的地形象是地方依恋形成的重要原因。他引用 Lynch（1960）城市意象的观点，认为人们在建构城市意象时会使用通道、边缘、区域、节点和地标五种关键元素，这些元素不仅可以用来辨识环境，还是地方情感的来源。人们与地方长期的接触，自然会形成一种熟悉感与安全感，并对环境做出不同的心理反应与反馈作用，这种心理特征就是对地方认同和归属的情感联系。

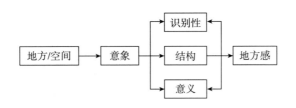

图 2 - 4　意象的内部结构与地方感的关系

资料来源：张中华等（2008）。

（二）地方依恋的结果变量

地方依恋是人类与地方互动作用形成的正向情感联结。地方依恋形成之后，不仅会影响个体的地方认知并通过积极的行为互动加强与地方的联系，还会获得良好的情绪体验，从而达到恢复身心的效果。

1. 行为倾向变量

地方依恋具有强烈、稳定的行为倾向性。居民对社区的依恋可以影响其社区管理的参与热情、对旅游影响的感知以及对旅游发展的支持度。Um 和 Crompton（1987）研究发现，社区居民的依恋水平与旅游影响感知的部分条目显著相关，如公共服务质量、社区居民之间的互动、收入和工作机会变化等。Gu 和 Ryan（2008）以北京著名的文化遗产——什刹海胡同为例，分析了居民社区依恋、认同与旅游业的发展影响之间的关系，调查发现居民的居住时间、旅游发展带来就业的吸引力、旅游者对社区居民的干扰、胡同作为文化遗产的价值以及对政府作用的评估都会影响社区居民地方依恋的程度，研究结果揭示了当前中国文化遗产旅游发展中社区居民态度影响因素的复杂性，对于指导文化遗产地可持续发展具有较强现实意义。

旅游目的地的依恋是驱动旅游者积极行为发生的重要因素。国外学者研究表明地方依恋会影响使用者对自然情境下社会和环境条件的认知（Kyle et al.，2004），具有强烈地方依恋的旅游者更倾向于对目的地倾注时间、精力、金钱等资源（Kyle et al.，2005），出现重复购买、传播正向口碑等忠诚行为（Yuksel et al.，2010），并积极参与到目的地环境保护、付费意愿（Ramkissoon et al.，2013）、关注目的地管理（Tonge et al.，2013）等较高层次的活动中。这对于旅游目的地的持续经营和可持续发展具有重要价值。特别是地方依恋与忠诚度、亲环境行为之间的关系备受关注。因为地方依恋与忠诚度的显著影响关系直接可以刺激旅游地未来的旅游需求。也就是说，旅游者对旅游地的依恋程度越强，其重游和口碑宣传的可能性越大，旅游需求有可能会增加。例如，肖潇等（2013）以九寨沟风景区为案例地，发现游客的地方依赖和地方认同从不同程度上促进了九寨沟游客旅游需求的增长，并依据个人旅游费用法（ICTM）计算得出了地方依恋对九寨沟总体游憩价值的贡献率为5.6%。因此，地方依恋可以为旅游目的地带来经济效益的增加，可以成为评价旅游地综合竞争力的重要指标。另外，个体对环境有较高程度的依恋时，就会表现出更强的环境保护意愿，并且会逐渐养成环境保护承诺，且倾向于主动实施环境责任行为，这对于目的地游客行为的管理具有重要指导意义。一般来说，地方依恋情感越高的旅游者对环境的破坏和干扰程度会越小，他们不仅身体力行，还会说服他人参与，甚至还会通过捐助、法律途径去影响当地政府或景区管理者的决策行为，为目的地环境保护工作做出积极的贡献（Lee et al.，2013）。如 Ramkissoon 等（2013）认为，在国家公园情境下，应该充分考虑地方依恋的态度特征以及它与行为倾向之间的关系，并提出了地方依恋各个维度对地方满意度、亲环境行为之间影响关系的概念框架，为国家公园、自然保护区等自然型景区的环境管理提供了新的视角。

2. 恢复性功能变量

环境心理学对于人与环境关系问题的研究热点之一是恢复性环境。美国密歇根大学心理学教授 Kalpan（1983）通过为期两周的"野外生活对个体心理影响"的实验研究发现，野外生活对多数人都具有恢复性的功能，并将恢复性环境定义为"能使人们更好地从心理疲劳以及和压力相伴随的消极情绪中恢复过来的环境"。一般情况下，远离城市的山野、森林、湖海、湿地等自然环境是非常常见的恢复性环境，投入其中能够积极促进个体的身心恢复。卡普兰夫妇提出注意恢复理论来解释环境促进人们心理功能的促进作用。该理论认为，一个人集中注意力的能力随着注意力使用时间的增加而逐步减弱，随后将会产生注意力集中的困难，情绪易激动，对从事需要集中注意力的工作易出现错误，个体容易产生疲劳。研究表明，通过观赏个体感兴趣但不需要专心关注的对象或场景，可以是"有意注意"产生的疲劳得到缓解和恢复（Tennessen，1995）。在深入的研究中，Kalpan 夫妇还提出恢复性环境一般具有远离、延展性、魅力性和兼容性四项特征，这是环境能够为个体提供有效恢复的客观条件。远离是指从心理上、地理上远离日常中容易引起疲劳和注意力衰退的日常环境，这样能够避免疲劳的产生，而达到注意力的恢复。延展性指的是一种在时间或空间上扩展成为一个更大且不同世界的环境，这种环境有足够的内容和结构并占据人们的大脑很长一段时间从而让注意力得到休息。魅力性是指环境足够吸引人时，能够轻易引起人的注意和兴趣，避免刻意集中注意力，从而得到恢复。兼容性是指个人的需求、行为与环境的匹配性。地方依恋与环境恢复性的关系已经得到初步验证。Korpela等（2001）研究发现，通常情况下，人们会把家当作最为依恋的场所，而家不管是在城市或者郊区，在一个相似的环境中，即使没有高水平的自然元素，也可能激起主体美好的回忆，获得良好的情绪体验，从而达到恢复的效果。中国学者池丽萍（2011）在一项对女性青少年地方依恋的质性研究中，发现了四个环境恢复性特征的具体描述，这些特征可以让青少年从事一些恢复性行为减少心理压力，恢复心理能量。刘群阅等（2017）从唤醒理论和自我调节态度理论出发，构建公园游憩者恢复性知觉影响因素模型，实证研究显示公园游憩者的地方依赖对环境恢复性知觉影响不显著，而地方认同对环境恢复性知觉有显著影响。这些研究成果为深入理解旅游环境与人们健康之间的作用提供了新视角，并在一定程度上拓展了地方依恋的功能和效果研究，但是不同环境下地方依恋和环境恢复性关系的影响机制还需要进行深入探究。

第三节　地方依恋方法研究

一　地方依恋研究的方法论

地方依恋是一个涉及多个学科的研究领域，单一的研究方法或单一学科的研究都不能解释地方依恋中的所有问题。现有地方依恋研究体现了社会科学研究领域的两大研究范式：量化研究和质性研究。量化研究和质性研究代表了学者观察和认识地方依恋的两种视角，在研究中无论采取哪种范式，关键取决于所研究的问题，有时甚至需要结合两种范式，对地方依恋有一个全面而深入的诠释。

早期的地方依恋研究质性研究延续了地方研究的人文主义传统，该范式指导下的研究具有特殊性、深入性和主观性特点。质性研究在批判实证主义唯科学主义倾向的基础上，以开放和多元的思维对社会现象进行整体性研究。随着实证主义在社会科学领域的迅速发展，量化研究方法也被引入地方研究中，并逐渐占据主导地位。量化研究认为研究者必须采用精确而严格的程序控制经验事实的情景，获得对事物因果关系的了解。在占据绝对优势地位的基础上，量化研究已经形成了包括严格的抽样技术（随机抽样）、量化的资料收集技术（调查、实验）与以数理统计为基础的资料分析技术（描述统计、推断统计）在内的一套完整方法体系（张红川，2001）。

从目前的研究成果来看，地方依恋以量化研究的测量统计分析方法为主。但是，地方依恋的量化研究一直是个有争议的话题，特别是一些早期的研究学者认为，地方是一种主观建构，无法通过定量方法测量。此外，实证研究价值中立的研究原则、"拆整为零"的研究方式、类似"八股"的研究形式损害了社会科学研究的整体性、互动性和动态性。近年来质性研究又受到了一些研究者的推崇，他们采用访谈、图片测量、绘图等方法，丰富了地方依恋的研究视角。归纳来看，地方依恋研究现有的基本方式主要有问卷调查研究、实地调查研究和文本研究（见表2-2）。不同的研究方式反映了不同的哲学思潮：问卷调查研究体现了实证主义思潮；实地调查研究体现了人文主义思潮；而文本研究，属于质性研究的一种类型，也倾向于人文主义思潮。

表 2 - 2　　　　　　　　地方依恋研究的基本方式

研究方式	资料收集方法	资料分析方法	研究范式	哲学思潮	哲学范式
调查研究	量表法 结构化访谈	统计分析	量化研究	实证主义	科学范式
实地研究	深度访谈 图片测量法 绘图测量法	隐喻提取技术方法 内容分析法等	质性研究	人文主义	自然范式
文本研究	文献分析 文本研究	内容分析法等	质性研究	人文主义	自然范式

二　量化研究方法

（一）地方依恋量化研究的发展

量化研究重视操作工具的科学性和规范性，因此概念的测量是量化研究的重要内容。学术界对地方依恋的测量进行了不断的探索，形成了相对成熟的测量方法。但是，这种基于心理测量学派偏重计量方法的研究传统，被地方理论另外几大重视人的主观性研究的学派——现象学与人类学以及社会建构学派批判为将整体现象机械地解构为一系列相互影响的客观因素，却没有提供对人们主观体验的细节描述（杨昀，2011）。

早期对于地方依恋的测量是采用间接测量法，通过选取一些工具性指标进行测量。由于这个时期主要关注社区居民的地方依恋，选取的工具性指标主要有居住时间、房屋产权、社区名称、邻里关系等。由于社区居民之间有着共同的意识和利益以及较密切的社会交往，因此多数研究者都赞同"居住时间"是社区居民依恋的关键替代变量；Riger 和 Lavrakas（1981）在研究社区关系时，认为房屋所有权可以预测社区居民的依恋；Taylor 等（1984）提出，地方名称的使用是人——

地联结的重要方面。他认为，对于古代人来讲，社区名称作为一个术语不仅可以帮助人们建构直接体验的空间世界，而且有助于人们明确特定的地方知识；对于现代人来讲，由于社会和心理的原因，社区名称有助于他们获得对所居住社区的认同。显然，这种相对简单的测量方法只是暗示了地方依恋形成的可能机制，但没有说明这种机制本身。例如，居住时间经常被看作是地方依恋的工具性变量，但它很有可能是心理学或社会学某个变量的替代品。随着研究的深入，居住时间、地方名称等工具性变量越来越指向于地方的社区因素——社会资本（Social Capital）。也就是说，加强个体与当地社区的社会关系和情感关系相当于增强了个体的社会资本，这与地方依恋的形成及强度是正相关的。

自我报告法是地方依恋测量中最常用的方式。这种方法要求被试者以回答问题或等级量表来表达自己的情感体验，研究者可以获取量化的信息。在一些大规模的调研中，由于受到研究经费的限制，很多学者将地方依恋的测量简化为预先设计的问题。例如 Shamai 和 Ilatov（2005）只使用了一个问题测量地方依恋："您对所在居住地/地区/国家的依恋水平如何。"Dallago 等（2009）在研究青少年地方依恋与社会资本、感知安全之间的关系时，选取了来自 13 个国家的样本，对地方依恋的测量为"你认为你所在的区域是个居住的好地方吗"。显然，这种测量的质量很难得到保证。但是在跨区域或跨文化的大样本研究中，使用这种测量方法也是权宜之计。

开发量表是地方依恋测量的主要手段，这种测量方式被环境心理学者广泛运用于休闲情境的地方依恋研究中。开发量表是围绕研究主题进行概念化、操作化的过程，概念化包括明确概念的指标并描述其维度，操作化明确规定了如何测量与概念相关的变量。地方依恋从起初的两个基本维度到三维度、四维度以及五维度，体现的不仅是地方依恋内涵的拓展，更多的是地方依恋操作化或量表形式的变化。不同形式的量表共同关注的问题是测量质量——准确度、精确度、信度和效度。作为心理测量学术语，信度是指重复测量得到相同结果的可能性，效度是指测量所得准确地反映了所要研究的概念程度，而在同一研究中，信度和效度之间存在紧张关系，通常建立具体和可信的测量通常会削弱概念本身的丰富含义（艾尔·芭比，2009）。对于研究者而言，两者同时兼顾是不太可能的，但是对于量化研究来讲，信度是效度的必要条件，即信度低的测量，一定是无效的；效度高的测量，信度也一定高。这种两难的困境也在一定程度上解释了社会科学研究两种范式取向的长期共存，量化研究（如调查与实验）和质性研究（如实地研究、历史研究），前者更可信，后者更有效。

（二）地方依恋量表的设计

Williams 等（1992，2003）基于地方依恋两个基本维度——地方依赖和地方认同，引入心理测量学方法设计了相应的量表，评估了这种测量方式在计量方面的有效性以及在不同休闲环境中的适用性。随后的研究者大多借鉴这一量表，这种测量方法已经在美国、澳大利亚、挪威、中国台湾地区开展的地方依恋研究中得到广泛应用，被认为具有较高的信度。除此之外，也有学者在分析旅游者的地方依恋时，在 Williams 等量表的基础上，除根据研究情境调整测量题项外，还增加了生活方式（Bricker and Kerstetter，2000）、社会联结（Kyle and Graefe，2005）、地方情结（Ramkissoon et al.，2013）、情感依恋（Yuksel et al.，2010）等维度，并验证了这些测量指标在心理计量方面的有效性。但是这些新增加维度的适用性还有待于进一步检验。表 2－3 汇总了现有研究中具有较强代表性的地方依恋结构维度量表。

在量表格式的选择上，李克特量表（Likert Scale）和哥特曼量表（Guttman Scale）在研究实践中使用比较多。前者多见于旅游者地方依恋的测量，后者多见于测量本地居民的地方依恋。李克特量表要求被试者根据"非常同意""同意""不同意""非常不同意"进行选择，能够清楚地了解被试者的态度且能够通过赋值法确定每个测量题项的相对强度，这种量表形式多用于外来人对休闲游憩环境或旅游地地方依恋的测量；哥特曼量表自身结构中存在某种由强变弱或由弱变强的逻辑，可以直接根据被试者所同意的陈述的数目以及量表分数，来判断被试者的赞成程度。但是，无论采取哪种形式，量表法的缺陷

表 2 - 3　　　　　　　　　　地方依恋的结构维度量

作者	地方情境 （案例地）	依恋主体 （样本）	维度	测量指标
Williams 和 Vaske （2003）	国家公园、 通道、 河流、 水库	学生	地方 依赖	1. "X" is the best place for what I like to do. 2. No other place can compare to "X". 3. I get more satisfaction out of visting "X" than any other. 4. Doing what I do at "X" is more important to me than doing it in any other place. 5. I wouldn't substitute any other area for doing the types of things I do at "X"
			地方 认同	1. I feel "X" is part of me. 2. "X" is very special to me. 3. I identify strong with "X". 4. I am very attached to "X". 5. Visiting "X" says a lot about who I am. 6. "X" means a lot to me
Bricker 和 Kerstetter （2000）	河流	水上漂流 爱好者	地方 依赖	1. I get more satisfaction out of visiting this river than from visiting any other river. 2. I enjoy doing rafting/kayaking here more than any other river. 3. Rafting/kayaking here is more important than rafting/kayaking in any other place. 4. This river is the best place for the kind of whitewater recreation I like to do. 5. I wouldn't substitute any other river for the type of whitewater recreation I do here. 6. I would prefer to spend more time on this river if I could
			地方 认同	1. This river means a lot to me. 2. I feel commitment to this river. 3. I am very attached to this river. 4. I identify strongly with this river

续表

作者	地方情境 （案例地）	依恋主体 （样本）	维度	测量指标
Bricker 和 Kerstetter （2000）	河流	水上漂流 爱好者	生活 方式	1. One of the major reasons I now live where I do is because the river is nearby. 2. I find that a lot of my life is organized around this river. 3. No other river can compare to this one
Kyle 和 Graefe （2005）	山道	徒步 旅游者	地方 依赖	1. I enjoy hiking along the Appalachian Trail more than any other trail. 2. I get more satisfaction out of visiting this trail than from visiting any other trail. 3. Hiking here is more important than hiking in any other place. 4. I wouldn't substitute any other trali for the type of recreation I do here
			地方 认同	1. This trail means a lot to me. 2. I am very attached to the Appalachian Trail. 3. I identify strongly with this trail. 4. I feel commitment to this trail
			社会 联结	1. I have a lot of fond memories about the Appalachian Trail. 2. I have a special connection to the Appalachian Trail and the people who hike along it. 3. I tell many people about this trail. 4. I will (do) bring my children to his place
Yuksel 等 （2010）	旅游 度假地	度假游客	地方 依赖	1. For the activities that I enjoy most, the settings and facilities provided by Didim are the best. 2. For what I like to do, I could not imagine anything better than the settings and facilities provided by Didim. 3. I enjoy visiting Didim and its environment more than any other destinations

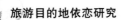

续表

作者	地方情境 （案例地）	依恋主体 （样本）	维度	测量指标
Yuksel 等 （2010）	旅游 度假地	度假游客	地方 认同	1. I feel Didim is part of me. 2. I identify strongly with Didim. 3. Visiting Didim says a lot about who I am
			情感 依恋	1. Didim means a lot to me. 2. I am very attached to Didim. 3. I feel strong sense of belonging to Didim
Ramkissoon 等（2013）	国家公园	游客	地方 依赖	1. For what I like to do, I could not imagine anything better than the settings and facilities provided by this National Park. 2. For the activities I enjoy the most, the settings and facilities provided by this National Park are the best. 3. I enjoy visiting this National Park and its environment more than any other parks
			地方 认同	1. I identify strongly with this park. 2. I feel this National Park is part of me. 3. Visiting this National Park says a lot about who I am
			地方 情结	1. I am very attached to this park. 2. I feel a strong sense of belonging to this National park and its settings/facilities. 3. This National Park means a lot to me
			社会 联结	1. Many of my friends/family prefer this National Park over many other parks. 2. If I were to stop visiting this park, I would lose contact with a number of friends. 3. My friends/family would be disappointed if I were to start visiting other settings and facilities

是不可避免的。这种基于自我报告式的测量方法，被试者容易受到社

会赞许性的影响，他们可能会按照社会环境的要求调整自己的反应，从而无法真实测量其真实的想法。因此，在研究中需要将其作为测量误差进行剔除。

国内研究学者将国外的地方依恋量表直接应用于本土研究中。地方依恋的两个基本维度被大多数研究模型所采用。例如，唐文跃（2011）以皖南的西递、宏村、南屏三个古村落为案例对居民的地方依恋特征进行了研究，探索性因子分析结果证实了古村落居民地方依恋具有两个维度——地方依赖和地方认同。万基财等（2014）以九寨沟为对象，探讨了自然观光地地方特质与旅游者地方依恋和环保行为的内在关系，结构方程模型分析结果表明地方依恋的两个维度对不同类型环保行为倾向的影响存在显著差异。这些研究说明两个基本维度的测量量表不仅具有较好的结构效度，而且适用于国内旅游地的研究情境。

三　质性研究方法

由于研究视角不同，量化研究和质性研究方法被用于分析地方依恋研究的不同方面。量化研究方法在分析地方依恋的结构、强度及影响机制方面具有明显优势，却很难描述地方意义、主观体验等地方依恋的细节内容。国内学者古丽扎伯克力（2011）基于社会心理学视角认为，一直以来研究者都是采用诸如量表这样外显的方法调查地方依恋，而对于其无意识特性、情感本质却没有采用内隐的方法进行探讨研究。国外学者 Stedman（2003）认为，地方依恋现有的量化研究更多解释了地方依恋的重要性（Significance），而并没有阐明地方的意义（Meaning），而地方意义是地方环境特性与地方情感纽带强度之间的介质。因此，为了理解人们对于特定地方的依恋，需要识别地方的意义。

质性研究使用语言和图像等表达方式，在时间的流动中追踪事件的变化过程，强调从当事人的角度了解他们的看法，注重他们的心理状态变化和意义建构。因此，质性研究成为分析地方意义适宜的方法。在现有文献中，可以看到地方依恋研究中采用的质性研究方法有深度访谈法、图片测量法以及绘图法。其中深度访谈法较为常用，而图片测量法、绘图检测法是地理学领域的分析方法，已经在地方依恋研究中得到应用。

（一）深度访谈法

质性研究采用的深度访谈是半结构式访谈（Semi - structured Interview）（有别于量化研究中的结构化访谈）。深度访谈要求研究者在访谈进行之前，根据研究的问题和目的，设计访谈大纲作为访谈的基本框架。在访谈进行过程中，访谈者可以根据现场情况，对访谈问题做灵活处理，针对具体的访谈对象和访谈进展，因时因地改变访谈的重点和问题，发挥受访者的主动性（孙嫦娥，2012）。

在以人文主义思潮为指导的地方研究中，深度访谈法是经常使用的方法。例如，Billig（2005）为了分析城市更新过程中新住房居民与老住房居民地方感的差异，与居住在旧社区内或附近的女性进行深度访谈，预先设计了一系列开放型问题，包括"请你描述下所在的居住区环境""你认为与社区成员的社会关系如何""你感觉自己归属于哪里"等，允许受访者自由思考、灵活解释，从而获得可以用于编码分析的文本资料。在很多情况下，深度访谈往往会作为问卷调查方法的辅助手段，为问卷调查结果提供现实性解释，两者互为补充，相得益彰。如国内学者熊帼等（2013）利用问卷调查和深度访谈相结合的方法，分析了南京仙林大学城内大学生地方依恋特征与形成机制。问卷调查获取数据是为了验证理论模型，分析地方依恋各个维度之间的关系。半结构式访谈则根据"您对仙林哪些场所记忆深刻或有美好感受？为什么？""您日常生活方式？"及"您在仙林的生活感受？"三个问题展开，数据分析显示的地方认同、情感依赖、功能依赖与地方依恋的关系，得到了访谈结果的验证和解释，例如大学生的功能依赖负向影响地方依恋，访谈结果说明了这种作用的主要原因是缺乏好的书店、广场公园、出租车、餐饮店等必要的生活配套设施。

（二）图片测量法

图片在旅游者体验过程中扮演着重要角色。在旅游活动中的摄像是游客选择、塑造、组织外在物质世界的产物，因此图片能够反映摄影者内在的心智画面（Crawshaw and Urry，1997）。对于旅游者而言，图片是他们主动记录旅游经历、再现旅游目的地形象、唤起旅游记忆的重要途径。图片中的视觉符号兼具隐喻和转喻的特性（Albers and James, 1988），能够触及游客内心深处的情感。考虑到地方依恋是一种对于地方意象感知的结果，一种以图片为基础的研究方法受到游憩学者的青睐，他们认为图片是"……为观察世界提供历史的、文化和社会方式的具有文化意义的文本"（黄向、温晓珊，2012）。地方依恋是个体与地方互动的心理过程，因此，通过让受试者讲述图片背后的故事可以呈现旅游者内心真实的想法。图片既可以是提前准备好让受试者选择，也可以让受试者现场拍摄生成。这种通过图片形式分析游客内心感知和评价的方法被称为游客使用图片（Visitor Employed Photography，VEP）技术。Stedman（2003）认为，这种技术是地方研究方法领域的创新，有助于分析诸如地方依恋这样的多维度构念。因为图片同期呈现了丰富的内容，如经历、场景和社会领域，有助于地方意义的挖掘；图片可以作为深度访谈方法的参考点和聚焦点，提高深度访谈方法的效率；另外图片本身就是基于地方而生成的，因此对于地方的特定性研究比问卷调研方法相比具有先天的优势。笔者指出在使用这种方法时，需要考虑以下三个步骤：谁来拍照，即确定研究对象；在哪里拍照和他们要展示什么；如何解释所拍摄的照片。按照这些步骤，他们分析了居民的社区依恋以及基于自然和文化背景的地方意义的生成过程。

国内学者黄向和温晓珊（2012）采用 VEP 技术探讨了广州郊野公园地方依恋的基本结构，按每年来白云山游览的次数超过 10 次的标准选择了 40 个样本，收集照片 92 张，通过受访者对每一张图片的意义阐释所形成的质性数据为基础研究了旅游地地方依恋的组成要素。研究表明，精神性依恋和功能性依恋构成了旅游地地方依恋的纵向维度，环境景观维度、休闲维度、人际社交维度和设施服务维度四个要素维度构成了横向维度，并构建了二维八象限的地方依恋结构质性模型。潘莉等（2014）采用图片讲述和深入访谈法，运用隐喻提取技术，通过游客对图片背后独特故事和意义的讲述，分析了旅游者地方依恋元素的构成，探讨了地方依恋强度在时间序列上的递进特征。Boğaç（2009）在调查塞不勒斯土耳其人重新安置后地方依恋的特征，采用了让居民将住所和社区自然画图的方式，测量他们地方依恋的程度，并结合问卷、深度访谈分析地方依恋的差异和原因。

（三）绘图测量法

绘图测量法在传统问卷调查技术基础上，结合了地理学的空间测量方法，通过让人们在地图上做标记展示地方意义和价值，实现了地方依恋数据的可视化和数字化，从而可以为自然资源和环境的管理提供更为直观的资料。这种方法在地方依恋研究领域的应用还处于探索性阶段，在方法的科学性和普及性方面还需要进一步探讨。

Brown 和 Raymond（2007）在分析澳大利亚维多利亚 Otways 地区的地方依恋研究中，同时使用了问卷测量法和绘图测量法两种方式。在绘图部分要求受试者根据记忆在地图上标记出有休闲、美学、经济、学习等价值的位置点，而且这些价值按照重要性进行了区分，然后在地图上标示出 6 个特别的地方，并给予相应解释。结果显示，两种方法在解释地方依恋与景观价值的关系方面存在差异。通过对问卷测量获得的数据进行回归分析发现，Otways 地区的原生态和精神价值是地方依恋的重要预测变量。而对绘图测量数据进行空间互相关和回归分析发现，景观的美学、休闲、经济、精神和疗养价值与特定地方存在空间协同，极有可能形成地方依恋。这两种测量方法实际解释了地方依恋的不同层面，问卷测量法是居民和游客地方依恋认知、情感和行为体验的一般性表达，而绘图测量法再现了人们基于地方体验和地方符号性评估地方价值。作为一种合理的测量方式，绘图测量法可以为土地规划提供了更为丰富的地方信息。

由于地方依恋问题的复杂性，量化研究和质性研究相结合是未来的研究趋势。这可以使研究者从不同视角进行综合分析，解读人们与地方互动的过程，而且能够确定地方依恋与其他影响变量关系在统计学上的意义，从而更好地分析人们与有意义地方的联系。近年来许多研究者开始在自己的研究中结合采用两种研究方法以改进研究质量、提高研究的可靠性。例如，Devine – Wright 和 Howes（2010）分析了社会心理学中的"邻避效应"或"邻避情结"（Not in My Back Yard），该效应揭示了这样一种现象：对于那些具有负外部性效应的公共设施，如垃圾中转站、高压电线、核设施等，极易引发当地居民的抵制，因为这些设施产生的积极效应为广大地区公众所共享，而其带来的诸如空气污染、电辐射之类的负外部效应却要由设施所在地的居民独自承担，即使居民认同邻避设施的必要性和作用，但却排斥将其设置在自己家附近。他们在调查两个沿海城镇居民对于在风景优美的北威尔士地区安装风力发电站的态度时，既用量表测量了居民的地方依赖和地方认同，又通过焦点小组和自由联想方法获得了居民对于地方意义的理解，数据分析显示两个城镇居民在对待这一项目的态度上存在显著差异，研究结果支持了地方依恋理论在解释居民邻避效应现象的有效性。

第四节　研究评述

通过系统梳理地方依恋现有研究成果发现，地方依恋的研究主体从社区居民转向外来旅游者，研究情境从熟悉的社区转向相对陌生的旅游地、休闲游憩地，研究方法从单一方法转向两者结合。相对于较为成熟的地方依恋研究，旅游目的地依恋作为地方依恋的一个类型，仍然是一个崭新的议题。尤其是对于旅游目的地依恋的结构维度以及影响关系是需要做深入性分析的关键问题。

一　旅游目的地依恋结构维度研究的必要性

对于地方依恋的结构维度研究，学者一直在探索之中。旅游目的地依恋，无论是依恋主体还是依恋的环境都明显区别于社区依恋、游憩地依恋，因此其包含的具体维度也会有别于传统的地方依恋维度。关于地方依恋的结构维度研究也不能直接用于目的地依恋。因为旅游是人们在非惯常环境下的体验和短暂的生活方式，并且作为一种有目的的消费活动，旅游者与目的地的互动程度和地方属性必然会影响到其情感体验的水平。

另外，已开发的地方依恋量表都是基于西方案例地情境，国内学者在开展相关研究时也是采用国外的量表。国内旅游目的地情境的依恋内涵是否与现有的国外研究成果相一致，需要做更为严谨的探索分析和实证研究。因此，有必要发展适合本土情境的旅游目的地依恋测量量表，为旅游目的地研究在国内的深入开展提供可靠、有效的工具。

二 旅游目的地依恋影响关系研究的必要性

依恋的前因后果一直是学者关注的重点。旅游目的地依恋的影响关系研究还是处于探讨之中。旅游活动的异地性和暂时性特征，决定了旅游目的地依恋的形成必然会受到目的地特征的影响。基于人与环境相互影响作用的认识，个体与目的地的联系会影响其对目的地的感情。目的地特征是依恋产生的基础，而依恋是人们在感知地方特征基础上形成的积极的情感反应。要全面理解旅游目的地依恋的产生和作用机制，需要充分考虑特定目的地特征对旅游者情感的影响。但是与单个社区或休闲游憩地相比，目的地是一个包含众多要素的复杂系统，既包括与目的地区位有关的自然环境系统，也包括与当地历史文化密切相连的人文环境系统，还包括由目的地各个服务部门和企业构成的旅游服务系统。这些特征因素是否以及如何对旅游目的地依恋产生作用都是值得深入研究的问题。对这些问题的确切回答不仅从理论层面揭示旅游者与目的地环境的作用方式，也可以从实践层面帮助目的地管理者发展与旅游者的情感关系提供现实性指导。

第五节　本章小结

本章对地方依恋已有研究的系统梳理发现，地方依恋研究具有多视角、多层面、多方法。同时，相比于成熟的社区依恋、休闲地依恋研究，旅游目的地依恋研究还处于初级阶段，对于旅游目的地依恋的基本问题——结构维度和影响关系还有待于做系统化研究。特别是随着大规模旅游者的流动和旅游者需求的多样化，旅游目的地依恋将成为决定旅游者和目的地和谐关系建立和发展的关键因素，对于旅游目的地依恋的深入认识将有助于发展基于游客情感视角的关系营销和行为管理策略。

第三章

地方依恋理论基础

为了推进理论研究创新，有必要对地方依恋的基础理论进行梳理，并以此为依托开展旅游目的地依恋研究。与地方依恋有关的基础理论包括：地理学的人地关系与地方理论、心理学的依恋理论以及环境心理学的环境—行为关系理论。

第一节　地理学的地方理论

一　人地关系

探索自身与外在环境的关系是人类永恒的主题。从历史发展的进程来看，人类不断利用和改造环境，借以维持和提升自身的生存发展条件，并构成了不断发展变化的人地关系。地理学家认为，人地关系是指人类活动与环境的相互关系，是人类起源以来就存在的客观关系（左大康，1990）。随着生产力的进步，生产方式的演变，人地关系的历史进程经历了猿人时期的混沌阶段、新旧石器时代的原始共生阶段、农业时代人类对环境的顺应阶段、工业时代人类对环境的大规模改造阶段以及当代社会人地协调共生阶段（王长征，2004）。人地关系是地理学研究的四大传统之一[①]，其落脚点是人地关系的相互作用

---

① 美国地理学家 William Pattison（1964）归纳了地理学研究的四个传统：空间分析、地域研究、人地关系和地球科学。

与协调发展。国内著名的地理学者吴传钧（2008）认为，对人地关系的认识，既是地理学的研究核心，也是地理学理论研究的一项长期的任务，并始终贯彻在地理学的各个发展阶段。

人地关系理论被旅游界学者视为构建旅游学理论框架的重要基础（明庆忠，2006），特别是旅游地理学以旅游情境下的人地关系为核心命题。黄震方和黄睿（2015）提出，从认识论观念出发，"旅游人地关系"是指在特定的旅游地域中所形成的相关制约、相互依存的客观关系，包括人的旅游活动对地理环境的依存关系、地理环境对人的旅游活动制约关系、人的旅游活动与地理环境相互作用的因果关系和人为旅游活动影响地理环境的社会经济关系；从本体论观念出发，旅游活动是旅游人地关系形成和变化的主要因素，游客、旅游经营者、社区居民、政府政策行为和外来资金、文化、信息等要素都会对旅游人地关系产生影响。人是人地关系相互作用中的主导因素，而人类情感体验的丰富性、多样性以及能动性决定了人类行为以及人地互动过程中不能忽视情感的力量。因此，对于个体情感、需求的关注是地理学向人文主义转向的重要特征。

二　地方概念

地方是相对于空间而言的。对"空间和地方"的关注是地理学科的重要传统。大多数人文地理学家一直认为它们是相关但又截然不同的概念（宁梅，2011）。地方是人本主义地理学区别于实证主义地理学的主要概念之一。受到现象学、哲学思潮的影响，20世纪70年代人文地理学蓬勃发展。人文地理学家 Tuan 最先把地方的人文主义精神引入地理学研究中，将其与人的心理和情感联系在一起。在他的经典著作《经验透视中的空间与地方》中，他对两者的概念做了如下说明：空间是抽象、空洞的概念，缺乏实质内容；地方是被赋予了价值的空间，是人关注的焦点与意义的中心（宋秀葵，2011）。Tuan（1974）认为，地方是"体验建构意义的中心"，人与其生活和经历的地方之间有着不同程度的心理和情感联系，包括"短暂的视觉快乐，触觉快乐，对熟悉之地的依赖，对值得美好回忆的家之恋，对引发骄傲和自豪之感的地方之爱，看到健康和活力之物的快活之情"

等。从人本主义角度来看，地方暗示了一种"家"的存在，是一种美好的回忆与重大的成就积累与沉淀，能够给予人稳定的安全感与归属感（朱竑，2011）。

在国内，英文中的"place"有"地方"或"场所"两种翻译方式，前者多见于地理学研究中，而后者常见于景观学、建筑学、城市规划等学科。国内学者张中华等（2014）认为，"地方"的概念和内涵要比"场所"更为丰富，因为场所更倾向于对客观物质属性的描述，且在我国建筑学领域更倾向于微观尺度的描述；而地方更倾向于对人主观世界中的"主观存在世界"的认知，这个尺度可以大到全球乃至宇宙，小到微观我们能感知到、想象到的空间（Williams and Roggenbuck，1989）。

总结现有国内外学者对空间和地方的分析，可以从下面两个方面理解"地方"与"空间"的区别：

首先，地方是一个对人有意义（Meaning）的地理区域（Galliano and Loeffler，1999）。"无人则空间没有意义"。空间由于个体的主体性经验而成为富有意义的地方，使空间具有精神层面的意义。也就是说，当空间被赋予人的意识和情感，并随着时间积累沉淀了约定的经验以及符号时，空间就成为地方。因此，地方包含着人们的情感，而不仅仅是地图上的符号标志（张中华等，2008）。由于个体经验的不同以及地理空间的多样性，不同的地方本身就具有不同的映像，即使对于同一地方，不同个体对其赋予的意义也不同。有学者尝试将其进一步细分，如 Smaldone 和 Harris（2005）把地方划分为物质背景、个体的社会和心理过程以及个体在地方从事的活动三部分，他们之间互相联系并赋予地方特定的意义。虽然地方概念强调地方对于个体的意义，但是在现实中却指向明确的地理区域，并对应于不同的地方尺度（Place Scales），包括家（Home）、社区（Neighborhood）、城市（City）、地区（Region）。由于所经历的体验不同，人们在不同空间尺度地方的心理感受就不同，地方的心理意义就在于此。除此之外，Breakwell（1986）曾经强调，地方是个人意义和社会意义共同作用的产物。Auburn 和 Barnes（2006）的研究进一步揭示了人们对地方集体性理解（Collective Understandings）的过程，从而证实了"地方是社会意义的产物"的观点。

其次，地方是一个被生产的动态发展过程。在历史发展过程中，人通过主体体验和感知，在空间当中塑造形成了具有自身特质的地方机理，地方得以产生并不断进行生产。因此，地方实际上是一个人与地方互相作用、互相影响的动态发展过程。这个过程主要与以下因素有关：①人与地方之间的亲密接触经验；②地方特定的活动和体验；③感知、记忆和认知的积累；④个人的历史经验和经历；⑤对地方的情感依恋；⑥一个地方所具有的独特性（Williams and Roggenbuck，1989）。地理学家认为，地方是研究过程与现象之间复杂关系的天然实验室，因为地方展示着各种相互作用的过程和活动，以及与其他地方的相互联系；而地理学长期的传统是试图了解不同过程和现象是如何在各区域和地方间相互作用的，以及这些相互作用是如何赋予地方以独特性质的。

除了空间概念之外，地理学家也尝试将地方与其他地域概念进行区分，如区位（Location）。Kaltenborn（1997）认为，社会科学领域的地方内涵中包括区位、场所和地方感三个层面，其中区位是指社会和经济活动的分布区域，场所是指日常生活和社会相互影响的地方；而地方感是指个体对地方认同和归属的情感联结。Zia 等（2014）从个体对外部环境关注程度的差异角度，用图示的方法清晰地区分了地方与空间、区位概念的不同。若从空间视角分析，个体对外部环境的关注度是没有差异的；从区位角度分析时，个体的关注度就会表现出距离衰减特征，那意味着个体会对距离自身较近的外部环境表现出较强的关注度；从地方角度分析时，个体就会根据自身不同的现实活动将外部空间分为零碎的且具有不同意义的地方，比如 C1 是指那些具有认同意义的地方（如家、社区），C2 是具有依赖意义的地方（如具有某种休闲或经济用途），C3 则是指具有情感依恋含义的地方（如出生地或具有精神联结的地方）。

三　地方理论

地方理论从人的内在心理、社会互动等角度来阐述人与地方之间的复杂关系。经过不同学科领域众多学者的努力，地方理论由最初对恋地情结的观察分析，逐渐发展成由地方性（Placeness）、地方感（Sense Of Place）、地方依恋（Place Attachment）① 等概念以及相应指标体系构成的完整理论，并着重应用于人地关系研究中（唐文跃，2007）。

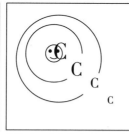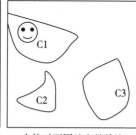

个体对空间的关注　　　　个体对区位的关注及空间分异　　　个体对不同地方的关注

图 3 - 1　空间、区位和地方概念的区别

资料来源：Ziat 等（2014）。

（一）恋地情结

人文地理学家不仅赋予地方更为丰富的含义，还就地方与人的情感联系进行深入分析。Wright（1966）最早用"敬地情结"（Geopiety）一词表达人对自然界和地理空间的敬重之情。在《恋地情结：环境感知、态度和价值研究》这本著作中，Tuan（1974）使用"恋地情结"（Topophilia）和"恐地情结"（Topophobia）两个概念来表达人与特定地方的依恋和恐惧之情。其中，恋地情结是指"人与特定地方之间相互作用形成的依赖关系"，在这个概念中他强调"人的主体性和经验，而非冷酷无情的空间逻辑"。恋地情结最初由法国现象学家 Bachelard（1958）使用，原意是指由人们与自然界和情感充溢的地方之间的感情联系所激起的诗意幻想。人本主义地理学家认为，恋地情结激起了地方在地图、文本和图像中的景观表现等地理传统，而

---

①　本书对地方理论相关术语的中文翻译是沿袭旅游地理学科的习惯。

且这些表现形式是地理想象的基础。因为恋地情结表达了地理意识和研究中美学、感觉、怀旧和想象的方面。所以它是地方和景观象征性的重要层面。现象学家 Relph（1976）指出与地方的普遍联系是人类的基本需要之一，依恋是个体对特定地方精神上和心理上的深层眷恋，地方是个体面向世界的牢固基点。

在早期的地方理论研究中，人文地理学者多关注于有意义地方对于个体生活体验的价值。Kasarda 和 Janowitz（1974）最早从依恋情感角度研究人地关系，并预测社区依恋最有效的因素是居住时间和邻里关系。从 20 世纪 80 年代，以环境行为、环境感知以及人与环境关系为主要研究内容的环境心理学和游憩地理学推动了地方依恋理论的进一步发展，相继出现了用于表述人与地方情感关系的新术语，如地方依赖（Shumaker and Taylor，1983）、地方认同（Proshansky，1978）、社区依恋（Hummon，1992）、社区感（Sarason，1974）等。在这段时间内，术语和概念上的混乱是约束该领域发展的重要原因之一，急需在理论认识层面达到统一。Shumaker 和 Taylor（1983）认为，这些概念有着基本的相同点，都关注环境对个体或群体的心理意义以及个体通过积极的情感和社会涉入以维持这种纽带，并运用"依恋地方"（Attachment to Place）表达人们与其居住地之间积极的情感联结。Taylor 等（1984）通过对家庭住户的访谈调研，发现依恋地方情感与人类的领地性意识①是两个不同的概念，而且社区异质性、混乱程度越高，社区依恋的程度会越低。Proshansky 等（1983）认为，地方依恋体验已经超越了地方或环境在满足人们特定活动需求方面的功能性方面。因此，仅仅通过识别关键的环境特征去满足人们的特定休闲活动需求是不够的。

随着研究的深入，地方理论的内容不断扩展，既包括彰显一个地方或空间所具有区别另一个地方的本质属性——"地方性"，还包括人对地方或环境的情感——"地方感"与"地方依恋"。

---

① 领地性理论认为动物、个人和群体都认同并保卫各种空间范围的领土。

（二）地方性

人文地理学家 Relph（1976）继承了 Tuan 的地方思想，认为地方是"人类体验外部世界的中心"，而且"地方不能脱离人们的体验而独立存在"，他认为由于快速工业化、商业化和大众传播媒体的普及，出现了相对同质和标准化的景观形态，其中代表前工业化社会特征的地方特性受到减弱，很多地方已经变得不真实、缺乏历史感、更加抽象。其中，旅游景观、商业街、新城区以及建筑中的国际化风格是无地方性和"非真实"姿态的典型景观。而且，Relph（1976）认为，旅游业是现代社会中促成很多地方"无地方性"的重要力量，因为旅游业是为外来者、过路者、旁观者服务的，为了迎合他们的需要，很多"无地方性"的旅游景区和设施大量出现，迪士尼乐园就是这类景区的典型代表。但是，这种观点也受到很多学者的质疑，Johnston 和 Entrikin（1992）指出，地方同质化的确是使一些地方原来的意义消失了，但同时却获得了另外一些意义，地方意义得以重构。很多城市的发展过程说明了这一点。例如，英国第二大繁荣城市曼彻斯特曾经是世界上第一座工业化城市，两百多年前，在这里诞生了世界上最早的近代棉纺织大工业。但受到 20 世纪初经济大衰退和第二次世界大战的影响，曼彻斯特的重工业开始衰退，大量厂房被拆毁，被新式建筑物所取代。如今，这里已经是众多乐团、剧院、博物馆等文化娱乐设施汇集的地方。所以，地方性本身是一个不断发展的概念，具有时间延展性特征。同样，即使是那些"无地方性"的设施和景区对旅游者依然具有很强的吸引力。通过旅游者的视角，地方的意义被不断重构。

从人地关系视角出发，Shumaker 和 Taylor（1983）认为，地方性是环境的基本特性，人对环境的心理情感是一种本能，人和环境的相互作用形成了地方情感。Hummon（1992）提出了四种不同强度的地方性，由强到弱依次为根深蒂固性（Rootedness）、异地性（Alienation）、相关性（Relativity）和无地方性（Placelessness）。

（三）地方感

地方感是人文地理学领域地方研究的重要话题，也是"改变世界的十大地理思想之一"（苏珊·汉森，2009）。现象学家 Relph（1976）认为，"地方感"是每个人都具有的"一种先天的能力"，是人与自然相互作用产生，并由人赋予的一种情感体验，这种体验聚焦于某些特别的资源或设施物。Steele（1981）将地方感视为人与地方互动产生的一种体验。因此，地方感以人类地方体验的主观性为基础，其内涵包括地方自身固有的特征和人们对地方依恋的情感两个方面，两者相互区别并相互关联。第一方面的含义在于，一些地方会被认为是独特、特殊、与众不同、有纪念意义，这是因为其独特的自然特征，或通过这些地方与重要真实事件或神话传说相联系。一些闻名遐迩的自然和文化景观都具有很强的地方感，对很多人可能具有独一无二的重要意义，即使他们对这个地点不一定有直接的体验。第二方面的含义为，日常生活中个人和群体依靠体验、记忆和想象等而对地方发生很深的依恋感。最明显的例子就是对"家"的依恋，在"家"中人们最重要的感觉就是"适得其所"。一般人们会用实体形态来表达他们对某种地方共同的依恋，通过建造标志性建筑物（如教堂、纪念碑等）为地方增加更多的一体化特征。例如，以前的生产空间（如船坞场和纺织厂等）的"真实性"和"遗产"价值既因其实体形态的保存而得以强化，其功能又经用途拓展而产生变化，这些空间的地方意义实现了良性转变；而一些新地方如新城区、商业街等则采用符号强化的方式塑造自身的特性。

（四）地方依恋

Williams 和 Vaske（2003）认为，地方依恋与地方感表达的核心内涵是一致的，都是个体与环境之间情感互动的产物，但是两者的侧重点不同，地方感的关注点更多落脚在地方，而地方依恋是强调人对地方的情感依恋；地方感包括了人们对特定地方的依恋与隔离（Detachment）的综合情感反应，而地方依恋则只是表征了人们与环境作用后形成的正向情感联结（杨昀，2011）。

随着众多学者的关注和深入分析，人们对地方依恋概念的认识逐步达成一致意见。如 Hummon（1992）认为，地方依恋是"个体对地方的情感涉入"，Low（1992）则将其定义为"个体对特定环境或场所在认知和情感上的联结"，增加了地方依恋的认知成分，因为认知基础是在研究依恋情感建立时需要经常探讨的问题。Low 和 Altman（1992）归纳了此阶段已有地方依恋的重要元素：几乎所有关于人—地纽带的研究都表明了情感、情绪和感觉在地方依恋概念中的重要性；情感、情绪和感觉指向于特定环境和场所，而这些环境和场所特征又各不相同，或有形或具有象征性，或是知名体验过的或是未知且尚未体验过的；空间的变化也是影响地方依恋的因素。

四　流动性理论

全球的流动性是当代社会的典型性特征。资本、物体、人和信息与日俱增的移动特性正在将一个"社会性的社会"建构成"流动性的社会"。正如 Adey（2009）所言，即便那些被看作固定性代表的历史古迹和现代建筑，其建立与维系也丝毫离不开流动，在这些看似持久而不变的庞然大物背后，是物质材料、劳动力和金钱等要素的流动，因此，不动只是相对的，不动性（Immobility）形式的背后，是流动性这一本质。流动性范式（Mobility Paradigm）被 Cohen 等（2012）界定为理解旅游动态过程的重要理论倾向之一，关注于现代社会"人、物、形象、信息以及废弃物等多种要素多样化的流动"（Urry，2002）。流动性正在成为地理学、社会学、人类学、文化研究、旅游研究、交通研究、移民和边境研究等学科领域重要的研究视角。对流动性的研究正在超越地理交通研究和社会研究的二元视角，在多元视角中整合形成统一的研究框架，上升为一种"新流动性范式"。这一范式不局限于关注移动现象的发生方式、规律、结果和时空效率、效益，更关注流动的过程中所产生的经验、实践、差异性和多重社会关系，赋予流动现象更加丰富的社会文化意义（孙九霞等，2016）。

旅游流动范式的提出使我们可以将旅游置于流动的现代社会和文化生活的核心位置（Coles and Hall，2006）。当下的中国，经济发展和技术的进步不断地推动社会变革；流动已然成为日常生活的一种常态。随着中国流动人口数量增加和大量旅游者以及旅游移民的进入，很多中国城镇的特征已经从相对封闭的地域性城镇向多元开放的移民型社会转变（周大鸣，2017）。在复杂多元的现代社会中，经济和科技全球化的持续发展，交通设施和通信技术的全面改善，使那些异地通勤者、具有多处生活居所的家庭都会赋予其活动的空间以特定的意义。Hall（2004）提出应将旅游置于更为宏观的流动性背景下进行审视，认为旅游是以通勤活动/购物和移民为两级的流动性谱系上一种流动类型。在追寻"诗和远方"的旅程中，现代人穿梭于固定的生活居所与变换的旅游目的地之间，正在展示着人类情感的多样性和交流的丰富性，以及这些情感与文化、社会与生活空间之间的多元关系。在旅游移动视角下原来以"家"为核心概念的"地域人"假设受到了挑战，以"有多个住所、淡化甚至失去'家/家乡'概念"为基本特征的"区域人"假设更适合流动性和现代性语境下的个人行为阐释（黄潇婷等，2019）。在文化地理学家看来，流动性是一种对地理形态的形成过程和规律机制的解读，同时也是联系社会理论和空间理论，并通过具体的社会文化表征来认识人类在空间移动过程中意义的重要理论工具。流动过程催生新的社会关系与文化意义，并与"流动"本身发生相互作用（唐雪琼等，2016）。流动性的增强虽然表面上减少了人们固定在某个空间的时间，但是"地方的再发现"（Re－discovery）正在发生（Lewicka，2005）。原来以"根"（Root）为基础形成的地方依恋、情感联系、社区关系正在被打破，生命"路径"（Route）的重要性正在提升（Gustafson，2006）。尤其是在科学技术支持的现实下，外出工作或旅行的人们可能同时与很多不同的地方建立情感联结（Barcus and Brunn，2010），依恋也表现出"多元""流动"的特征（Gieling and Haartsen，2016）。在现代社会中，旅游流动性的增加使个人的行为、情感被置于空间与时间交错的坐标中。作为流动主体的人的旅行行为被深刻嵌入于地理空间的物质表达之中，并形成旅游流动之中独特的情感变化规律。在现代性背景下，以骑行入藏者为例，他们以自我踩踏为动力，以慢速全景式亲近环境，通过与周边的人、景、物的互动，加强了与当地的联系和自我的社会认同，旅游的"地方"已经不再是传统的"点"或者"面"，而是沿途"一线"的行为与氛围互动的情感载体，情感体验与流动过程紧密相关（张朝枝和张鑫，2017）。

第二节　心理学的依恋理论

一　心理学的依恋基础

心理学的依恋研究始于 20 世纪 60 年代，以英国学者 Bowlby（1969）对母婴依恋的研究为标志。他分析了婴儿与特定对象（母亲或其他看护者）之间形成的情感纽带关系，并提出这种情感关系会持续地存在于个人的成长历程中，是人类"从摇篮到坟墓"不可缺少的组成部分。婴儿/孩子和父母的实际交往形成了婴儿依恋关系的内部工作模式（Internal Working Models），这种内部工作模式是一种认知/情感性的构造，是在婴儿/孩子与父母行为交互作用的过程中发展起来的对自我以及与他人关系的一种心理表征（王争艳等，2005），会影响个体未来的人际关系建立。

后续学者的研究证实了形成于婴儿期的依恋关系通过内部工作模式影响成年后的依恋模式，进而影响成人阶段与恋人的亲密关系（Hazan and Shaver，1987）、朋友关系以及其他类型的亲密关系（Trinke and Bartholomew，1997）。大量研究表明，内部工作模式是理解个体与他人关系建立的基础，当处于一个陌生的人际情境或新的人际关系网络时，个体所表现出的感受和行为就会无意识地受到这种模式的影响。因此，依恋是一个毕生发展且连续的过程。

依恋类型（Attachment Styles）分析是心理学研究依恋的主要视角。Ainsworth 等（1978）提出婴儿的依恋类型有三种：安全型、焦虑矛盾型和逃避型，而且某种依恋类型一旦确立，这种类型会成为个体未来用于理解自我与他人关系的内部工作模式（Bowlby，1969），并影响个体对不同成长阶段人际关系的期望和行为表现（Bowlby，1973）。精神病理学对依恋的研究表明，形成于婴儿时期的依恋类型会影响其未来的心理健康水平，不安全依恋与较高的焦虑、抑郁水平相关，而良好的依恋水平能直接或间接地提升个体的心理健康水平。这种研究方式体现了心理学者重视个体差异的研究视角，认为不同的人具有不同的依恋类型，但是这种视角在实践中难以操作，因为个体的依恋类型是难以影响和改变的。整体来说，心理学的依恋理论是不同学科领域学者研究个体依恋情感反应的重要基础。

二　依恋理论研究议题的转移

心理学的依恋理论专注于个体与他人（如母亲、恋人、朋友等）之间的交互模式。随着相关研究的深入，依恋理论被引入其他学科中，用以分析个体对某一特定个体或实物长久持续的情感联结。Schultz 等学者（1989）首次关注了所有物依恋，认为所有物依恋是个人与特定物之间情感联系的程度，并提出了消费者与所有物依恋形成机制的重要观点：依恋的产生与消费者的消费经历有关；依恋具有自我表达的功能；依恋的强度与所有物提供的功能性价值有关。其后，Ball 和 Tasaki（1992）运用自我概念理论，认为个体所有物依恋的内在原因在于实现表达自我的需要。Park 等（2006）则整合了自我概念理论和资源交换理论，解释了消费者品牌依恋的形成原因，他们认为，当消费者与品牌之间的关系形成时，人们就会为这种关系的维持提供社会、知识、物质等资源，这些资源按照其功能性价值分为三种类型：享乐型资源、象征性资源和功能性资源。当品牌提供的这些资源与自我相关时，个体就可以形成较强的品牌依恋。随后，由于不同领域学者的广泛介入，依恋对象的研究范围也得以拓展，包括产品、地方以及其他特定类型。由此，依恋理论实现了从人际关系情境向营销关系情境的转移（姜岩，2008）（见图 3 - 2）。学者普遍认为，与人际之间的依恋相似，消费者对产品、品牌以及地方也会产生不同程度的依恋。特别是品牌依恋概念受到营销学者广泛的关注，它是指消费者与品牌之间的"一种富有情感的独特纽带关系"（Thomson et al.，2005），这种亲密的关系有助于实现较强的品牌忠诚。研究表明，消费者会倾向于付出个人资源与品牌保持联系，包括时间、精力和货币等。这为现代企业顾客关系管理提供了理论支持。

三　依恋与地方依恋

地方依恋作为近年来环境心理学、人文地理学等领域的热点问题，既根植于心理学的依恋理论，又表征着个体对特定地方的情感体

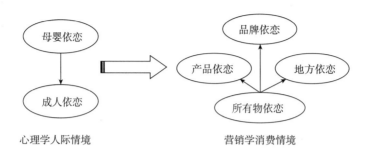

心理学人际情境   营销学消费情境

图 3 - 2   依恋理论研究议题的转移

资料来源：姜岩、董大海：《品牌依恋理论研究探析》，《外国经济与管理》2008 年第 2 期。

验。尽管在表述上存在差异，学者对地方依恋的概念都强调了"个体与特定地方在情感上的联结"，这种定义方式非常贴近心理学依恋的本义。正如人际关系中的情感依恋有助于预测个体对他人的承诺、付出和投入一样，地方依恋也有助于预测个体对地方的情感联结和为保持紧密关系采取的特定行为，如通过多次重游对目的地倾注更多时间、精力等资源，也会传播正向口碑、参与目的地公益活动等较高层次的行为，这一点也验证了 Bowlby（1980）曾指出的，具有强烈的动机和行为倾向性是依恋的关键特性。

澳大利亚学者 Morgan（2010）将依恋理论运用到人地之间的依恋关系，提出了地方依恋发展理论，认为成人的地方依恋源于其儿童时期的地方体验，儿童时期形成的积极地方体验内化为一种无意识的内在工作模式从而形成地方依恋。因此，从心理学的依恋理论深入研究地方依恋的心理根源是地方依恋研究的重要方向。国内学者骆泽顺等（2014）以此为理论基础，构建了旅游情境下的内隐—外显地方依恋模型，并得出以下结论：①内部工作模式（依恋表征）原理可用以解释地方依恋形成的心理机制；②内部工作模式是由一般依恋表征和特殊依恋表征组成的层级结构，前者指导社区居民依恋的形成，后者指导游客依恋的形成；③地方依恋存在内隐和外显两种状态。社区居民依恋由内隐状态激发为外显状态去指导其依恋行为，游客依恋从外显状态内化为内隐状态去指导其依恋行为。该研究不仅具有重要的理论意义，也为学术界深入理解地方依恋形成机理给予了更为深刻的诠释。但是，这些源于心理学基础的模型多处于概念模型层次，许多观点还需要实证检验，而且这种旅游者依恋形成的心理机制对于目的地营销学者来说较为抽象，在实际操作上较难把握，其实践价值也有待于证实。但不可否认的是，从心理学角度分析地方依恋的形成机制有助于理解人们地方体验形成的细节和过程。

第三节　环境心理学的地方理论

一　环境心理学的地方依恋

伴随着人口过度增长和人类过度消费带来的环境危机，20世纪70年代以来环境心理学成为西方社会逐步兴起的一门新学科。人与环境一直处在一种交互作用的生态系统之中：人塑造了环境，环境培育了人。研究人与自然、社会、文化之间的互动及其规律，实现与人与环境的和谐，提高人类的生活质量，是环境心理学的基本任务。在环境心理学中，所研究的行为不仅包括可观察到的活动和习性，而且还涵盖到知觉、认知、情感、偏爱等心理过程，也涉及行为的社会和文化差异（胡正凡、林玉莲，2012），通过探讨人所处的环境与行为、心理之间的关系，着重研究不同的心理对人塑造环境的影响和不同的环境对人心理的影响。

对于非人类物种来说，地方依恋也许有生物学基础。有些种类的鲑鱼洄游数百英里，在它们出生的地方去产卵；加拿大的野鹅一年又一年回到同一个巢中。在筑巢季节它们非常有领地性。对于人类来讲，情感性的评价同那些有特别意义的地理位置及环境有关。地方依恋表示人们对特定的地方有一种特殊的感觉。人们都有这样的生活体验，当问及"家"和"房子"这两个词的区别时，是否会让人产生不同的感觉。很显然，家的意义要丰富得多，它不仅仅是一个遮风避雨的庇护所，还提供了人们生活的意义和身份感。比如，家建构了人们的社会关系，提供一个人们日常活动的场所（如吃饭、洗澡等）；

家是人们常见的和可预测的生活事件发生的中心，家还引发人们对过去的很多记忆。那同样，这种依恋关系可以延伸到其他的环境中。实际上，环境也渗透着人们的情感，一方面是因为它们美的景观特征，另一方面是因为环境和人们记忆中事、人、感受相联系（保罗·贝尔等，2009）。

地方依恋概念由环境心理学者 Williams 和 Patterson（1989）正式提出，这一方面体现了该概念在解释人与地方环境关系方面的有效性，另一方面也体现了环境心理学关注于人与环境相互作用的学科传统。其中，环境—行为关系理论中的行为场景理论、人—环境匹配模型对于理解旅游情境下地方依恋形成提供了有益的启示。

二　行为场景理论与地方依恋

（一）行为场景理论

特定的空间以及由不同要素构成的物质环境，为需要它的人们提供了从事某种活动的地方。地方，是活动发生的地方，是具有清晰特性的空间（吴秀娴，2010）。通常社会生活中的场景泛指各种场面，由人物活动和背景都构成。行为场景理论认为，地方是人们社会生活的大舞台，人们分别扮演着不同角色并上演着一幕幕生动的行为场景。随着时光的流失，演员可能在更换，但是在舞台上的表演模式确是相对固定的，人们及其表演与地方的特征在生态上构成了相互依存的整体。行为场景作为环境—行为现象的有机整体，是环境—行为研究最直观、最切实可行的基本单元（胡正凡、林玉莲，2012）。

（二）地方依恋——旅游者与旅游情境的互动

情感是人与环境不断互动的产物，不同的地方情境特征会给人不同的情感体验。地方依恋是人与环境相互作用产生的一种特殊的情感体验，该过程强调个体的主动性和创造性。旅游是旅游主体在寻求愉悦意识的支配下与客体之间建立关系的一种目的性行为，旅游情境的功能在于对旅游者心理构成"周围型刺激"，并非简单的刺激—反应模式的结果，旅游过程中发生的行为都笼罩在这个情境中，其特征在很大程度上会影响旅游体验的方式、方向和力度（谢彦君，2005）。

旅游活动的魅力在于这种活动本身，因为它依托于某种特殊的情境。从情境因素的形式上来看，旅游情境主要包括实体情境、社会情境、时间情境和个人情境（见表3-1），这些因素在不同个体的旅游过程中起着不同的作用。①实体情境。包括自然环境和目的地实体要素等。关于天气因素是否会影响人们的地方依恋，Knez（2005）研究表明，由于阳光、风、温度、湿度这样的天气因素直接影响人们感受到的目的地的舒适程度，从而影响人们赋予地方的意义，因此也是影响地方依恋产生的原因。很多情况下，旅游地特有的情境特征是吸引旅游者到来并产生依恋情感的重要原因，特别是高品质的旅游资源和设施及景观的自然、文化特征，这些特征虽然要依赖于旅游者主观的识别和情感的融入，但基本取决于客观存在的属性。②社会情境。旅游目的地的社会情境对旅游者的心理影响主要以弥漫性的渗透和扩散为主，充满了旅游者的外部心理感知世界，并融入旅游者的内心，为旅游者带来了心理上的变化。当地社会文化氛围是影响旅游者深度旅游体验质量的重要因素，如巴西著名的滨海旅游观光胜地——里约热内卢，有着8000多千米的绚丽海滩，在这个多元文化的国度里，海滨不仅是一个地理术语，更代表着巴西人的心境，象征着他们的信仰—休闲的生活方式、自由的快乐主义以及对高品质生活的追求。③时间情境，既可以指活动或事件发生的时间，也可以指情境发生时旅游者可支配时间的充裕程度。旅游的过程是一个时空交错的有意义的过程。由于地理和气候上的优越条件，很多旅游地在不同的时间都可以自如地展示自己靓丽的身姿，如被马克·吐温誉为"天堂的原乡"的毛里求斯，属于热带海洋性气候，全年都适合旅游者到来。时间压力是对旅游者行为产生影响的客观变量，例如，当旅游者的时间

表3-1　　　　　　　　　旅游地情境及主要内容

情境因素	主要内容
实体情境	气候因素、天气因素、目的地信息（广告、价格等）、交通方便程度、设施等
社会情境	社会氛围、相关群体影响、临时突发事件等
时间情境	旅游时间安排、季节或月份、旅游者的时间充裕程度等
个人情境	心情状态、先前经验、身体状况等

比较充裕，就可以在滨海旅游地做深度旅游。④个体情境，是指旅游者的出游状态，如心情状态、先前经验、身体状况等。个体情境不仅会影响旅游者的主观融入程度，而且会通过改变旅游者的情感来影响其行为。

　　旅游过程中的"周围型刺激"还会与旅游者精神上的审美反应交织在一起，因为旅游的基本出发点、整个过程和最终效应都是以获取精神享受的审美为指向。具体来讲，人体所有感官融入旅游地之中并获得有机的审美感知、体验，真实地感受地方环境的特性与魅力。Tuan（1984）认为，此种审美反应具有始料未及、强烈、短暂的特点，这种由审美带来的愉悦并非是单纯的感官快乐，还包括想象、理解、内省等诸多情感因素（宋秀葵，2011）。神经生理学研究证实，情感依恋的激活脑区和大脑奖励系统（Reward System）存在重叠；同时情感依恋还抑制了与消极情绪、社会判断和心理理论相关的脑区活动，即抑制了评估他人意图和情感的脑区活动（徐晓坤，2005）。据此可以判断：当旅游目的地能给旅游者带来愉悦、兴奋等情绪时，积极的情绪体验可以有效促进与社会评估和情感依恋相关的脑区活动，激活大脑奖励系统，促进积极情绪的产生。

三　人—环境匹配模型与地方依恋

（一）人—环境匹配模型

　　研究人与环境如何实现和谐相处或者是彼此实现一致抑或是彼此适宜的状态是环境心理学的重要任务。人—环境匹配模型（Person - Environment Fit Model）考虑了人类对环境要求的反应与环境对改变人类能力的关系，多用来探讨人与环境之间缺乏一致性的原因以及相应的治疗问题。造成两者之间不一致的原因是多样的。吕晓峰（2011）将这些原因分为个体、环境本身与主观判断两大类，前者包括个体的财政需求、偏好或者认知能力的变化，环境方面的原因如失业和社会支持丧失等急剧变化会造成一致性的破坏；后者是指个体对客观环境的错误知觉、主观印象抑或是对个体对自身能力、才能和资源的错误估量导致人与环境之间的不一致。此外，人们可能被劝服而转向与其需要更为一致的环境。因此，通过人—环境匹配模型可以从个体或环境的角度做出相应的改变而获得较好的治疗，这种理念下的研究在治疗领域的运用表现出了超越传统认知疗法的先进性。

人—环境匹配模型已经被应用于组织管理学、社区研究以及休闲游憩领域中。在组织管理学中，该模型主要用于分析个人与组织之间的兼容性，以及实现这种兼容性的方法和两者兼容可能带来的结果。Kristof（1996）提出个人与组织之间有两种匹配形式：辅助性匹配与补偿性匹配；而且个人—组织匹配产生的情况有：至少一方满足了另一方的需要、他们有相似的特征或者以上两者都具备。大量的研究表明，个人与组织匹配程度能够较好地预测个体的行为和工作态度（赵慧娟，2004）。在社区研究领域，个体与社区环境的匹配可以有效地预测社区居民的满意度和幸福感。

Tsaur 等（2012）将这一理论应用于休闲环境中，提出了休闲者—环境匹配概念，尝试分析休闲者与休闲环境之间的兼容性。模仿个人—组织匹配研究结论，他们指出休闲者与休闲环境的兼容性在以下情况下出现：休闲者与休闲环境单方面或双方面满足了彼此的要求，或者休闲者与休闲环境管理者有相似的价值观。在该模型中，休闲者与休闲环境之间的匹配有三种形式：辅助性匹配、需求性匹配和需要—供给匹配，其中辅助性匹配是指休闲者与休闲环境管理者价值观上的一致性，而需求性匹配是指休闲者技能与休闲环境特征的适合性，需要—供给匹配则评估了休闲者需要与休闲环境供给之间的匹配程度。与此同时，Tsaur 等还开发了休闲游憩者—环境匹配量表，由 6 个维度 19 个题项组成，6 个维度分别是自然资源、人际机会、环境功能、设施、活动技能和经营/管理者。其中经营/管理者维度体现了辅助性匹配，用于评估休闲者与环境管理者在价值观上的一致性，活动技能维度评价了休闲者的能力以及知识与活动场景的匹配程度，而其他 4 个维度表现了休闲者需要与休闲设施的匹配程度。

（二）休闲者—环境匹配与地方依恋

Tsaur 等（2014）在上述研究基础上，进一步提出休闲者与环境匹配程度是地方依恋的前因变量。因为在旅游和休闲研究领域，诸如目的地吸引力、活动涉入和休闲效益都是地方依恋的前因变量，而这些概念与休闲者—环境匹配理论有着很多相同的方面，如目的地吸引力的核心属性、活动涉入的吸引力和休闲效益的环境匹配度与休闲者—环境匹配中的环境功能维度有着相似的含义，而目的地吸引力的附加属性、活动涉入的自我表达功能以及休闲效益中与学习相关的效益则与休闲者—环境匹配中的人际发展维度相类似，所以休闲者—环境匹配可能会预测地方依恋的形成。实证研究结果表明，自然资源、人际机会、环境功能、活动技能和经营/管理者 5 个维度对地方依赖和地方认同产生显著影响，而人际关系和管理者维度对地方社会联结有着显著的正向影响作用。

休闲者—环境匹配理论强调主客观之间的协调性，解释了休闲者与环境之间的交互作用，为地方依恋研究提供了一种新的理论支持。该理论关注于人与环境的和谐或适宜性，这与地方依恋强调"个体与地方积极情感的联结"有着相通之处，从一定程度上佐证了地方依恋的建立是人与环境和谐的重要表现。所以如何引导旅游者建立地方依恋，实现旅游者与目的地环境之间的和谐是未来重要的研究方向。

第四节　本章小结

"地方"和"依恋"是地方依恋研究的两个出发点，"地方"是"依恋"产生的外在基础，而"依恋"是个体对"地方"认知、情感的反应。因此，从研究发展脉络来看，源于人文地理学家的地方理论和心理学家的依恋理论是地方依恋理论形成的两大基础性支点。环境心理学者整合了两个学科的观点正式提出地方依恋概念，并从个体与环境互动的角度加深了地方依恋研究，研究成果也延伸到游憩地理学、城市规划、建筑学等学科的理论和实践中，从而进一步推动了地方依恋理论的发展和应用。

第四章

旅游目的地依恋理论模型建构

——基于扎根理论的研究

本章旨在通过质性分析构建旅游目的地依恋理论模型。作为与目的地地方特征、旅游者个人特点都密切相关的现象，旅游目的地依恋描述了旅游者与目的地建立的积极的情感关系，对这种关系的结构内涵、影响因素的深入分析是本书研究的核心内容。虽然现有研究从一定程度上解读了旅游者的地方依恋，但是从旅游者与目的地互动视角探讨依恋形成机制的研究并不多见。而且，现有研究多是通过量化方法对变量之间的关系进行实证检验，难以全面揭示国内旅游地情境下旅游目的地依恋的内涵和作用机制。在这种情况下，有必要运用质性研究方法提出理论研究框架。依据研究目的和研究命题的特点，扎根理论方法是本章开展理论模型建构适宜的质性分析工具。

第一节 扎根理论方法与数据来源

一 扎根理论方法

（一）扎根理论方法的起源与发展

扎根理论方法起源于 20 世纪 60 年代，美国社会学者 Glaser 和 Strauss（1967）在对医院中医护人员与绝症患者互动过程的实地调查研究中，首次运用该方法建构了死亡过程的理论，并在其著作《扎根理论的发现：质化研究的策略》中首次明确提出了扎根理论方法。在扎根理论方法提出之前，社会科学研究界普遍存在理论研究与经验研究之间严重脱节的现象。因此，两位发起人声称"填平理论研究与经验研究之间尴尬的鸿沟"是扎根理论方法的重要目的。从方法论的角度来说，扎根理论吸收整合了社会学中两种互相竞争的研究传统：哥伦比亚的实证主义和芝加哥学派的实用主义，前者强调理论应当源于实践且能够解决实际问题，反对空洞的、抽象的理论，而后者则注重从行动者的角度分析社会互动、社会过程以及社会变化（冯声尧、谢姚妮，2001）。扎根理论提出，理论存在于原始资料中，需要研究者对研究对象进行抽象性、概念性的理解，形成在具体实际领域有价值的理论。此后，这两位学者及其合作者不断对扎根理论进行阐述和发展，陆续发表了一系列著作，如 Strauss 和 Corbin（1990）、Charmaz（2006）分别通过质性研究与心理学研究构建了程序化扎根理论与建构性扎根理论，提供了一套系统、明确的资料分析、整理策略，使扎根理论逐渐成为规范的、可靠的方法论体系。

传统量化研究的理论建构采取自上而下的方式，研究者通常根据前人的研究或者已有的理论演绎提出理论假设，然后通过分析数据对其验证。这种理论建构方式注重逻辑推理过程的严谨性，能够对逻辑推导出的理论假设间的因果关系进行精确分析与验证，并做出相应预测。但是，其缺陷在于难以避免因研究者先入为主的主观假定使研究方案设计、数据分析乃至导出结论的过程出现偏差，或在数据收集中因主观因素而忽略现实中的重要信息（贾旭东、谭新辉，2010），从而遗漏或错过真正有意义的研究问题。

扎根理论认为在社会科学中发展理论非常重要，各种层次的理论对深入理解社会现象都是不可或缺的（陈向明，2000）。与量化研究的理论建构方式不同，扎根理论是一种自下而上的理论建构方法，关注有经验性数据的支持，从中抽象出新的概念和观点，发现新的互动与组织模式，并由这些概念之间的联系归纳出理论，使质性研究方法超越了描述性研究进入解释性理论框架的领域，使理论建构过程成为一个更为科学的过程。扎根理论的这些特点有效避免了实证范式下经验性观念或预设性理论模式对所用资料和所得结论范围的"程式化"限制（张天问，2014）。作为一种质性研究方法，扎根理论被认为在理论建构和发展概念方面有着独特优势。

另外，量化研究建构形成的理论为形式理论（Formal Theory），而扎根理论方法形成的理论为实质理论（Substantive Theory）。实质理论被认为是对特定现象及其内在联系的揭示，而形式理论是一种系统化、超越具体情景、能够普遍使用的理论。因此，扎根理论方法更加注重理论的特殊性和情景性。所以对于开展基于中国情境的管理研究以及跨文化比较等问题，扎根理论是非常合适的研究工具。

（二）扎根理论的特征

根据国内学者陈振明（2012）的总结，扎根理论主要有以下几个方面的特征：①认为理论扎根于原始资料中。扎根理论方法提出理论的发展要以经验事实为依据，理论形成的过程是通过对原始资料的深入分析并不断提炼而成的。②强调理论敏感性。理论敏感性是指研究者个人能从繁杂资料中去芜存精，辨别事物相关性，观察资料内涵、意义精妙之处的能力。只有具备这种能力才有可能研究出高品质的理论成果。③重视理论抽样。扎根理论方法要求根据研究目的选取合适的样本，从资料中初步形成的理论是下一步资料抽样的标准。④灵活利用已有文献。扎根理论主张适当使用已有的学术文献，包括使用前人的理论或自己原有的理论，研究者运用这些知识理解、整合资料，并发现新的理论。⑤运用连续比较法。这是扎根理论方法的主要分析思路，资料的收集和资料分析贯穿于整个研究过程中，且同步进行，直至达到"理论饱和"。

（三）扎根理论方法分析流程

扎根理论在传统质性研究方法的基础上，成功地吸收了量化研究方法的思想与技术，如编码、查询、分类，极大地拓展了质性研究成果的科学性，提高了质性研究成果的普遍化、通则化程度，使其具有较强的推广性、复制性、准确性、严谨性与可验证性（何雨、石德生，2009）。因此，扎根理论自提出以后就因其科学的操作流程以及注重实践的方法论特点而受到不同学科研究者的重视。它的应用领域从最初的护理学、教育学逐步延伸到宗教学和管理学等学科。扎根理论适合于以行动为导向的社会互动过程的研究，管理学中很多研究对象都具有互动性和过程性的特点，研究学者尝试运用该方法探讨了组织、营销、战略、创业等领域的问题。

扎根理论分析方法经过不断发展，形成了 3 个不同的版本，一是 Glaser 和 Strauss 最初提出的版本，被广大学者称为经典扎根理论；二是 Strauss 和 Corbin 的程序化扎根理论，或称为三阶段分析法；三是 Charmaz 的建构型扎根理论。其中，使用最为广泛的是程序化扎根理论分析方法。因此，本书也按照该分析方法进行模型构建。其操作流程如图 4 - 1 所示，界定现象和文献探讨是扎根理论研究开展的准备工作。资料收集与资料处理是其关键环节。国内学者陈向明（1999）对其进行了详细的阐述：①对资料进行逐级登录，从资料中产生概念，把相似概念汇总到一起，提炼出更高一级的概念—范畴，从而把资料概念化、范畴化，这样做的目的在于指认现象、界定概念、发现范畴；②不断地对资料和概念进行比较，系统地询问与概念有关的生成性理论问题；③发展理论性概念，建立概念和概念之间的联系；④理论抽样，根据显现出的概念、范畴进行理论抽样，进一步收集资料；⑤建构理论，力求获得理论概念的密度、变异度和高度的整合性。

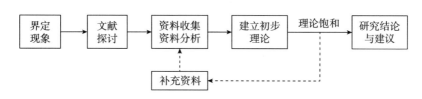

图 4 - 1　扎根理论研究的一般流程

资料来源：Pandit（1996）。

扎根理论在资料的选择、分析技术上是一种高度"系统化程序"，包括记录、分析、编码、摘记和一系列流程化、科学化步骤。其中，对资料进行逐级编码是扎根理论方法的核心环节。Strauss 和 Corbin（1990）建立了一组完整的资料编码技术程序，分别是开放式编码

（Opening Coding）、主轴式编码（Axial Coding）和选择式编码（Selective Coding）①，以此为基础发现概念、范畴以及性质等，以因果脉络建立范畴间的相互关系，并通过故事线将所有范畴串连在一起形成研究结论。

在地方依恋研究方面，直接使用扎根理论进行的研究较为少见。戴光全和梁春鼎（2012）通过参与观察和深度访谈等手段获取了旅游者对 2011 年西安世界园艺博览会园区的想法和行为资料，然后通过扎根理论方法对旅游者节事地方依恋的维度进行了提炼。旅游目的地依恋作为旅游者与目的地积极的情感联结，是旅游者与目的地情感互动的结果，具有过程性、互动性的特征。本书将通过网上收集数据，发挥扎根理论在分析社会互动现象方面的优势，对旅游目的地依恋的内涵以及影响因素进行深入性挖掘。

二 数据来源

信息通信技术的发展、社会化媒体的迅速流行使互联网的数据发生海量般的大爆炸。旅游者生成内容作为现代旅游者意见和诉求的个性化表达，已经成为学术研究的主要数据来源，这些由旅游者创作的文字、图片、音频、视频等内容集聚了大量文本、图片和视频信息。对其进行分析，研究者可以获得旅游者对产品或目的地的认知、情感评价和行为倾向等有价值的数据。所以，本书以旅游者对案例研究地——厦门的点评作为研究数据，收集旅游者对目的地的认知和情感评价信息，在资料整理的基础上使用扎根理论方法进行质性分析，概括提炼出理论概念与范畴，探索研究旅游目的地依恋的内涵、影响关系等一般性规律。

经过对若干旅游网站的对比，最终选择"到到网 TripAdvisor"②

---

① "opening coding、axial coding、selective coding" 在国内也被翻译成"一级编码（开放式登录）、二级编码（关联式登录）和三级编码（核心式登录）""开放式登录、主轴式（关联式）登录与选择式登录"，本书参考国内旅游界学者常用做法，使用"开放式编码、主轴式编码和选择式编码"这一称谓。

② TripAdvisor 创立于 2000 年，总部位于美国马萨诸塞州，其中国官方网站"到到网"自 2009 年正式上线，2015 年品牌中文名称改为"猫途鹰"，本书使用数据获取时的网站名称"到到网"。

作为数据收集网站。到到网是全球最大的旅游者社区和旅行评论网站TripAdvisor 的中国官网。该网站拥有的海量评论和出游资讯为旅游者带来了全球旅游爱好者所贡献的极具参考价值的评论及建议。为了确保点评内容的真实有效性，到到网设置了严格的点评审核机制：要求点评内容不得少于 50 字，点评必须原创首发，针对 1 个景点每个用户只能点评 1 次，只有符合这些条件的点评审核通过后才能发布。这些措施保证了本书所收集数据的可靠性。

本书通过全面阅读点评帖子，进行理论性抽样，选取合适的帖子进行分析。选取步骤如下：①到到网根据客户需求将所有关于某一目的地的点评帖子分为酒店、景点、餐厅、活动和购物五大板块，需要根据研究目的对所有关于厦门的点评进行遴选并经过仔细比较。最终选取景点板块作为研究对象，因为此板块中包括旅游者与景点相关的旅游活动、旅游服务、旅游设施评价等，包含内容丰富、信息量大，可以满足扎根理论方法对抽样选取的要求。②点评发表时间段为 2013年 1 月至 2014 年 12 月，选择点评数量超过 30 个的景区（点），共收集到 1088 条原始点评信息。③根据研究主题对帖子进行筛选。对于较为简单、没有实质性内容的帖子予以删除，而且点评中应包含有表达旅游者目的地情感的相关词语。根据以往研究，旅游者多用"喜欢、流连忘返、留恋、爱、认同、向往"等词语表述依恋情感，除这些正面情感评价用语外，增加了"讨厌、痛苦、烦、失望、压抑"等负面用语用以对点评者的想法和感受进行反向验证。

根据上述筛选标准，用于本研究编码的景区（点）序号、名称以及有效帖子数量分别为：1. 环岛路 57 条、2. 厦门大学 33 条、3. 鼓浪屿 135 条、4. 园林植物园 10 条、5. 南普陀寺 15 条、6. 曾厝垵 30条、7. 中山路 60 条、8. 环岛路木栈道 30 条、9. 日光岩 45 条、10. 钢琴博物馆 28 条、11. 菽庄花园 33 条、12. 海湾花园 20 条、13. 胡里山炮台 18 条、14. 轮渡码头 16 条。最终获得有效帖子 530 条，前400 条帖子用于模型构建，后 130 条帖子用于饱和度检验。最后，将遴选出的原始点评帖子按照发表时间从前到后的顺序逐条进行编号，如第一条点评帖子是网络名为"Lisa11302013"的旅游者于 2014 年

12月22日发表的对厦门岛内环岛路的评价，标题为《很经典的一条路》，将其编号为1-01，依次类推。部分样本帖子及其基本情况的示例见表4-1。

表4-1 部分样本帖子及其基本情况示例

景点名称	帖子编码	帖子标题	发帖人	态度	日期	用途
环岛路	1-14	休闲、浪漫的环岛路	y7877	正面	2014年6月12日	建模
厦门大学	2-11	很美！依山傍海	西部独行	正面	2014年5月29日	建模
鼓浪屿	3-06	人多	红琉	负面	2014年10月30日	建模
鼓浪屿	3-46	具有艺术气息的小岛	胖虎喵喵	正面	2014年1月9日	建模
南普陀寺	5-06	木棉花开的季节 格外引人入胜	小飞侠	正面	2014年4月10日	建模
钢琴博物馆	10-14	好多好有特色的钢琴	小猪哈啰	正面	2013年10月3日	检验
海湾公园	12-04	值得一去的公园	三星	正面	2014年3月4日	检验
轮渡码头	14-08	去鼓浪屿的必经之处	舍利子	正面	2013年7月20日	检验

三 分析工具

使用计算机软件包进行质性分析是解决大量文本资料的有效方式。本书利用澳洲QSR公司发行的NVivo软件作为质性研究阶段的分析工具。NVivo软件最大的优势为编码功能，此外还有查询、建模、分类等作用，能够对访谈、音频、视频、调查结果、图片、网页或社交媒体等内容进行处理，已经在医学、社会学、心理学、管理学等领域得到应用。质性研究往往需要处理大量的原始资料，NVivo的使用可以大大缩短研究周期，有助于研究者在浩瀚的文字和纸片中快速筛选信息和有效思考（王佳果、王尧，2009）。但是，它并不能完全取代研究者的思考，但是其强大的查询和资料管理能力可以辅助研究者快速检索和管理信息资料以提高研究者的思考效率（安艳芳，2012）。本书使用NVivo10.0对与研究主题相关的文本资料进行编码，在此基础上构建理论模型。

第二节　扎根理论研究过程与模型构建

一　编码策略

扎根理论的提出者 Strauss 把对资料的分析过程称为编码。编码有助于研究者"获得对资料新的理解视角，有助于进一步关注资料的收集"。具体的编码过程包括开放式编码、主轴式编码和选择式编码三个环节，借此将原始资料根据其所反映的概念进行整理，并建立概念和范畴。如果研究者能够有效执行这种高度系统化程序，就可以获得较为可靠的研究结论。对于质性研究来讲，需要重点解决其"内部效度"问题（陈向明，2000）。遵从扎根理论研究方法的一般步骤，本书主要采取以下策略以保证研究的"内部效度"。

第一，整个编码过程采用持续比较（Constant Comparision）的分析方式，不断进行资料数据的概念形成和维度抽取，通过收集资料—形成概念—整合重组—理论提取等步骤并持续不断地循环（邹永广，2014），直到新获取的资料不再对理论建构有贡献，实现理论饱和。

第二，理论饱和度是模型内部效度的重要保证。扎根理论的抽样原则是"理论饱和原则"（Theoretical Saturation），即在资料分析上建构理论，然后根据理论继续进行分析，直到研究人员发现，对于厘清概念、确定范畴、建立理论而言，不再有新的信息出现，这时就可以认为达到理论饱和（孙晓娥，2011）。

二　开放式编码

开放式编码是指对原始资料进行概念化和范畴化。此阶段的分析要求细致全面分析资料，并尽量使用研究对象的本土语言作为概念归类的基础。开放式编码遵循"定义现象（概念化）→挖掘范畴→为范畴命名→发掘范畴维度"（郑荣娟，2014）的步骤，即将对所收集的资料逐步进行概念化（Concept）的编码，然后将属于同一特征的概念进行范畴化（Category）的归类并命名，最后为保证从概念到范畴的提炼尽量科学准确，需要对所命名的范畴进行性质和维度的界定。

具体操作中，本书借助 NVivo10.0 软件的编码功能，逐条分析这些点评信息，依据不断比较和理论饱和的编码策略，发掘初始概念和范畴。概念名称大多数来自原始点评帖子，少部分来自研究文献；而范畴是对大量概念的进一步提炼，其名称多来自研究文献。概念和范畴分别用"a1、a2…"和"A1、A2…"的形式进行编号。由于初始概念数量较多，将表述相近的概念进行整合，如将"风光很赞""风景不错""景色很迷人"统称为"a5 风景美"。概念化的过程主要是针对旅游者与目的地互动的有效帖子资料，因此范畴化与范畴命名将以目的地依恋这一研究主题为前提。

概念化过程举例如下：①点评帖子 1 - 14："到了厦门环岛路是要来走一走的，当然不用走完，走到哪算哪。不愧是厦门一道美丽的风景线，休闲的骑车一族，并排亲密的情侣，沙滩上追逐嬉闹的孩子，好一幅幸福的画面。大海，沙滩，蓝天，白云，好舍不得离开"（到到网，2014）。从中提出的概念为：a11 漫步、a5 美景、a24 幸福、a2 大海、a3 沙滩、a13 天空、a25 舍不得离开。②点评帖子 3 - 23："游玩的人比较多，岛上的建筑非常漂亮，有欧式的，还有中西结合的，感觉很气派，别说还是个拍婚纱照的地方，刚好遇见有位新娘在拍婚纱照，美丽的岛屿，美丽的新娘，到厦门不得不来的地方"（到到网，2014）。从中提出的概念为：a17 人多、a50 特色建筑、a40 拍婚纱照、a43 美丽、a51 推荐。③点评帖子 6 - 24："曾厝垵原本只是厦门岛南部海边的一个小村子，近年来由于开了很多特色客栈而出名，村子里有一些古建筑，再加上交通方便，吸引了不少游客。村口就是环岛路有公交车站，如果想找个安静的住处，推荐来这里找找"（到到网，2013）。从中提出的概念是：a37 出名、a41 交通便捷、a50 特色建筑、a51 推荐意愿。经过多次比对分析，最终形成了 98 个概念 19 个范畴。开放性编码细节过程见表 4 - 2。

表 4 - 2　　　　　　　　　　开放式编码过程

概念	范畴化	范畴的性质	性质的维度
a1、a11、a12、a21、a22、a28、a40、a48、a49、a89	A1 地方依赖	目的地可以开展多样化的活动,如骑车、漫步、拍照、露营、跑马拉松、挖沙子、捡贝壳、宗教活动	是/否
a2、a3、a4	A2 "3S" 环境	阳光、大海、沙滩	优美/一般
a5、a8、a9、a30、a50、a64、a88	A3 吸引物品质	风景、自然景点、文化景点、特色建筑、佛教文化、标志性景观	高/低
a10、a13、a20、a55、a95	A4 自然风貌	自然环境、海岛风光、热带风情、特色植物	突出/一般
a18、a19、a52、a91、a94	A5 社会环境	居民态度、居民生活、物价	态度好/差;生活质量高/低;物价高/低
a6、a16、a63、a73、a75	A6 接待服务品质	餐饮设施、住宿设施种类与价格	种类丰富/单一;价格高/低;
a17、a34、a35、a57、a58、a59、a68、a69、a74、a76、a77、a83、a90、a93	A7 景区服务品质	商业化程度、导游服务、门票价格、卫生状况、拥挤程度	商业化程度高/低;导游服务好/差;门票价格高/低;卫生状况好/差
a14、a27、a41、a97	A8 公共服务品质	内部交通、停车设施、公共卫生、休闲设施	内部交通便捷/不完善;停车设施多/少;公共卫生好/差;休闲设施多/少
a7、a61、a62、a81	A9 娱乐服务品质	购物设施、美食、旅游商品	购物设施多/少;美食种类多/少;旅游商品种类多/少
a37、a79、a96	A10 目的地品牌	知名度、现代化水平、城市已有形象	知名度高/低;现代化水平高/低;花园城市

续表

概念	范畴化	范畴的性质	性质的维度
a23、a31、a33、a43、a44、a46、a47、a53、a54、a65、a67、a72、a78、a82、a84、a87	A11 目的地个性	小清新、有情调、浪漫、美丽、漂亮、有个性、小资、宜居、文艺、精致、舒服、艺术气息、秀气、温馨、特别	是/否
a86、a98	A12 旅游互动	旅游频率、旅游方式	旅游频率高/低、自助游/组团游
a26、a32、a56、a85、a60	A13 旅游者满意度	旅游体验的满意度	满意/不满意
a25、a42、a45、a80	A14 地方情结	对目的地的情结	留恋/不留恋、不舍、美好回忆
a29、a92	A15 重游意愿	再次到访的意愿	愿意/不愿意
a36、a39	A16 社会联结	旅游过程中建立或发展的社会关系	是/否
a51、a66	A17 口碑推荐	向家人或朋友推荐的意愿	愿意/不愿意
a24、a46、a71、a97	A18 地方认同	由目的地体验或场景引发的情感触动	是/否
a15、a38、a70	A19 态度忠诚	旅游者对目的地的态度	积极/消极

　　利用 NVivo 软件的可视化功能，根据编码参考点数目的多少，生成矩阵式树状结构图，可以直观地看到各个范畴以及所包括的概念中所在的编码数目比例（见图4-2）。从图4-2中可以看出，范畴 A11 目的地个性所在的参考点所占比例最大，其次是 A7 景区服务品质、A3 吸引物品质等，说明这三个方面是发帖者点评最多的内容。其中，地方情结包括 a25、a42、a45、a80 共 4 个概念，其中 a42 "留恋"、a25 "舍不得"、a45 "美好回忆" 实际拥有的编码参考点较多。而且从所占比例来看，大多数发帖者对研究地厦门的依恋情感是正面的。而且在 "口碑推荐" 和 "重游意愿" 两项范畴中，依次是 "推荐愿意" 和 "再来" 所占的编码项数较多，这表明多数旅游者对厦门是正面的评价，他们与厦门之间是一种积极的联结关系。

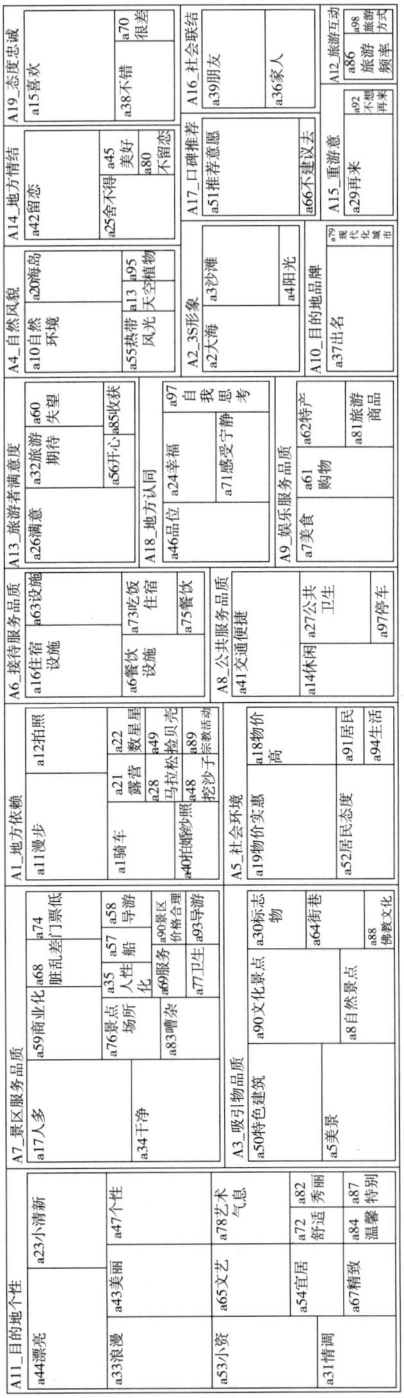

图 4－2　矩阵式树状结构

三 主轴式编码

主轴式编码的任务是进一步合并前面已经形成的范畴，发展主范畴，并发掘这些范畴之间的相互关系。经过第一级的开放式编码后，本书共得到 19 个范畴。在此基础上主轴式编码就是对生成的范畴按照彼此之间的相关关系再次进行提炼和挖掘，生成更具抽象层次的范畴。本书将这 19 个范畴进一步抽象为 7 个主范畴，从而将得出的范畴都囊括在一个更为宽泛的理论范围之内（见表 4 - 3）。

表 4 - 3　　　　　　　　　　　主轴编码形成的主范畴

主范畴	对应范畴	内涵
目的地形象	A2："3S" 环境、A4：自然风貌、A5：社会环境、A10：目的地品牌	目的地的品牌形象、自然风貌、社会环境以及 "3S" 环境会影响旅游者对目的地形象的感知
目的地品质	A3：吸引物品质、A6：接待服务品质、A7：景区服务品质、A8：公共服务品质、A9：娱乐服务品质	目的地活动的多样性、吸引物、接待服务、景区服务、公共服务以及娱乐服务品质影响旅游者对目的地品质的感知
目的地个性	A11：目的地个性，如漂亮、小清新等	目的地具备的良好个性
旅游互动	A12：旅游互动，如旅游频率、旅游方式	旅游互动的程度
目的地依恋	A1：地方依赖、A14：地方情结、A16：社会联结、A18：地方认同	旅游者与目的地之间正面的情感联结
满意度	A13：满意度，如满意、失望等	旅游者对于目的地在多大程度上满足自身需要的反应
忠诚度	意向忠诚（A15：重游意愿；A17：推荐意愿；A19：态度忠诚）	旅游者对于目的地意向、态度上的忠诚

为了发现和建立范畴间的各种联系，展现资料中各部分的有机关系，Strauss 和 Corbin（1990）提出了一个典范模型（Paradigm Model）方法，即按照 "因果条件—脉络—中介条件—行动或互动策略—结果" 的逻辑思路展现各项范畴间的关系。其中，因果条件是致使一个

现象产生或发展的条件和事项。中介条件是一种结构性条件，它会在某一特定脉络之中，针对某一现象而采取有助的或抑制的行动或互动上的策略。脉络是行动或互动策略得以发生的一组特殊条件（郑荣娟，2014）。典范模型方法为研究者分析和展示众多范畴之间的复杂关系提供了有效的途径。通过仔细分析，本书的典范模型如图 4 - 3所示。

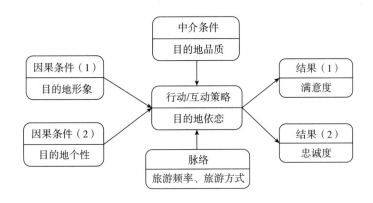

图 4 - 3　旅游目的地依恋主范畴的典范模型

在该典范模型中，目的地形象、目的地个性构成因果条件，旅游地优美的形象是吸引旅游者到访旅游目的地的主要原因，目的地个性是引发旅游者联想的关键线索，两者是旅游目的地依恋产生或发展的条件。目的地服务品质为旅游者旅游活动的开展或高质量旅游体验的实现起了关键作用，进而会在一定程度上影响旅游目的地依恋的形成。旅游频率和旅游方式代表了旅游者与目的地的互动程度，互动程度越高，互动交流会愈加深入，旅游者的积极情感就会更容易被激发，因此可以将其视为目的地依恋形成的一组条件，在典范模型中将其归为脉络。满意度是旅游者感知到旅游目的地满足其自身需要的程度，这种程度的大小会受到目的地情感依恋的影响；而忠诚度是旅游者对目的地进行重复购买或向他人推荐的行为倾向，是预测旅游者积极行为的变量，也是目的地情感依恋的影响结果，因此可以将这两个主范畴归为结果。

四　选择式编码

选择式编码的目的是研究者从已经分析得出的主范畴中识别出能够统领其他所有范畴的核心范畴（Core Category），建立起核心范畴与主范畴及其他范畴之间的关系，并通过发展"故事线"（Story Line）的形式简明扼要地描绘行动/互动策略所涉及的因果关系、脉络条件、中介条件以及结果。因此，核心范畴就像一个渔网的拉线，把所有的主范畴有机地串成一个整体，起到"提纲挈领"的作用。一般而言，选择式编码主要经过五个步骤进行：①确定资料的故事线；②发现围绕核心概念范畴的次级概念范畴；③论述相关概念范畴的属性与主要维度；④以相关资料检验已建立的初步假设；⑤建立核心范畴与其他范畴之间的联系（陈振明，2012）。围绕核心范畴、主次范畴以及所有概念而构建的立体网络关系，就是扎根理论的研究结论。

通过对开放式编码阶段提炼出来的 19 个范畴以及主轴式编码阶段发展出来的 7 个主范畴进行深入分析，并结合与原始资料的比对，本书确定"旅游目的地依恋"这一核心范畴，围绕该核心范畴的"故事线"可以概括为：旅游者到访目的地是旅游者与目的地产生实质性互动的过程，旅游者在目的地的现场体验以及接受服务等环节，对目的地自然、社会和生态等要素产生认知，形成了对目的地的态度、看法及评价，即目的地形象、目的地个性和目的地服务品质感知，这种感知作用于旅游者心理，由此激发旅游者积极、正面情感的产生，即目的地依恋，这种积极的情感会让旅游者对旅游过程产生更高的满意度，并引发旅游者再次到访目的地以及传播正面口碑的意愿，最终形成对目的地较高的忠诚。

以此"故事线"为基础，本书建构发展出一个全新的目的地依恋理论模型，称为"旅游目的地依恋理论模型"（见图4-4）。经过对所有范畴进行进一步归纳发现，旅游目的地依恋的形成和影响因素主要涉及三个方面的变量：目的地特征变量、旅游者特征变量和结果变量。在该模型中，旅游者—目的地关系是基本的理论背景，目的地依恋具有 4 个维度：地方依赖、地方认同、地方情结和社会联结，目的地形象、目的地个性和目的地品质是目的地依恋的驱动因素。旅游者通过旅游前的知识积累、旅游过程中的切身感受，对旅游目的地的各种外部刺激进行加工处理，并与自身的理解、思维、联想等心理活动相结合，给予旅游目的地情感上的投入，逐步产生对旅游目的地的依恋。对旅游地持续的拜访进行深度体验是旅游者与目的地互动的方式，这种互动既是旅游者情感投入的客观表现，也是旅游目的地依恋形成的重要基础。目的地的依恋最终会增强旅游者对目的地的满意度以及忠诚度。资料显示，结果变量既包括态度忠诚，即对旅游目的地的赞美、喜欢等，也包括意向忠诚，如重游意向、推荐意向等。旅游目的地依恋是旅游者未来再次到访或推荐他人的重要驱动力。

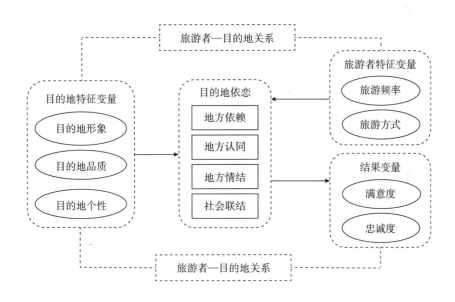

图 4 - 4　旅游目的地依恋理论模型

该理论模型与现有研究的不同之处在于将目的地特征变量与旅游者特征变量置于同等位置，纳入人地关系框架中进行综合考虑，既突出旅游者在目的地依恋中的主体性和主导性，也强调目的地独特特征在目的地依恋构建中的潜在作用，有利于全面理解目的地依恋的发生和作用机理。

五 理论饱和度检验

本书所选择的有效点评帖子覆盖了案例地知名的景区（点），而且内容丰富，能够满足扎根理论对资料收集的要求。在本书中所有用于编码的帖子中，编码到 270 条帖子时，概念和范畴基本饱和，但仍会有新的范畴性质出现。当编码到最后完成所有点评帖子时，新的范畴性质已经不再出现。为了检验理论饱和度，本书将用于饱和度检验的 130 条点评帖子进行编码分析，下面随机选择 3 条进行详细论证。

10 - 16："鼓浪屿上的博物馆，跟鼓浪屿的气质很吻合（目的地品质——A3_ 吸引物品质——a9 文化景点），充满了艺术和浪漫的气息（A11_ 目的地个性——a33 浪漫、a78 艺术气息）。博物馆是以钢琴为主题，不仅仅有相关的知识和主题介绍，而且也有相当多的钢琴收藏，其中有好几架古董级的钢琴，真是令人大开眼界，是个很不错的博物馆（A13_ 旅游者满意——a26 感觉不错），特别是对于喜欢钢琴的人来说，门票很值得（目的地品质——A7_ 景区服务品质——a90 景区价格合理）。"（到到网，2013）

11 - 24："菽庄花园是厦门鼓浪屿上很有名的一个景点（A10_ 目的地品牌——a37 出名），门票 30 元，原来觉得应该不错，但是进去有点失望（A13_ 满意度——a60 失望），人比较多，里头模仿苏州园林的样子建了很多假山，亭台（A3_ 吸引物品质——a50 特色建筑），观海长廊上挤满了游客，感觉不是很安全（A7_ 景区服务品质——a17 人多）。"（到到网，2013）

13 - 18："厦门胡里山炮台，本来以为会是比较无趣的地方（A13_ 满意度——a32 旅游期待），没想到在里面转了很久（A13_ 满意度——a85 收获大）。在这里可以安静地聆听历史的声音，这些有故事的大炮会让你的思绪也回到那个年代（A18_ 地方认同——a46 品位）。"（到到网，2013）

显然，编码得出的概念已经包含在已有的主范畴和核心范畴中，因此可以认为以上得出的理论模型是饱和的。

第三节　扎根理论研究结果分析

一　旅游目的地依恋的结构维度

扎根理论方法显示目的地依恋共有 4 个维度。对于该概念的编码过程，是在综合考虑地方依恋理论和文本数据得出的。由于旅游者主体和景区（点）差异，旅游者对研究地具体环境的依恋描述会有较大差异，甚至会偏重于某一方面，但是从整体上来看，他们对旅游目的地积极情感的描述可以归纳出这 4 个层面。

（一）地方依赖

地方依赖是旅游者对目的地的功能性依恋，这种功能性依恋来自目的地可以满足旅游者特定的需要。目的地本身具有的观光、休闲、度假以及娱乐等功能可以满足旅游者多样化的需求。在开放式编码阶段，提炼出来的目的地可以开展的旅游活动中既有骑单车、跑步、露营等大众性活动，也有拍婚纱照、宗教活动、跑马拉松等专项性活动，还有像数星星、挖沙子这样的一般性消遣活动。这些不同的休闲娱乐活动带给了旅游者丰富的体验感受，这种体验感受既有感官层面的，也有精神层面的，更多情况下是两者的交融。"很惬意""特别享受""不亦乐乎""很不错"等词语表达了旅游者的愉悦感受。"面朝大海，心暖花开"是很多点评者常用的词汇，表达了目的地景观给自身感官和精神上的满足。以一条鼓浪屿点评帖子为例，"一座很漂亮的小岛，这里有鸟语花香，有海浪琴声，有古典的老建筑，有特色的美食，还有很浪漫的小情调，真是一个令人流连忘返的地方，特别适合情侣来，尤其是漫步在鼓浪屿上的小路，特别安静，感觉真是太棒了！这里的小吃也很不错，品种很丰富"（到到网，2013）。

旅游目的地对于不同需求的旅游者群体具有不同的意义。对于休闲旅游者而言，地方的意义来自"放松""惬意""悠闲"的体验感受；对于宗教旅游者而言，地方的意义则更多源于"心灵上的洗礼"和"内心上的反省"；对于那些有特定爱好的游客而言，情感表达就更为强烈，正如一位网名为"丁点儿帅"点评者所言，"这里是马拉松的天堂，也是自行车爱好者的乐园。在阳光明媚的午后，骑着租来的自行车，漫无目的地闲逛在环岛路上，给身心一个彻底放松的机会"（到到网，2013）。旅游本身是一种特殊的精神愉悦的异地体验，旅游者从自身的视角去发现目的地中最具吸引力的地方元素并映射到自己的愉悦情绪中。因此，地方依赖是目的地满足自身需求的功能性依恋，是旅游者对为自己带来愉悦体验的特定场所空间的依恋。

（二）地方认同

地方认同是旅游者对目的地的情感性依恋，是由旅游体验过程或特定旅游场景引发的内心深处的触动或情感的升华。相比于地方依赖而言，地方认同是一种更深层次的情感表达，而这种情感也从一定程度上表明了旅游体验过程有助于个体的成长与人生境界的提升。现象学者认为，旅游是自我通过体验来获得自我认同并认知外在世界的过程。旅游活动本身代表了个体和目的地空间的互动性，而这种互动的强度和结果是根据游客本身的文化和社会背景、旅游目的所限定的（Wearing，1996）。旅游者面对目的地情境中的各种刺激主动或被动地卷入其中，赋予所接受到的环境刺激以个体的意义，并基于内在动机和自我需要在目的地社会范畴或主客群体互动中获得自我认同，生命潜在的状态由此被激发出来，以至于更能体会到自身存在的意义和本质的需求。也就是说，个人以地方为媒介对自我有了更新的认识，在情感上希望自己融入地方中，从而形成地方认同。

一位多次游览鼓浪屿的游客这样写道："鼓浪屿每年吸引大量的国外、中国各省的游客到此旅游、遇上假日根本是人山人海。鼓浪屿我已去过十多次了、每次和朋友来大陆旅游都会带他们去、自助旅游经由厦门时自己也会去走走、但都选一大早或傍晚人少的时候。我喜欢独自悠闲漫步在美丽的岛屿中，可让人感受身心愉悦的气氛"（到到网，2013）。旅游体验是旅游者进行主动性自我思考，与目的地地方进行"对话"的过程。面对同样的场景或景观，旅游者会自发搜寻与自我相一致的契合点，在探索和发现中产生了情感上的共鸣，达到旅游情感体验的最高潮。实际上，人们依恋的并不是具体的对象物，而是身临其境情景交融所产生的自我境界的升华。如网名为"牵手修罗"对鼓浪屿的点评："大家去鼓浪屿都喜欢去参观前面的繁华，什么赵小姐的茶呀之类的小街小弄，人挤人、人看人，在和繁华的掩盖下似乎也曾忘却了平日的烦恼，可这仅仅是自欺欺人罢了，没有心灵的沟通，没有自我的思考，在我们不曾注意的后山，却是我这次最大的收获，宁静的可以与自己的心灵对话，悠闲的不再需要去顾及平日的琐碎。我感觉重生了一般"（到到网，2013）。

（三）地方情结

地方情结是旅游者对目的地一种持久的眷恋情怀和精神寄托。旅游者将自己融入目的地环境中，视自己为地方的一部分，形成对目的地特定的体验和回忆。如"流连忘返""忘乎所以""令人难忘""久久不忘""迷恋""想念""回味"等概念都属于此类。

这种情感的形成主要来自两个方面：一是旅游者与长期向往的、具有特别吸引力的，或者有着特定文化渊源的旅游目的地会产生情感上的联系。这种情感是驱动旅游者前往旅游目的地的重要动力。旅游者既有的生活体验会在脑海中勾勒出目的地的影像。当心愿达成或梦想实现时，地方情结就会形成。一位名为"mokexiaobei"的网友这样写道："在我的回忆里，环岛路是白色的、幸福的，而环岛路两旁的景色让我总是会想起在环岛路上和妹妹一起骑车的美好时光，和有一对新人在那里拍婚纱照，美景如画，也让我对厦门无比的想念，期待下一次在去厦门，来到环岛路"（到到网，2013）。旅游过程中的拍照、印章不仅是为了证明"曾经到此一游"，更是为了"纪念意义"，留住所有幸福美好的瞬间，成为日后向他人展示或梳理回忆的重要线索。

二是旅游者游览目的地的亲身经历增强了与目的地联系强度，对目的地的记忆与经验随着游览次数的增加而愈加丰富，在这种情况下，目的地成为旅游者美好回忆或重大成就的积累与沉淀，而且给予旅游者稳定的安全感与归属感。但是与现有研究不同的是，旅游次数并不能影响地方情结的强度。即使是第一次来，旅游者也可能会被目的地的景致所吸引。例如，"这是第一次来鼓浪屿，好美的地方，每个瓦片都透露着文艺气息，每个胡同都是一处风景，商业街热闹繁华，居民区安静祥和！稍显遗憾的是来的月份属实很热，只能早晚时出来，可就是这样让我们见识到了不同的美丽"（到到网，2014）。多次到访的经历会强化旅游者先前的记忆，但是旅游者会把现实的体验与已有的美好经历做比较，当两者之间出现比较大的反差时，长期建立的地方情结将会受到很大影响。如这位点评者所言，"这哪里还是我印象中令我流连忘返的鼓浪屿啊？春节期间汹汹而来的人流彻底摧毁了这里的悠闲和宁静。遍地的垃圾和污水，人声鼎沸，喧闹嘈杂。毁掉一个地方是如此的容易。酒店餐馆爆满，价格飞涨，交通拥挤不堪。奉劝各位节假日千万别凑这个热闹了！玩不好，吃不好，失去了度假的意义"（到到网，2014）。特别是研究地厦门近年来旅游发展迅速，很多景区商业化严重，致使很多游客"乘兴而来，扫兴而归"。在他们看来，这是一个"不来后悔来了也后悔"的地方。

（四）社会联结

参与旅游活动不仅可以让旅游者自身收获快乐，还为他们与亲属、朋友维系感情、增进社会交往提供了机会，这种动因可以满足旅游者的心理需要，因此具有较为持久的动力。这体现了地方依恋的社会属性层面。社会学家认为，加强与社会各方的联系相当于增强了个人的社会资本，个体在社会网络中的关系以及位置都可能影响其获取资源的能力。而参与旅游活动在一定程度上为增强这种能力创造了条件，目的地也被旅游者视为社会交往和情感交流的空间。

以下面网友的点评为例："厦门鼓浪屿，离我工作的地方不远，坐动车也就四个小时的车程，身边很多朋友都去过。一直想抽空去，却也一直没安排出来时间。今年临近十一前夕，有几天休息时间，带着媳妇和孩子踏上了前往鼓浪屿的征程。原本安排的是七天时间，因工作缘故只在鼓浪屿待了三天，这三天让我的心情得到了很大的净化，孩子也玩得很开心。如果下次有时间，真心希望能带着一家老小住在上面"（到到网，2013）。对于这位网友来讲，到厦门旅游的经历本身就是在社会交往中获取地位的重要筹码，而且他还将此次旅游作为履行家庭责任的方式，赋予目的地能够与家人情感交流的特殊意义。"我们一家3代来旅游，老人特别喜欢这里的环境。恨不得可以在这里住一段时间，享受日光和海风的洗礼"（到到网，2014）。显然，旅游已经成为现代中国社会传统价值观的展示方式。对于中国社会很多核心式家庭来讲，外出旅游更是为了"让孩子见世面""长见识"。

旅游过程中的偶然相遇、结交志同道合的朋友会让旅游者收获更多。有一位网友讲道："今年5月的时候去了一次曾厝垵，在那里认识了很多有趣的人，而且那个时候，因为不是旅游旺季曾厝垵还是一个很安静祥和的小渔村"（到到网，2013）。对于旅游者个体而言，旅游活动具有明显的社会价值。与此相对应，目的地是一个显示旅游者个人身份和确定个人与社会关系的场所。

二 旅游目的地依恋的影响因素

扎根理论方法研究表明，与目的地有关的目的地依恋驱动因素主要有3个：目的地形象、目的地品质和目的地个性。与现有的文献相比，旅游者涉入程度、自我一致性等概念对目的地依恋的影响并不明显。与旅游者个体有关的因素，包括旅游次数、旅游方式，这会直接影响目的地依恋的强度。在这里重点分析与目的地有关的驱动因素。

（一）目的地形象

目的地形象是旅游者对目的地各种属性的认知评价。它不仅是影响旅游者目的地选择乃至整个旅游决策过程中的关键因素，也会影响旅游者依恋情感形成。旅游者情感反应贯穿于旅游行为的整个过程。旅游目的地中的景、物、人都有可能成为触发游客内心情感的线索。由于文化背景、个人经历的原因，旅游者可能还未到达目的地时就会对该地有美好的憧憬。本书证实厦门的"花园城市""海上花园""南国风光"的形象让很多还未到访的网友对厦门充满了美好的期待和向往。旅游者的现场体验环节强化了先前对目的地形成正面认知，这种正面的认知作用于心理使旅游者产生依恋情感。在目的地体验过程中，旅游者认知评价的要素形式多样，既包括个体对旅游目的地情境中各种"物"的认知，如目的地经济、社会、文化、旅游景观及环境等，也包括个体对旅游服务提供者、当地居民及其他旅游者"人"

的认知。在本书中,"物"的认知主要包括目的地独特的海岛放光、热带风情、城市环境以及特色化植物等,"人"的认知主要体现当地居民的友好程度、生活方式以及服务提供者的服务态度等。例如,网友这样描绘厦门的城市环境:"厦门真是一座浪漫的城市。具备浪漫的所有元素,徐徐的海风,美丽的三角梅,干净的街道……"(到到网,2013),讲出了这座滨海城市自然天成的独有要素,使其具有了不可替代的吸引力。

(二)目的地品质

品质是消费者对产品整体质量的判断。作为一种异地消费行为,旅游是旅游者通过对多种服务(信息、交通、住宿、景点服务)的使用而获得的一种复杂消费体验(陈永昶等,2011)。因此,目的地产品品质的高低会影响旅游体验的质量以及旅游者积极情感的积累。在本书中,目的地品质包括吸引物品质、景区服务品质、娱乐服务品质、住宿服务品质、餐饮服务品质和公共服务品质,对这些单项服务的评价成为网友点评最多的内容。这说明,旅游者在旅游活动过程中最为关注的是各项服务的质量,因为这与他们所支付的成本密切相关。如果整体感知的服务质量性价比较高,旅游者就会表现出较高的满意度;相反,旅游者不满意的情绪就会显现出来。很多网友都提到了景区商业化严重、人多拥挤、喧闹的状况,这使旅游者的体验质量大打折扣。如有网友这样点评厦门民宿最为集中的地区——曾厝垵:"已经完全旅游商业化的地区,都是些民宿什么的,晚上路边很多烧烤,基本都是外地游客在这边,和鼓浪屿差不多的情况,虽然号称小资,其实早已经毁了"(到到网,2013)。另外,很多网友也提到了厦门很多景区(点)是免费的,如环岛路、鼓浪屿、南普陀寺等著名景区,所以旅游者在旅游过程中实际支付的景区费用很少,感知所得大于感知成本,很多网友对此非常赞赏。所以,满意度直观地反映了旅游者对旅游目的提供的产品、服务、价格等方面的满意。

(三)目的地个性

正如一般产品和服务一样,目的地被旅游者赋予人的个性特征,使人们易于辨识和选择该地方,并对它产生美好的联想。良好的目的地个性可以使目的地在众多竞争对手中得以凸显，因此对于目的地管理具有重要意义。从点评帖子可以看出，旅游者从自身感知的视角，赋予目的地一系列人格化特征。由于旅游者满意程度的差异，他们会运用不同的褒义词或贬义词来表达对目的地个性的认知。例如，在那些满意度较高的旅游者眼中，厦门的个性特征为"小清新""浪漫""美丽""小资""文艺""精致""温馨""宜居""特别"等；而那些对目的地不满意的旅游者则会用"嘈杂""颓废""脏乱差"等词语来描述；而那些情感体验丰富的游客会从多个角度来描述景区的特征，"鼓浪屿有诸多矛盾的地方，让你又爱又恨，也就更加难以释怀。比如他一面阳光灿烂，另一面鬼魅兮兮；一面清新可爱，另一面死气陈旧；一面柔情似水，另一面冷酷无情；一面疯子一样热闹，另一面又文艺腔的清寂；一面是洋气的遗留，另一面是土财主的没落"（到到网，2013）。但是整体而言，大多数游客对厦门的个性认知是正面的。

（四）旅游互动

与人际关系互动相类似，旅游目的地依恋是旅游者与目的地互动的结果。因此，互动的强度以及方式会影响依恋的形成。在资料中显示，旅游频率是很多网友经常提到的。一般认为，旅游者到访次数越多，旅游者对目的地依恋的程度越高，也就是说，旅游者到访次数与依恋呈正向相关关系。但是在资料发现，对于初次到访的游客，既有正向的情感反应，如"第一次来到海边，而且是这么美丽的小岛，心里特别兴奋"（到到网，2013），这样的游客怀着期待的心情，更有可能全身心地去寻找发现目的地中最具吸引力的地方元素，当现场的体验与其期待相一致甚至超出预想时，愉悦的情感就会产生。同时，也不乏有负向评价的游客，如"值得拍照的地方，就满是游客，吵杂得很。第一次来鼓浪屿，以后也不想来了"（到到网，2014），所以旅游者付出时间、精力等成本到达目的地，有的甚至是经过较长时间的计划、安排才实现此次旅游，所以现场体验的质量在依恋形成的过程中发挥着重要作用。

三　旅游目的地依恋的结果变量

在已有文献中，目的地依恋的影响效应有满意度、忠诚度、环境责任行为、付费意愿、休闲活动偏好等。其中，环境责任行为强调旅游者个体表现出来的有利于环境可持续利用的行为。从有效点评帖子来看，游客对目的地的卫生和环境状况只是抱怨或者是提倡、呼吁，并没有表现出主动的环境保护行为，这与"环境责任行为"概念并不一致，因此本书没有将其纳入理论模型进行探讨。

本书发现，目的地依恋对旅游者的影响主要为满意度和忠诚度。满意度是旅游者对目的地的期望和到目的地后的实际感知相比较后，所形成的满意或失望的情感状态。对于获得高质量体验的旅游者而言，尽管为此次旅行付出了时间、金钱等成本，但是他们都感觉是值得的。所以诸如"不虚此行""值得一去""喜出望外""失望""收获大"等词汇都是旅游者满意度的呈现。对于目的地的意向忠诚，主要表现在重游意愿和口碑推荐两个方面。许多网友用"还会再来""希望再来""不想再来"表达自己的重游意愿；而口碑推荐包括的内容较为丰富，包括游玩时间、景点、地方特产以及活动等。除意向上的忠诚外，旅游者对目的地态度忠诚也明显显现出来，网友们经常使用"厦门很棒""很不错的地方""喜欢厦门"等词语表达自己对目的地的态度忠诚。因此，旅游目的地依恋对目的地忠诚的影响表现在态度、意向两个层面。

第四节　本章小结

本章借助旅游者网络点评帖子原始数据，运用扎根理论研究方法构建了旅游目的地依恋理论模型，对目的地依恋的结构维度和影响因素概念进行了提炼和挖掘，为接下来的目的地依恋的量化研究打下基础。分析得出的旅游目的地依恋理论模型为：①旅游目的地依恋表现为地方依赖、地方认同、地方情结和社会联结4个维度；②旅游目的地依恋的前因变量为目的地形象、目的地品质、目的地个性、旅游互动程度；③旅游目的地依恋对旅游者的满意度、忠诚度产生影响。该模型从旅游者特征与目的地特征两方面审视旅游目的地依恋的形成机理，有助于深刻理解旅游者与目的地的互动过程对目的地依恋的驱动作用。

第五章

旅游目的地依恋理论模型的
概念阐释与假设提出

作为表征现代旅游者与目的地情感联结的重要概念，旅游目的地依恋对构建旅游者与目的地关系起到了重要作用。本章将在上一章质性研究的基础上，对扎根理论发现的概念进行理论分析和界定，并结合现有研究，深入剖析概念之间的影响关系，从而提出进行实证检验的研究假设和因果关系模型。

第一节　旅游目的地依恋：多维度的概念

根据扎根理论的研究发现，本书从文本数据资料中归纳了旅游目的地依恋概念的维度。为了使旅游目的地依恋这一概念①更具科学性，需要从理论上对这些维度进行界定和逻辑演绎，明确其内涵和发展脉络。学者对于地方依恋概念维度的认识，是随着研究的深入不断向前发展的。虽然在很多实证研究中，地方依恋传统的两个维度——地方依赖和地方认同得以广泛应用和验证，但是，随着研究情境从小范围

---

① 根据学者陈晓萍、徐淑英和樊景立（2012）的观点，在社会科学领域中，通常将那些专门用于科学研究和理论建构的概念称为构念（construct）。在本书中不再对两者进行区分，一律采用概念这个词。

的休闲场所转向更大尺度的自然游憩地或旅游目的地，很多学者在这一基础上提出了新的观点。扎根理论研究结果显示，旅游目的地依恋具有四个维度：地方依赖、地方认同、地方情结和社会联结。特别是对于后两个维度，已经有学者在不同的研究情境下对其进行了初步探讨，图5-1描绘了四个维度的研究发展脉络。

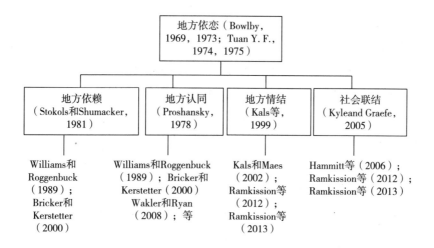

图5-1　旅游目的地依恋结构维度的研究发展脉络

一　地方依赖

地方依赖是建立在地方满足旅游者特定需要基础上的功能性依恋。Stokols 和 Schumaker（1981）最早在描述地方依赖时认为它包括两层含义：第一层含义是指地方具有满足人们需要的设施或资源；第二层含义是指一个地方与其他地方在环境和质量方面的差异。以后的学者在发展这一概念时，虽然在表述上多与第一层含义相类似，但是实际上这两层含义在内涵上具有一致性。旅游者之所以会对目的地产生依赖性，是因为这些目的地具有独特的能力来满足人们的某种需要，但在实际过程中，旅游者是通过与其他替代地的比较来确定哪个目的地的设施或资源是最好的。旅游者对目的地的依赖程度越高，其愿意变更地方的可能性将会明显降低。在旅游目的地依恋各个维度中，地方依赖强调的目的地满足旅游者需求的功能条件，是旅游目的地依恋形成的物质基础。无论是哪一种类型的目的地，虽然不可能满足所有旅游者需要，但是其某些方面的资源或设施至少会满足一部分群体，这有助于目的地管理者更加明确目标市场以及通过采取针对性措施与特定群体保持有效的联系。

二 地方认同

地方认同是指个体对于地方的认同感，是一种精神层面的依恋。Proshansky（1978）将认同概念引入环境心理学，他将自我和物理环境的认知相联结，认为地方认同是自我的一部分，他进一步指出地方认同可以帮助个体实现社会化，并说明地方认同具有以下功能：识别、意义、需求表达、调节变化和焦虑防御，这些功能表明了地方认同在人的认知、情绪、行为层面发挥作用的机制。后来，Williams 和 Roggenbuck（1989）则认为，地方由于人们的使用或生活而被赋予了特定的意义和目的，这一观点强调了地方的象征意义和地方认同的情感成分。而 Dixon 和 Durrheim（2004）则将地方认同视为内隐的心理结构。在日常生活中，人们常忽视地方认同的存在及其重要性，主要是因为人们在某个地方的行为以及"在这个地方的感觉"很少在意识中反映。但是，当人们所在的地方发生改变或转换的时候，人和地方之间的联系受到威胁时，地方认同感就会被激发出来。特别是在现代社会中，人们虽然未明显意识到地方对于塑造自我的重要作用，但是现代商业社会经济科技的高速发展以及城市化的快速推进唤起了越来越多的人重新认识自我、寻找自我。西方学者呼吁人们应该回到最本质的"立足点"，关注脚下土地与自我的关系，因为地方是"自我展示和身份认同的关键要素"（唐建南、郭楼庆，2011）。现有研究表明，当旅游者游览自然景区时，该景区相较于其他地方的独特性和吸引力会让旅游者产生地方认同，如对该地方的美好回忆和特定的体验，或者代表了旅游者某种生活方式或态度等。旅游者对地方的多次到访与长时间投入会发展出较为强烈的地方认同。

三 地方情结

地方情结侧重于旅游者在与目的地互动过程中形成的情感因素，包括留恋、热爱、幸福感等。Ramkission 等（2012）认为，这是学者长期忽略的一个重要维度。在早期研究中，Tuan（1974）将人与地方的正面情感命名为"恋地情结"，并指出这种情感的强度有着从感官喜悦到深情依恋的差别。Relph（1976）也曾指出人们会与地方环境形成情感联结以满足其基本的需求。Kals 等（1999）从环境行为学角度指出，认为人们长期的生活体验会天然形成对自然的情感，并将其命名为对自然的情感亲和力（Emotional Affinity Toward Nature，EAN），这一概念包括四个方面的情感：对自然的热爱、在自然界中的自由之感、在自然界中的安全之感以及与自然界的合一之感。在休闲游憩研究领域，现有成果表明在长期的活动参与中形成的地方情结有助于实现幸福感。Kyle 等（2004）在探讨居民对城市公园的情感依恋时，较早使用了地方情结维度，发现居民的自主和健康动机是预测地方情结维度的显著变量。地方情结的强度还与个体经验的多少有着密切关系。Hinds 和 Sparks（2008）研究表明，与那些具有较少经验的个体相比，在自然环境中经验较多的个体表达了更为强烈的地方情结。Ramkission 等（2013）在分析旅游者对国家公园的地方依恋概念时，实证分析表明，地方情结维度对地方依恋的预测能力仅次于地方依赖，说明了这一维度在解释地方依恋方面具有更大的能力。

四　社会联结

社会联结维度侧重地方在促进个体社会关系建立和发展所起到的作用。学者对这一维度的关注和研究也极为欠缺。Kyle 和 Graefe（2005）在研究美国阿帕拉契山道的徒步旅行者时，探讨了地方依恋的维度问题，经过对竞争性模型的计量特征进行比较，发现地方依恋是地方依赖、地方认同和社会联结三个维度的一阶多维度概念，并且徒步旅游者对这个游憩地的依恋会因为社会关系的增加而增多，游憩地地方的意义也因为社会关系的增加而建立起来。Hammitt 等（2006）重点分析了地方联结，认为个体与其他社会成员建立的联结可以促进地方归属感的产生。在 Scannell 和 Gifford（2010）地方依恋三维框架中，地方的社会特征表达的就是社会联结。

社会心理学的"交往模型"（Contact Model，CM）认为，群体之间的相互交往会引起群体成员对对方情感和态度的积极改变。社会学家 Amir（1969）提出交往要产生积极效果，双方需要满足以下条件：
有较亲密的交往；交往双方地位平等；互相合作，达到共同目标；有
支持交往的社会气氛等。很多实证研究都表明了个体在地方与其他个
体的交往具有重要的价值。例如，Kyle 和 Chick（2007）在调查休闲
者在农业博览会期间的体验经历时，发现休闲者对于地方意义的认知
是休闲者个体、他们的人际圈以及物理环境之间互动的产物，其中与
家人和朋友之间共同拥有的地方体验是最为重要的因素。国内学者龙
江智和王苏（2013）对爱好冬泳、摄影和合唱的老年群体进行了深度
访谈，质性分析结果表明，参与这些休闲活动是老年人退休之后再次
融入社会的主要方式，通过不断接触新鲜事物和认识新朋友，能大大
缓解老年人因为脱离原工作岗位所带来的孤独感，并重新获得归属
感。因此，社会联结反映了旅游活动对于旅游个体的一个重要益处：
培养积极的人际关系，旅游过程中建立的人际关系以及对他人的沟通
有利于个人成长，在旅游情境中与其他参与者的交流也有助于扩大自
己的社会关系网络。

　　综上所述，目的地依恋的四个维度代表了旅游者与目的地互动的
不同层面，更是现代旅游者不同层次的需求在目的地空间上的映射。
作为地方依恋的基本维度，地方依赖概念反映了目的地在满足旅游者
需求方面的特定功能；地方认同是用来传达个体对地方的自我认同，
这两个维度都关注了人们的旅游行为需要。而地方情结和社会联结反
映了当代社会旅游者情感诉求的多元化，也体现了现代旅游作为一种
休闲活动在满足人们高层次需求（如社交、尊重和自我实现等）方面
的突出作用，这种作用映射到目的地空间就成为旅游者对目的地的情
感和社会联结。目的地所具有的资源与设施可以为旅游者带来心理、
社会以及生理上的收益，这些收益又会激励旅游者与目的地产生积极
互动，进一步生成目的地依恋情感。因此，目的地依恋是从旅游体验
的收益或意义角度来审视旅游体验过程，是引致旅游者特别、惊奇、
美好、可回忆体验形成的源泉，所以这一概念与旅游作为一种愉悦体
验的活动特质相吻合，与旅游者追求高质量体验的核心诉求相一致。

　　基于上述理论分析，本书提出以下假设：

H1：旅游目的地依恋概念包含地方依赖、地方认同、地方情结和社会联结四个维度。

第二节　旅游目的地依恋的成因及影响机理

一　目的地形象及其对旅游目的地依恋的影响

（一）目的地形象

形象，又称为意象，是指认知主体根据客体对象的言行以及其他相关行动者的行为与评述，对客体对象的一种认知状态（Benoit，2000）。作为人的基本心理活动，认知可以从人对信息的加工过程、对符号的处理过程以及问题解决过程三个不同角度来理解，包括感觉、注意、表象、学习记忆、思维和言语等具体的心理活动（梁宁建，2003）。

目的地形象是潜在或现实旅游者对某一旅游目的地所持有的一种印象，该印象是个体的社会知觉对目的地相关信息加工的结果，它会随着个体旅游经验、价值观及外界信息刺激等因素而发生阶段性的变化（白凯，2013）。目的地形象的形成是旅游者根据原有经验积累，旅游现场体验主动选择、加工、处理目的地信息的复杂过程。这个过程既可以发生在原住地，旅游者根据已有的知识形成对目的地初步认知，也可以发生在旅游目的地，旅游者通过现场体验以形成对旅游地的总体认知和评价。因此，Gunn（1972）明确了旅游目的地形象形成的不同途径，旅游者没有实地访问时通过原有知识积累、目的地宣传促销等途径就形成了对目的地的形象，称为原生形象（Organic Image），而实地访问所形成的目的地形象称为诱导形象（Induced Image）。旅游者对目的地形象的评价必然会受到个人内在因素和外在因素的影响，内在因素如价值观、信念、动机、旅游经历等，外在因素有目的地特征、目的地情境、相关群体的影响等。由于旅游活动的时空特征，旅游者对外界信息的处理主要以加工结果的形式呈现，表现为对认知对象的具体评价。例如，某旅游者认为杭州气候宜人，环境

123

优美，居民友好，这是该旅游者对杭州各种信息处理后形成的整体评价。

(二) 目的地形象对目的地依恋的影响

由于文化背景、个人经历的原因，旅游者可能还未到达目的地时就会对该地有美好的憧憬。Halpenny（2006）研究发现，即使对于初次到访的目的地游客，情感联结在未到达之前也可能早已经形成。这是因为，在长期的生活积累中，每个人在心目中自然构筑起对特定目的地的形象认知。比如，许多中国人心目中都有对桂林山水、西湖美景的认知，这多源于文学作品、历史典故、传说故事和媒介传播的相关知识。因此，旅游者在亲身体验之前就已经在头脑中描绘了目的地的"初始风景"。所谓初始风景，是指在人的内心深处、存在的与过去体验深刻相关的怀旧印象。日本学者胜原文夫（2002）从旅游者的角度，认为"初始风景"会对人的思考方式及其目的地的选择产生很大的影响。每个人的初始风景构架，由个人性初始风景（如个人的"故乡"风景形象）、国民性初始风景（如"心灵故乡"形象）以及支撑人类的共同"人类性初始风景"（如"洞穴"形象）三个层面组成（八城薰等，2005）。从深层角度讲，这是一种文化背景和深层意识的积淀。当条件具备时机成熟，这种内在的"初始风景"会转化为驱使旅游行为发生的动力。不过在很多情况下，这种自然感知的目的地形象还不够饱满，无法直接影响依恋情感的形成。另一位日本学者Yashiro等（2005）进一步研究探讨了"个人性初始风景"以及两个心理学尺度（自我监测与刺激欲求）对个人旅游地选择偏好的内在影响作用，发现具有较高自我监测能力的人们多选择自然旅游地。

当旅游者抵达目的地后，他们在欣赏当地的自然、文化景观，体验当地地域文化的同时，不仅得到了旅游地所提供的功能性服务，而且还收获了现场真实的体验。对于旅游者来说，现场体验的各个环节强化了先前对目的地形成的认知并伴随一系列情感反应的出现，这种情感反应既可以是正面的，也可以是负面的。在这个过程中，人类的认知和情感活动交织在一起，个体与空间的互动实现了旅游活动对个人的意义或价值。因此，可以做出这样的推理：旅游者通过对目的地形象认知与现实情境进行互动，其间融合了体验、理解、认同等复杂的心理过程，在情感上将自身融入"当时当地"的情境中，赋予所接受到的环境刺激以个体的特定意义，并与目的地之间建立起一种相对稳固的情感性和象征性关系，从而形成旅游目的地依恋。

关于目的地形象和地方依恋之间的影响关系，近年来有学者进行了初步的讨论和验证。他们多关注于诸如文化遗产地这类具有典型文化符号意义的资源区，实证分析表明资源区的吸引力是地方依恋形成的显著因素。例如，Lee 和 Changuk（2001）研究发现，旅游者对两个目的地的依恋显著被他们所感知到目的地的吸引力所预测；Hou 等（2005）以中国台湾文化旅游地为例，研究发现目的地的吸引力正向影响旅游者地方依恋的形成。这些对目的地吸引力的分析主要是着眼于目的地对旅游者所提供的功能价值。而且，目的地具有吸引力的景区（点）是目的地形象生成的重要原因，景区所在地方的吸引力是影响游客选择前往旅游的动机因素之一，对这种吸引力的认知是要通过游客内在的知觉与情感评估来完成的。因此，关于目的地形象对目的地依恋的影响作用开始受到学者的关注。Prayag 和 Ryan（2012）以到访毛里求斯岛度假的国际游客为调查对象，实证分析表明游客的地方依恋直接受到目的地形象的影响，而且地方依恋在目的地形象和总体满意度的关系中起到中介作用。国内学者范钧等（2014）以浙江省旅游度假区作为调研市场，考察了旅游地意象各个维度对地方依恋两个基本维度的影响，结构方程模型结果显示，地方依赖受到度假区设施意象、服务意象、情感意象的直接影响，地方认同则受到安全意象、服务意象及景观意象的直接影响。

根据上述理论分析和现有研究，本书提出以下假设：

H2：目的地形象对旅游目的地依恋存在显著的正向影响。

二　目的地品质及其对旅游目的地依恋的影响

（一）目的地品质

目的地品质源于服务品质概念。基于期望差异理论，20 世纪 80 年代，芬兰学者 Gronroos（1982）从顾客感知的角度提出了服务品质概念。他认为服务品质是顾客对服务质量的期望（期望服务质量）同其实际感知的服务质量（实际服务质量）对比的结果。Garvin（1983）提出，服务品质是接受者的整体感知而非客观的评估。Zeithaml（1988）认为，服务品质是顾客接受服务后对其感知的服务绩效的评价。早期研究将旅游目的地产品看作一系列服务要素的组合，相应地对目的地品质的评价就局限在旅游服务要素的表现上，只是学者对目的地的要素存在不同的认识。Cai 和 Woods（1993）认为，目的地的购物、休闲或吸引物、餐饮、住宿、交通及旅行服务等各个服务接触点是旅游者感知的主要内容。后来，Murphy 等（2000）指出，除这些微观的服务接触点之外，旅游对目的地宏观环境的感知（如自然环境、政治、技术、文化、社会等因素）也会影响旅游质量。Buhalis（2000）在分析目的地营销框架时，认为目的地是地方所提供的所有产品、服务以及体验的组合，提出了目的地的 6A 因素，包括吸引物（Attractions）、可进入性（Accessibility）、舒适性（Amenities）、可获得的旅游报价产品（Available packages）、活动（Activities）、附属服务（Ancillary Services），该框架加强了对旅游目的地综合吸引力的理解。Chen 和 Tsai（2007）的研究部分证实了 Buhalis（2000）的观点，他将目的地的品质整合为吸引物、接待服务、交通、舒适性四个方面。因此，学者越来越倾向于以整体的视角来认识目的地品质。对旅游者而言，目的地品质则是旅游者对某一目的地产品、服务及体验的整体评价。在这些研究的影响下，国内学者对目的地品质的研究也明显增多。马耀峰等（2006）以对西安外国游客所作的问卷调查资料为基础，认为外国游客旅游服务感知的主要构成要素有宾馆、餐饮、交通、购物、娱乐、通信和导游服务等，并在此基础上提出了旅游服务感知评价模型框架。吴丽霞和赵现红（2007）建立了旅游体验质量评估研究模型，并对旅华外国游客旅游体验质量进行评估。

由于目的地品质要素的多样性和目的地特征的异质性，该概念的操作化测量面临着诸多困难，这也在一定程度上影响了该概念的理论发展，所以关于目的地品质测量的专门性研究并不多。Pike（2002）在回顾 1973—2000 年旅游目的地形象相关文献时发现，大量关于目的地形象的研究中都或多或少地包含了对目的地品质的测量。这说明学者对两个概念的认识还不完全清晰，实际上品质侧重于个体接受服务后对其感受的评价，强调其与服务对象之间的互动作用；而目的地形象是旅游者心目中产生的对目的地看法的综合表现。它包括旅游者在提起目的地时所有信念、想法、感觉、期望和印象形成的结果，即目的地唤起的所有感受之和。从旅游功能的角度，目的地品质可以分为核心属性和附加属性，核心属性是指目的地具有的独特的自然与人文资源，是决定旅游者选择特定目的地的必要因素；附加属性是指旅游服务功能方面的属性，例如完备的基础设施、贴心的服务及高效的组织管理等都是保证旅游者旅游活动正常进行的必要条件，良好的附加属性会增加旅游者对目的地核心属性的正面评价，并提升目的地的品质水平。

（二）目的地品质对目的地依恋的影响

旅游是一种高度情境化的活动形式，旅游体验质量直接受到目的地品质的影响。目的地对于旅游者的价值是基于它的特质性、功能性和满足旅游者现场体验需要的能力，这是地方依恋形成的重要前提。Ross（1991）提出，旅游体验品质的优劣取决于旅游目的地提供的各种服务的属性，这些属性在不同的时间和场合以及在不同的个体身上会以完全不同的方式发生着作用。Gross 和 Brown（2008）调查了到访南澳大利亚五个地区滞留一天的游客，将目的地的食物和酒水作为核心要素纳入模型中，路径分析表明这一变量对地方依赖和地方认同都有显著影响。Ramkissoon 等（2013）以澳大利亚维多利亚州的 Dandenong Ranges 国家公园为调查地，分析了优美的自然环境以及多样化的休闲活动设施为游客地方依恋的塑造起到重要作用。该公园由于较好的可进入性、无偿进入以及多样化的设施每年吸引了上百万游客的到来，这些设施包括野餐、丛林徒步、自然学习、观鸟、自驾游、骑车以及骑马等。同时，该公园还开设了多处餐饮店、免费的停车设施和卫生设施，并设计了一系列支持国家公园生物多样性保护的志愿者参与活动。多样化的功能满足了不同旅游者群体的需求，所以，高水平的目的地品质为满足旅游者多样化功能性需求提供了基础，是目的地依恋形成的必要条件。

从深层次来看，目的地品质对于依恋情感的影响在于这种品质保证了旅游活动的有效开展，从而使旅游活动对旅游个体带来的积极作用得到全面发挥。个体与旅游活动空间之间的良性互动促进了较为稳定的依恋情感的形成。很多自然资源区具有优越的环境、完善的设施，旅游者的深度参与和持续性游览可以提升人们的认知能力。注意力重建理论认为，自然环境能够提高人的注意力和记忆力，因为大自然中到处都有"温柔的魅力"——沙沙作响的树木、清澈宜人的水流，都能为思维带来高度的放松和补充（厉新建，2014）。已有研究表明自然和文化资源区对个体具有恢复性和疗养性功能，如缓解压力、释放消极情绪、促进心理幸福感。因此，旅游者会逐渐依赖于这些独特的场所以满足其期待的体验。还有很多具有特定休闲活动（如钓鱼、皮划艇、徒步）的资源区，给旅游者带来了更多的收益，包括增长知识、提升技能，更包括对自身生活方式的反思和对自身人生价值的再认识。例如，Saunders 等（2013）关注了徒步旅行在促进个人转型方面的积极作用，发现长途远足尽管带来暂时的身体疲劳，但长期看来有利于人的身心健康；而且可以积极促进个人世界观、价值观的转变。汤澍等（2014）选取南京紫金山的登山游憩者为研究对象，结果发现，长期参与并且视登山活动为其生活一部分的登山游憩者，对紫金山的地方依恋程度较高，其主要的原因是来自情感的认同。旅游者通过休闲活动参与得到身心上的效益，以缓解精神压力对个人所造成的不良冲击。所以，在目的地提供专业化和品质化旅游活动的前提下，个人对旅游活动的依恋，也会反映在对所在空间的依恋上。

据此，本书提出以下假设：

H3：目的地品质对旅游目的地依恋存在显著的正向影响。

三 目的地个性及其对旅游目的地依恋的影响

（一）目的地个性

目的地个性源于市场营销领域的品牌个性。所谓品牌个性，是指"与品牌相联系的一组人格特征"（Aaker，1984）。品牌个性倾向于向消费者提供一个象征性的或自我表达的功能。现代消费者在选择品牌时，在功能上没有较大差别的情况下，往往会比较看重品牌的象征性含义，如"我觉得这个品牌与我个性一样"或者"我希望成为使用这个品牌的这类人"（母泽亮、李露苗，2013）。因此，品牌个性与消费者的自我概念有密切联系，消费者希望在品牌选择中表现自己，并通过购买和使用来定义、保持和强化自我概念。具有独特个性的品牌能让消费者感到这个品牌是适合自己的，独特的个性能够增加消费者的情感需求，拉近与品牌之间的距离，增强消费者的购买欲望（徐伟等，2013）。

目的地品牌个性基本等同于目的地个性。在当今旅游市场竞争日益激烈、旅游产品同质化严重的情况下，品牌个性成为目的地营销管理的重要工具。大到国家层面，小到旅游景区，各种类型的旅游目的地都非常重视品牌打造和品牌营销。Ekinci 和 Hosany（2006）首次将 Aaker（1997）的品牌个性框架应用于旅游目的地研究中，将目的地个性定义为"与目的地相关联的一组人格特征"，他们通过让受访者回忆最近一次游览的欧洲城市，并通过结构化的测量方式发现旅游者赋予旅游目的地以人类情感特征，因子分析结果将目的地个性归纳为三个维度：真诚、刺激和欢乐。Hosany 等（2007）认为，目的地个性是旅游者感知的目的地所体现出来的类似于人的个性特征，并通过实证说明了目的地个性与目的地形象是两个不同但又相关的概念：目的地形象相对较为宽泛，目的地个性与目的地的情感形象较为接近。目的地个性概念表明虽然目的地是一种物质环境，但是由于旅游者的消费过程，也具有像人一般鲜活的生命力，从而具备了一些典型的特质。目的地个性的形成和发展会受到营销活动的影响，更是旅游者与目的地互动后的主观映像。所以，目的地个性是旅游者在认知目的地的过程中，与目的地产生的情感反应，进而附加给目的地的一些人格化特征。

（二）目的地个性对目的地依恋的影响

由于目的地个性研究还处于起步阶段，其对目的地依恋的影响尚不多见。现有研究初步表明，目的地个性对旅游者的游后行为有积极影响。Usakli 和 Baloglu（2011）通过对到拉斯维加斯的游客进行实地调研，探索性因子分析表明目的地个性有五个维度：活力、教养、竞争力、当代和真诚，回归分析发现目的地个性对旅游者的重游意愿和推荐意愿有显著影响，自我一致性在目的地个性和旅游者的游后意图的关系中起到中介作用。这都不同程度地证明了 Ekinci（2003）的目的地形象与目的地品牌模型的核心内容：目的地品牌个性与基于旅游者内在情感的自我形象是相联结的。这种联结表明：个体的生活方式和价值系统是目的地选择以及重游的重要因素。对于当今旅游者而言，目的地的选择是他们内在情感需求重要的外在表现，当他们把花费时间、金钱用心来选择一个目的地时，就必然带有情感诉求（王跃伟、陈航，2009）。同时，他们在旅游过程中越来越注重经历、实现和更新。这就需要研究学者更多聚焦于目的地个性与旅游者情感之间的关系，而目的地依恋是解释"旅游者与目的地之间积极情感关联"的有效理论。所以，旅游者赋予目的地的一系列人格特质对于依恋情感的影响作用不容忽视。

国内学者张春晖和白凯（2011）以乡村旅游地为例，实证分析了旅游地品牌个性与地方依恋、游客忠诚的关系，结果表明，乡村旅游者对旅游地的地方依恋受到乡村旅游地品牌个性中的实惠、喜悦、闲适、健康和逃逸特征的正向影响，而仅有实惠和闲适对游客忠诚有正向影响作用。Chen 和 Phou（2013）在分析旅游者与目的地品牌关系时，对游览柬埔寨吴哥窟的游客进行问卷调查，发现目的地个性通过目的地信任间接影响目的地依恋。高静和焦勇兵（2014）在运用扎根分析方法探讨旅游者与目的地品牌关系时，发现目的地个性是旅游者—目的地品牌关系形成的驱动因素，而目的地依恋是品牌关系的一个维度，但是这一影响关系有待于通过实证研究加以验证。结合以上论述，本书认为，从旅游者与目的地活动空间的联系来看，旅游者与目的地互动程度越高，两者之间的关系就越密切，旅游者就越倾向于从自身角度去感知目的地的典型特质，当两者之间有较高的吻合度时，就极有可能形成该目的地环境的依恋。目的地成为旅游者表达自我的一种符号或象征，即个人以目的地为媒介实现对自身的定义，在情感上希望自己可以融入目的地中，形成对目的地的依恋。

据此，本书提出以下假设：

H4：目的地个性对旅游目的地依恋存在显著的正向影响。

四　旅游互动对旅游目的地依恋的影响

过程是旅游体验的内在特征。旅游体验是一个互动过程，体验深度与旅游者的融入程度有关（谢彦君，2011）。姜海涛（2008）认为，旅游体验的实质是"场"的交互过程，整个旅游活动过程实质上是一系列"场"的交互过程。与传统的旅游社会学关注人与人之间的互动不同，在本书中，旅游互动是专指旅游者与目的地之间的互动方式或程度。旅游互动的强度和深度是旅游者情感涉入的重要表现，旅游互动程度越高，意味着情感涉入程度越深入。旅游互动程度主要受到旅游频率、旅游方式和互动对象的影响。本书研究中，使用旅游频率、旅游方式作为旅游互动程度的替代变量。一般而言，人们依赖于某一目的地且持续地到访该目的地，会形成与目的地的情感联结。特别是对于很多钟情于目的地特定活动的旅游者，多年坚持这种活动形成的习惯让他们对目的地有特定的情感，这一点在 Tsaur 等（2014）对背包客的实证研究中得到进一步证实，他们发现背包客的游览频率对地方依赖、地方认同和社会联结都有显著的影响。对于旅游方式对目的地依恋的影响，还没有发现相关研究。根据旅游活动的特点，旅游体验的深度会与旅游方式有关。一般情况下，自助游客由于可以自行组织旅游线路、自由选择旅游服务提供方并且可以根据现场的情况调整旅游活动的时间，因此相比于团队游客，自助游客会有更多与目的地互动的机会，从而有可能形成更高强度的依恋情感。

据此，本书提出以下假设：

H5：旅游频率对旅游目的地依恋存在显著的正向影响。

H6：旅游方式对旅游目的地依恋存在显著的正向影响。

第三节　旅游目的地依恋的影响效应

一　旅游目的地依恋对满意度的影响

（一）满意度

满意度理论一直是包括旅游业在内所有服务行业的指导性战略。受到激烈市场竞争的影响，满意度研究自20世纪60年代逐渐成为学术界关注的重要话题。业界普遍认为，满意度的改善和提升将带来旅游者规模的保持甚至扩大，更有利于旅游业的经营发展。Oliver（1980）从期望差异理论出发，认为满意度是"顾客通过对某种产品或服务的感知评价与期望相比较后所形成的一种愉悦或失望的感觉状态"，并将其用于零售服务业中的顾客满意度研究。这一定义成为指导旅游者满意度研究的重要基础。旅游者主动地对旅游地的预期和实地体验进行比较，如果实际体验高于预期的认知时，旅游者就会感到满意；如果实际体验低于预期的认知时，旅游者会感到不满。因此，满意度表征了旅游者的实际旅游体验满足其期望和需求的程度（Tribe and Snaith，1998）。随着研究的深入，业界对满意度的认识逐步回归到旅游者体验的视角，Baker和Crompton（2000）将旅游者满意度视为旅游者获得实际体验后的一种积极的情感状态。Llosa等（1998）研究进一步指出，旅游者的现场感知实际上表达了旅游者内心将感知与期望进行比较的结果，因此可以直接用旅游者的感知来评价其满意度水平。满意度水平不仅受到服务设施、服务质量等目的地供给方面的影响，也会受到旅游者当时心理状态的影响，如心情、动机、情绪以及个体特征等。罗文斌等（2013）对城市旅游的游客满意度影响因素进行了定量分析，研究结论表明，城市特征中的社会发展水平、绿化水平、环境保护程度、旅游资源丰富程度对城市旅游的游客满意度之间存在显著的正向影响，而且旅游者个体特征中的月收入、是否主动到访对游客满意度有正向影响。因此，为了实现旅游发展质量的提升，旅游者满意度的改善要从目的地要素特征和旅游者自身特征两方面考虑。

在将目的地作为研究背景时，满意度有属性满意度和总体满意度之分。属性满意度主要是指旅游者对目的地管理者或企业单个属性的评价，如酒店、旅行社、交通设施、可进入性、空气环境等；而总体满意度是指旅游者对目的地总体的评价。相比而言，目的地属性满意度对旅游者总体印象影响较大。根据 Whipple 和 Thach（1988）的研究，游客满意存在"晕轮效应"，即旅游者对单个属性的不满意可能会导致对总体旅游产品的不满意。但是，根据旅游者感知的特点，他们并不会刻意区分目的地内不同的吸引物和设施，而是将目的地作为一个整体环境来感知。因此，在研究旅游者与目的地关系时，总体满意度被多数国内外研究学者所关注。

当前，满意度已经成为国内诊断旅游经济运行质量的重要管理体系。游客评价是目的地发展的一面"镜子"，"游客满意"是目的地发展质量的综合体现（戴斌等，2014）。这反映了"以游客为中心"的行业管理理念和管理趋势。何琼峰（2011）利用2010年50个城市的国内游客现场调查问卷数据，发现当前影响国内游客满意度的最重要因素是游客在旅游目的地对各个具体行业的实际感受，尤其是对景点、购物、旅行社行业的现场服务体验。

（二）旅游目的地依恋对满意度的影响

关于旅游目的地依恋与满意度的影响关系，学者的研究结论截然相反。一种观点认为，满意度正向影响旅游目的地依恋。例如，Changuk 和 Allen（1999）的研究表明，旅游者对海滨度假胜地的地方依恋是源于对海滨 3S（阳光、沙滩和海岸）属性的满意。Lee 和 Changuk（2001）在研究两个案例地地方依恋的影响因素时，发现旅游者的满意度对地方依恋的显著影响只在其中一个案例地中成立。Hou 等（2005）在分析旅游者对文化旅游地的依恋时，发现旅游者对目的地核心属性和附加属性的满意度可以正向影响地方依恋。旅游者可以对目的地满意，但不一定会对其依恋；反之亦然。所以满意度对目的地依恋的影响关系并不稳定。另一种观点是目的地依恋影响满意度，支持这种观点的学者较多。他们认为两者的逻辑关系是：当一个地方的设施可以满足游客的特定活动或需求时，旅游者会对地方产生情感的依恋，进而提高满意度。例如，Yuksel 等（2010）探讨了海滨度假情境下旅游者的地方依恋正向影响其满意度和忠诚度，而且满意度在其中起着中介作用。Halpenny（2006）给予的解释是：当旅游者对地方怀有积极的评价和情感联结时，会倾向于正面评价地方的一切，也就是说"他（她）会戴着'玫瑰红色眼镜'富有情感地看待周围的环境"，从而会对目的地的服务产生更高的满意度。本书认为，学者研究结论不一致的原因在于旅游体验过程中情感的复杂性和互动性，要彻底厘清两者之间的关系，可能需要考虑研究的情境以及其他的心理因素等变量。因此，对于目的地依恋与满意度及其忠诚度的关系，还需要进一步验证。在目的地维度层面上，大多数研究都表明地方依恋的两个基本维度发挥着显著的作用。地方情结这一维度的影响只在少数研究中（Yuksel et al. ，2010；Ramkission et al. ，2013）有所体现，而社会联结维度对满意度的研究只是在 Ramkission 等（2013）的研究中有初步的实证探讨，因此，本书根据对目的地依恋维度的界定，分析其对旅游者满意度的影响。

综上所述，本书提出以下假设：

H7：旅游目的地依恋对旅游者满意度存在显著的正向影响。

二 旅游目的地依恋对忠诚度的影响

（一）目的地忠诚

顾客忠诚是战略营销的一个基本概念，是企业的重要资产（Aaker，1984）。Oliver（1999）认为，顾客忠诚是指顾客高度承诺在未来一贯地重复购买偏好某项产品或服务，并因此产生对同一品牌系列产品或服务的重复购买行为，而且不会因为市场态势的变化和竞争性产品营销吸引而产生转移行为。与一般产品或服务一样，旅游目的地具有自身的形象和属性，能够为旅游者带来满意的体验，最终会带来旅游者的忠诚行为。忠诚的旅游者在行为上的表现对旅游目的地的可持续经营具有重要意义，他们不仅会多次到访目的地，而且会通过自身的人际网络关系对目的地产品或服务进行积极的口碑传播。这种口碑效应的营销效果比目的地自身营销具有较高的可信度和影响力。因

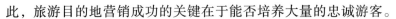

此，旅游目的地营销成功的关键在于能否培养大量的忠诚游客。

学术界对目的地忠诚的研究始于 20 世纪 90 年代后期。目的地忠诚度的研究是在品牌忠诚度理论的基础上展开的。Oliver（1999）从消费者决策过程的角度，提出了忠诚度的形成过程包括认知忠诚、情感忠诚、意向忠诚和行为忠诚四个阶段。Lee 等（2007）以此理论为基础，探讨了森林游憩背景下的忠诚度构成，认为忠诚度是一个包含态度、意向和行为三个构成部分的框架。这种忠诚度阶段理论充分考虑了忠诚度形成的过程及其动态性，因此该理论得到进一步发展。国内学者余意峰（2013）从历时态的角度，构建了目的地忠诚度概念模型，涉及态度、意向、行为和累积行为忠诚度四个忠诚度变量，而且这四个变量之间存在连续的反馈式演进关系。

整体来讲，忠诚度研究虽然引起了学者的广泛关注，但是相比于其他的产品或服务，目的地忠诚度研究还是一个新兴的研究话题。因此，关于它的概念、测量等基本问题还存在很大争议。忠诚度一般是通过旅游者重复游览行为和旅游者对目的地的态度两个视角来评估。在操作化定义上，存在行为、态度和复合测量三种测量方法。行为测量方法主要基于购买顺序、购买比例与购买概率。这一方法受到很多学者的批判，因为旅游者即便是在不到访目的地的情况下也可以表现为忠诚。态度测量主要是根据"对目的地是否为一个可以推荐的地方"来进行，常用的态度测量指标为重游意向和口碑推荐，根据传统的态度理论，态度包括认知、情感和意向三个维度，也有学者从这三个层面或其中两个层面来衡量忠诚度，而重游意向和口碑推荐就属于意向忠诚这一维度。基于态度的测量方法受到了很多学者的支持，因为它有效地区分了真实忠诚和虚假忠诚，前者是基于旅游者对目的地的偏好，而后者重复购买的原因仅仅是因为时间上便利、经济上的回报或者缺乏替代性产品。尽管对于忠诚度的测量还存在较大的争议，但总体而言，在实证研究中，多采用重复购买意向、对其他替代选择的抵制、口碑推荐意向或者愿意支付高昂价格等指标进行测量（余意峰、丁培毅，2013）。

（二）旅游目的地依恋对忠诚度的影响

旅游目的地依恋是旅游者与特定目的地相互作用建立起的一种情感性和象征性关系，强调空间的情境特质和环境对于个体功能和精神层面的意义。从形成过程来看，目的地依恋是旅游者在个人经验、知识积累基础上与旅游地互动的结果。这种情感具有较强的驱动性。旅游者的依恋情感一旦形成，就会在行为上表现出对这个空间的眷顾。所以，某一旅游目的地真正深入人心的力量源自旅游者情感的投入，这是一种超越利益驱使的力量，它能连接人的内心世界和外在世界，从而促使旅游者维持一种"亲密"（Trauer and Ryan，2005）的关系，这种亲密的关系已经超越了目的地的吸引力对旅游者的"拉力"作用，使旅游者产生"热爱这个地方"的感觉，这种内在的驱动力会激励旅游者去克服客观障碍实现多次前往或向他人推荐。很多学者的研究都关注了目的地依恋对忠诚度的影响关系。例如，George（2004）通过对游览印度两个目的地的旅游者进行调研显示，旅游者对目的地的依恋会影响其重游意愿，并且这一影响关系会受到追求新奇变量的调节作用，追求新奇会削弱地方依恋和再次购买之间的关系。Prayag和Ryan（2012）的研究中以到访毛里求斯度假的国际游客为调查对象，证实了地方依恋对旅游者重游意向和推荐意愿都具有显著的影响作用。Yuksel等（2010）的研究中将忠诚度视为一个包含认知忠诚、情感忠诚和行为忠诚的框架，对海滨度假游客的调研研究结果显示了目的地依恋对忠诚度的三个维度的影响。这些学者研究的不同之处在于对忠诚度的测量有很大差异。作为旅游者对未来到访某一目的地的行为上的意愿，意向忠诚被认为是相对于认知和情感忠诚而言对行为忠诚度更强大的预测变量。因此，很多研究都采用了意向忠诚的测量指标：重游意愿和推荐意愿。

本书扎根理论发现，目的地忠诚表现为态度忠诚和意向忠诚两个维度，这两者之间存在逻辑上的影响关系，态度忠诚是驱动意向忠诚的原动力，因为只有在情感上具有对目的地强烈心理倾向的旅游者才会有再次造访目的地或向他人推荐的意愿。这一结果也支持了 Oliver（1999）对忠诚度的认识：重复购买的一种长期承诺，本身就暗含了从对产品或服务的特定偏好（态度忠诚）阶段向具有再次购买意向（意向忠诚）阶段的转换，态度上忠诚的游客会对旅游目的地形成一种心理承诺，代表了游客的一种的情感偏好。因此，本书将态度忠诚和意向忠诚作为忠诚度的测量指标，前者代表了旅游者对目的地的积极评价，后者主要代表了旅游者未来的行为意向。

据此，本书提出以下假设：

H8：旅游目的地依恋对态度忠诚存在显著的正向影响。

H9：旅游目的地依恋对意向忠诚存在显著的正向影响。

三　满意度对忠诚度的影响

满意度是很多探讨忠诚度前因变量实证研究模型中不可或缺的变量。在过去的30多年间，企业界都在努力追求顾客满意是基于这样的逻辑：满意能影响顾客忠诚，而忠诚的顾客又可以为企业带来稳定的利润。但是实践表明，满意的旅游者不一定是忠诚的，比如说满意并不一定能保证重游，他们可能喜欢追求新奇而偏好于未到访过的目的地，或者受到某些消费情境因素的影响，如家庭财政预算、时间限制等。"满意带来忠诚"这一看似简单的命题正在被学者重新认识。还有一些因素与满意度一起共同决定了忠诚度的形成。满意只是游客忠诚的必要条件，而非充分条件。关注满意度的资深学者 Oliver 在1999年时就曾经提出这样的问题"顾客忠诚从哪里来"，他认为顾客满意与顾客忠诚之间的关系就像毛虫（蝴蝶幼虫）和蝴蝶一样，由于经过了一个蜕变过程，这两个概念除具有生物上的同源性外还拥有迥异的特征表现（范秀成等，2009）。旅游者对某一目的地的忠诚本身就是其偏爱此地的结果，这不仅仅是因为以往有过满意经历的结果，也是与目的地环境积极情感联系的表现。这种积极情感会激励旅游者具有较高的忠诚。现有研究表明，较高的满意度提高了忠诚的可能性。游客对目的地环境和服务质量的感知对满意度起着关键的作用，从而会影响他们是否会选择重游。如 Žabkar 等（2010）选择了四种不同类型的目的地：城市、海滨度假地、休闲度假地和温泉度假地，结果验证了旅游者对目的地的满意度会影响其对目的地的承诺，包括重游、推荐以及高度的评价。此外，关于态度忠诚和意向忠诚的关系，根据 Fishbein 和 Ajzen（1975）理性行为理论（Theory of Reasoned Action，TRA），个体的行为是由行为意向决定的，而行为意向则会受到态度的影响。

因此，本书提出以下假设：

H10：旅游者满意度对态度忠诚存在显著的正向影响。

H11：旅游者满意度对意向忠诚存在显著的正向影响。

第四节　研究假设模型

综上所述，本书共提出 11 项假设。根据这些假设，相应的研究假设模型如图 5 - 2、图 5 - 3 所示。与已有研究相比，本书的假设模型呈现出以下新特点。

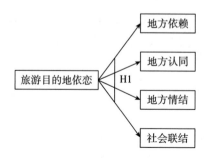

图 5 - 2　旅游目的地依恋结构维度模型

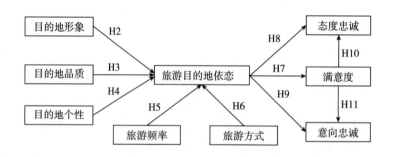

图 5 - 3　旅游目的地依恋影响关系模型

　　第一，运用了四维度的旅游目的地依恋测评模型。

　　对旅游目的地依恋的结构维度分析是本书的重点之一。已有的研究揭示了旅游目的地依恋是一个多维度的概念，但是对于维度的构成存在很大的争议。本书基于扎根理论发现和概念分析，运用了四维度的旅游目的地依恋测评模型。这一测评模型由 Ramkission 等学者于2013年首次提出，研究所在情境是一处澳大利亚的国家公园。本书需要解决的是这一测评模型是否适用于国内旅游目的地情境，这将有助于发展本土性的旅游目的地依恋量表。

　　第二，提出了基于旅游者与目的地互动视角的旅游目的地依恋影响关系模型。

　　对于旅游目的地依恋的影响关系，已有的研究要么关注于它的前因，要么关注于它的影响结果，或是只是关注其中一个或某几个概念，尚未发现对目的地依恋影响关系的全面分析。本书从旅游者与目的地互动角度，提出了目的地特征变量、旅游者特征变量对于目的地依恋的影响关系模型，分别涉及目的地形象、目的地个性、目的地品质、旅游频率、旅游方式、满意度等变量，其中目的地个性、目的地品质以及旅游方式对旅游目的地依恋的影响，还未发现有学者对此作过探讨。

　　第三，采用了态度忠诚和意向忠诚两个维度测量目的地忠诚。

　　旅游目的地依恋对忠诚度的影响大小以及影响程度是研究目的地依恋问题研究的价值所在。因此，本书在选择目的地忠诚测量时，充分考虑了现有研究的状况，结合扎根理论分析，将目的地忠诚的两个维度作为目的地依恋的结果变量。探讨目的地依恋对这两个维度的影响机理，既有助于人们深刻理解目的地忠诚的概念，更有利于深化对目的地依恋影响效应的认识。

第五节　本章小结

　　本章通过逻辑分析和文献引证，对目的地依恋的结构维度、形成因素和影响效应进行了详细的分析，并提出了研究假设。本章进行了三方面的分析：一是对目的地的结构维度进行了探讨，认为目的地依恋包括地方依赖、地方认同、地方情结和地方情结联结四个维度，这些维度从不同层面展示了旅游活动带给旅游者的情感体验价值；二是对目的地依恋的形成因素及其影响作用进行了佐证，既包括基于旅游者感知的目的地特征变量——目的地形象、目的地品质、目的地个性，也包括表达旅游者与目的地互动程度的变量——旅游频率和旅游方式；三是对目的地的影响效应做出了分析，包括满意度和忠诚度，得出了实证研究的因果关系模型，为接下来的实证研究开展奠定基础。

第六章

旅游目的地依恋实证研究设计

研究设计是事先对研究的问题、测量的操作步骤、统计分析的方法以及研究样本的代表性等制订的详细计划（樊景立，2012）。本章系统讲述旅游目的地依恋实证研究设计过程，对本书假设所涉及的变量进行操作化定义，设计科学规范的测量量表，并通过预测试和正式测试收集数据。主要包括三部分：第一，根据管理学量表开发的一般程序，确定本书研究量表开发思路；第二，根据已有的文献和扎根理论发现对研究变量进行测量，设计问卷题项，形成初始量表；第三，运用初始量表开展小样本的预测试，根据信度和效度检验提供的信息，对量表进行修正形成正式问卷，为后续大规模的调研开展和模型检验做好铺垫。

第一节　量表开发与数据分析技术

一　量表开发思路与流程

（一）管理学研究中的量表开发

管理学的模型理论在于讨论概念或变量之间的关系。通过对变量的测量，研究者可以获取变量之间直观的、量化的关系。因此，能够准确地测量相关的变量在很大程度上决定着研究的可靠程度。Stevens（1968）认为，研究者根据一定的规则，用数量的方式描述研究对象所具备的某种特征或行为，这一过程所使用的工具称为量表。量表要求所分配的数字必须能够准确地反映测量对象的特征，实现所分配数字与所要测量对象特征之间的一一对应。通过这些直观的数字，研究者可以探究复杂的社会现象，并通过数字间的计算得出变量间的关系，从而得出直观且有意义的结论（梁健、樊景立，2012）。所谓"工欲善其事，必先利其器"，量表开发过程的科学性是保证实证研究结果可靠性的基础。

量表开发既是严谨的科学过程，也是反复的测试过程。Churchill（1979）提出的量表开发程序被管理学和营销学领域的学者所认可。该量表开发程序包含以下一系列逐步推进的步骤：明确概念的范围和定义，一个好的概念界定应该阐明研究对象的核心内容；生成测量题项，研究者需要发展出与概念定义相匹配的、足够多的测量题项或指标；小样本数据收集；量表净化；大样本数据收集；信度检验；效度检验及理论验证；标准的确定（梁健、樊景立，2012）。一般而言，量表开发的前四个步骤是开发的初始过程和重要过程，并且整个量表的开发一直与理论检验交织在一起。

研究者需要根据研究问题，选择合适的开发思路，发展出高质量的量表。Farh等（2006）总结了中国管理学研究中量表开发的四种取向：①直接翻译（Translation）取向，即将国外的量表直接翻译成中文；②修改（Adaptation）取向，是指在翻译国外量表的过程中，修改其中不适合中国情境的部分，已使它们能与研究背景相统一；③去情境化（De - contextualization）取向，这种思路强调在中国管理研究中发展出能广泛适用于各种文化情境下的量表；④情境化（Contextualization）取向，这种思路致力于开发出能够反映、描述中国管理情境特殊性的量表。这四种取向在中国管理研究中发挥了很大作用，它们各自具有自身的指导原则和优缺点。从量表的来源来看，前两种取向都是使用现有的量表，在文献中被广泛应用的量表一般具有较高的信度和效度，因此这种做法风险较小，且省时省力；后两种取向是开发新量表，当现有的研究成果不能满足研究需要以及研究目的在于测试某一源自西方的概念的跨文化应用性时，研究者需要自行开发量表

（谢家琳，2012）。这些经典的管理学量表开发取向与方法为本书量表的开发提供了基础性理论指导。

（二）本书研究量表开发取向与流程

确定一项具体研究的量表开发程序需要考虑研究的实际情况。本书根据研究主题，依据现有的研究状况，开发相应的测量量表。对于本书出现的所有变量，西方学者已经开展了不同程度的实证研究，部分变量的量表如满意度、忠诚度具有较高的可靠性。因此，本书对这些概念的测量是沿用已有的量表。但是，考虑到所研究的问题不可避免地具有中国情境下的文化特殊性，因此本书采用"修改取向"，即对原有的量表内容进行情境式的修改。这种量表开发方法不仅能够保证所获得的中文量表与原有的概念定义和测量内容之间的对等性，而且能够通过一些现场研究来考察测量内容在中国背景下的适用程度，并根据需要对不适用的内容进行修改，如改变题目中的文字、删除不合适的指标、增加新指标（梁健，2012）。但是，这种方法的局限性在于无法进行跨文化的比较和研究。

参考上述学者的做法，本书研究量表开发流程如下：

第一，明确所要测量的研究概念。对所要测量的研究概念进行文献回顾，明确概念内涵和理论边界，为发展出能够与研究概念相对应的测量项目奠定基础。这一步已经在前文的文献回顾部分完成。

第二，建立测量题项库。根据概念维度框架的需要，本书对目的地依恋的测量量表进行全面、系统回顾，选取具有良好性能的题项作为测量指标。对于目的地属性变量，需要在参考以往研究结果的基础上，根据扎根理论发现结果对测量内容做修改，以适应本书的情境和研究框架的需要。

第三，对来源于外文文献的测量题项进行回译。在使用外文文献量表时，翻译的恰当性是一个重要问题。翻译是将量表内容由源语言（如英语）转换成靶语言（如汉语）的过程（郭金玉、李峥，2012）。为了确保翻译过程具有较高的准确性，回译法（Back translation）被众多学者所采用。本书按照 Brislin（1970）提出的回译方法步骤，邀请 3 名旅游市场营销领域精通中文和英语的博士研究生，将量表由源语言翻译成靶语言，评估靶量表的语法和难易程度，将靶语言通过盲法回译成源语言，比较回译版本与源语言版本，找出两者的差异，记录相关意见并进行协商解决，以最大程度地实现研究变量在概念、语义和内容上的对等性。

第四，初始题项修订与评定。对文献量表翻译和扎根理论调查得到的条目进行汇总，编制初始问卷。初始形成的问卷是否科学需要进一步检验，以最大化克服"修改"量表取向的局限性。邀请旅游管理专业的研究生对初始问卷进行审阅，请他们从专业视角出发对测量内容、指标内容、问卷易懂性、术语准确性等进行评价；同时为了检验问卷是否符合目的地的实际情况，又邀请了某旅行社的三位工作人员对测量指标进行审阅；另外，邀请非本专业同学指出问卷测量指标内容措辞、设计风格方面的问题。

第五，预调研。预调研是开发科学、可靠量表的重要步骤。根据预调研的结果获取数据，对问卷变量的测量进行信度和效度检验，可以删除测量性能较差的题项，从而实现对测量指标的净化，形成最终的正式量表。

第六，正式调研。开展正式收集数据的工作，在对正式测试进行信度和效度检验的基础上，对假设检验和研究模型进行检验，并根据研究结果进行判断、推理、归纳等逻辑分析得出研究发现。

二　数据分析技术与方法

（一）数据分析技术

在管理学研究领域中，结构方程模型由于可以较好地分析多个自变量、因变量之间的复杂关系而得到广泛应用。本书选择结构方程模型方法作为数据分析技术，主要是因为概念模型中的所有变量都从旅游者感知视角评价的，这些变量不利于直接观察和测量，需要通过其他观察变量进行间接测量。而且，本书中的核心变量——旅游目的地依恋是一个多维度概念，结构方程模型可以对此情况进行有效评估。所以，运用结构方程模型分析技术，可以对提出的理论模型进行验证和评价，并有效地分析旅游目的地依恋结构维度构成以及各个潜变量之间的影响关系。

（二）数据分析方法

本书采用的数据分析方法有描述性统计分析、探索性因子分析、验证性因子分析和路径分析。其中，利用 SPSS22.0 软件对预调查和正式调查收集的数据进行描述性因子分析和探索性因子分析，运用 AMOS22.0 软件对正式调研数据进行验证性因子分析和路径分析。具体的数据分析过程如下：第一阶段，对预测试样本进行描述性统计分析，运用预测试数据对测量量表进行信度和效度检验，净化测量量表；第二阶段，对正式调研样本进行描述性统计分析，并进一步评估量表的信度和效度；第三阶段，采用结构方程模型方法，在检验测量模型的基础上，评估目的地依恋维度结构模型和影响关系模型。

第二节　变量测量与问卷设计

一　变量测量

在调查研究中，测量是在对抽象概念或理论概念化和操作化的基础上，通过一套指标体系测量人们的特征、行为和价值观念并使之数量化的过程。指标是对一个抽象概念在经验上的具体说明，使用一组可以观察到的经验现象来"指示和标志"（仇立平，2008）。因此，变量的测量是指标建立的过程。通过将抽象的概念进行操作化以后得到能够量化的一系列指标，测量的结果可以用来进行统计分析，进而开展量化研究（李宏，2007）。为了确定本书研究的初始量表，需要明确旅游目的地依恋及其前因变量和结果变量的测量问题。

（一）旅游目的地依恋的测量

旅游目的地依恋量表的发展是本书的重点议题。测量指标的发展是与其结构维度的发展相一致。学者在研究地方依恋的结构维度时，都在相应地发展其测量指标。地方依恋的结构经历了单维度向多维度的认识过程，而且对于地方依恋多维度的认识也由初期的两个基础维度发展为三维度、四维度，因此其测量指标也处于不断地发展过程中。

　　根据对已有文献的系统化整理，结合扎根理论的发现确定目的地依恋的四个维度。对于目的地依恋每个维度测量指标的选取，本书结合上文所述的研究成果，选取尽可能多的测量指标，并依据研究地情境进行修改。主要参考文献有 Williams 和 Vaske（2003）、Kyle 和 Graefe（2005）、Yuksel 等（2010）、Bricker 和 Kerstetter（2000）、Ramkissoon 等（2013）。最初经过回译方式获得的量表题项有 17 个，在题项内容修订阶段，大多数旅游行业人士和非旅游专业同学都对"此次厦门之行说明了我是谁"题项提出了质疑，表示无法理解此题项含义，经与本研究团队人员讨论后，将其删除，最后获得了 16 个题项的初始量表。具体内容见表 6－1。

表 6－1　　　　　　　旅游目的地依恋的测量题项

维度	编号	测量题项	测量题项来源
地方依赖	PD1	我喜欢厦门的旅游环境胜过其他旅游地	Williams 和 Vaske（2003）；Kyle 和 Graefe（2005）；Yuksel 等（2010）
	PD2	厦门的旅游设施比其他旅游地更能满足我的要求	
	PD3	厦门给我的旅游体验，其他旅游地无法替代	
	PD4	与其他旅游地相比，厦门带给我更高的满意度	
地方认同	PI1	我很认同厦门的生活方式	Williams 和 Vaske（2003）、Kyle 和 Graefe（2005）；Bricker 和 Kerstetter（2000）；Yuksel 等（2010）
	PI2	厦门对我来讲很特别	
	PI3	厦门是我的一部分	
	PI4	我感觉自己对厦门有一种责任感	
地方情结	PA1	我对厦门非常留恋	Yuksel 等（2010）；Ramkissoon 等（2013）
	PA2	我对厦门有较强的归属感	
	PA3	我觉得此次厦门之行对我很有意义	
	PA4	我希望在厦门停留更长的时间	
社会联结	PS1	我的很多朋友或家人都很喜欢厦门	Kyle 和 Graefe（2005）；Ramkissoon 等（2013）
	PS2	来厦门旅游对我们很重要，因为每个人都很开心	
	PS3	来厦门旅游与家人或朋友建立的关系对我很重要	
	PS4	此次厦门之行给我留下很多美好回忆	

　　（二）目的地形象的测量

　　在旅游目的地形象研究领域，目的地形象测量是一个重要的讨论议题。学者对具有多样性、综合性、动态性及相对性等特征的目的地形象的测量进行了广泛讨论。总体而言，关于目的地形象测量有"结构法"和"非结构法"两种方式（黄震方、李想，2002），结构法是选取一系列不同的评价因子，构建评价模型，之后通过采集和处理被访者的评价，得到目的地的形象因子，这种方法由于具有可控性、直观性强、易于统计与比较等优点（刘国华、王红国，2010）而得到较多地使用；非结构法则使用自由问卷记录被访者对目的地形象的描述。旅游目的地形象虽然被认为是旅游者对客体的整体印象，但对构成该整体印象要素的理解有着不同观点：Crompton（1979）最早提出旅游目的地形象主要包括认知成分，这一观点存在众多分歧，因为不同目的地情境背景下具体认知要素很难达到统一。根据社会心理学的认知——情感理论，一个人对外界对象的直觉、信念与知识会激发相应的情感，所以目的地形象应该包含情感部分，Embacher 和 Buttle（1989）、Baloglu 和 McCleary（1999）等学者将旅游目的地形象的定义从认知延伸到情感层面。在认知、情感基础上，Gartner（1994）、Dann（1996）认为，目的地形象还包括意向成分，这种观点主要是受到态度三成分——认知、情感和行为模型的影响，因为目的地形象在一定程度上是旅游者对目的地态度的表达。但是有很多目的地形象研究只关注认知部分，而忽略情感形象和总体形象。这是因为关于感情的维度用于测量目的地形象是否可行尚无定论（李宏，2007），很多学者认为（Echtner and Ritchie，1993；Rezende - Parker et al.，2003；Tasci et al.，2007），关于目的地形象的情感部分应该通过让受访者进行自由式描述来获得，而从结构化测量中获得情感形象并不准确。

　　本书所关注的目的地形象是旅游者对目的地形象感知的结果，是旅游者对目的地的主观看法和态度倾向。本书遵循众多学者的做法，着重分析目的地属性形象并运用结构化方法进行测量。本书目的地形象测量主要借鉴 Beerli 和 Martin（2004）、李宏（2012）、Chen 和 Phou（2013）以及 Martin 和 Bosque（2008）等的研究成果，选取了厦门作为海滨旅游地的核心属性，包括城市氛围、城市环境、居民态度、知名度高、自然和文化、娱乐、海滨"3S"景观等共计 8 个题项。具体题项内容见表 6 - 2。

表 6 - 2　　　　　　　　　　　目的地形象的测量题项

编号	测量题项	编号	测量题项
DI1	厦门有独特的城市氛围	DI2	厦门的娱乐活动很丰富
DI3	厦门有多样化的植物	DI4	厦门有独特的民俗文化
DI5	厦门有著名的人文景观	DI6	厦门的空气质量很好
DI7	厦门有优良的城市环境	DI8	厦门有优美的"3S"（阳光、沙滩、大海）景观

（三）目的地品质的测量

如前所述，关于目的地品质的专门研究并不多，所以对于它的测量也没有一致结论。根据扎根理论的发现，目的地品质可以细分为五个方面：吸引物品质、接待服务品质、景区服务品质、公共服务品质、娱乐服务品质。关于每一个维度的条目，本书参考了 Chen 和 Tsai（2007）、Murphy 等（2000）的研究，并根据研究地所在情境进行了修改，选取了 6 个题项。

表 6 - 3　　　　　　　　　　　目的地品质的测量题项

编号	测量题项	编号	测量题项
DQ1	厦门的旅游资源很丰富	DQ2	厦门的交通比较便利
DQ3	厦门的旅游服务质量较好	DQ4	厦门的信息咨询比较方便
DQ5	厦门的公共卫生较好	DQ6	厦门的旅游接待（如住宿、餐饮）价格合理

（四）目的地个性的测量

目的地个性维度的测量是国内外目的地个性研究的主要内容。Aaker（1997）提出的品牌个性量表（Brand Personality Scale，BPS）是品牌个性研究中普遍认同的个性结构，并在旅游目的地研究中得以应用。在该量表中，品牌个性分为"真诚、刺激、胜任、精致和坚固"五个方面。本书对扎根理论中旅游者描述研究地个性特征的词汇进行了收集与筛选，确定了反映厦门个性特征的 7 个词汇，分别是 "DP1 浪漫、DP2 文艺、DP3 温馨、DP4 美丽、DP5 精致、DP6 悠闲、DP7 现代"。

（五）满意度和忠诚度的测量

相对于目的地形象、品质和个性的测量，满意度和忠诚度的测量较为成熟。本书对满意度的测量借鉴 Ramkissoon 等（2013）、Yoon 和 Uysal（2005）等学者的研究，有 3 个题项，分别是："SA1：我认为此次旅游所花费的时间和精力是值得的""SA2：我对厦门的所有旅游预期都得以实现""SA3：我认为来厦门旅游是正确的选择"。对于态度忠诚，侧重于旅游者对目的地的情感偏好，参考 Yuksel 等（2010）、Forgas - Coll 等（2012）的研究，有 2 个题项，分别是 "AL1：厦门是一个很好的旅游目的地""AL2：我很喜欢厦门"。对于意向忠诚，参考 Yuksel 等（2012）、Lee 和 Shen（2013）等的做法，有 3 个题项，分别是 "CL1：我很有可能未来一段时间再来厦门""CL2：我会向他人积极评价厦门""CL3：我很有可能将厦门推荐给他人"。

（六）旅游频率和旅游方式的测量

在本书中，旅游频率和旅游方式是表明旅游者与目的地互动程度的两个替代变量。其中，旅游频率是指旅游者到访目的地的次数，而旅游方式则专指此次旅游是采取自助方式还是组团方式。这两个变量的测量均采用直接测量方式。其中，旅游频率是让受访者填写到访的次数，旅游方式是让受访者根据填空做出选择，在数据处理时将 "自助旅游"赋值为 1，"组团方式"赋值为 2。

二　问卷设计

问卷共分为三个部分。第一部分是独立的问卷说明，主要介绍调研内容和目的，并强调调研的目的是用来做学术研究，以尽可能降低被调研者的排斥心理；第二部分是调研的主要内容，包括对目的地品质、目的地形象、目的地依恋、目的地个性、满意度和忠诚度的评价；第三部分是被调研者人口特征统计变量，包括性别、年龄、职业、文化程度、旅游方式、旅游同行情况、旅游动机、停留时间、旅游频率等。本书还对问卷进行了编码，以便于在数据分析过程中核实原始问卷数据。

关于问卷测量指标尺度，本书使用李克特 5 点量表，即 1 表示"完全不同意"，2 表示"不同意"，3 表示"中立"，4 表示"同意"，5 表示"完全同意"。这主要是基于以下考虑：第一，李克特 5 点量表是被普遍采用的主流测量尺度。本书所关注的目的地依恋、目的地形象、目的地个性、目的地品质等研究领域，许多研究都是采用李克特 5 点量表对变量进行测量。例如，Kyle 和 Graefe（2005）、Yuksel 等（2010）、唐文跃（2011）、万基财等（2014）等对地方依恋的测量，Chen 和 Phou（2013）、杨妮等（2015）、张宏梅等（2011）对目的地形象的测量，Chen 和 Cai（2007）、Chen 和 Chen（2010）对目的地品质的测量、Usakli 和 Baloglu（2011）、张春晖和白凯（2011）、母泽亮和李露苗（2013）对目的地个性的测量。第二，对于调查对象来说，他们对题项的不同程度往往难以进行精确区分，所以程度区分较为复杂的量表往往会扰乱调查对象的思维，而 5 点量表恰好在调查对象可以接受的范围之内。第三，李克特量表的各个尺度之间一般被认为是等距的。相比于 7 点或 9 点量表，5 点量表的 Cronbach's α 系数值最大（刘军，2008），说明其稳定性更高。因此，本调查问卷采用李克特 5 点量表对变量进行测量。

第三节　预调研与量表修正

预调研是量表开发的重要环节。Reis 和 Judd（2000）指出，在通过自我报告式的问卷方法收集数据时，由于被调查者无法当面澄清问题的含义，预测试很有必要。预调研过程被看作整个研究设计的一次演练，是为了尽早发现研究设计中可能存在的缺陷，以便及时进行修正与完善。预调研的实施可以有效避免由于量表质量问题造成不必要的浪费与研究结果的偏差（陈永昶，2012）。本节首先描述了预调研过程与样本情况，并对预调研量表进行信度和效度分析，净化初始量

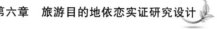

表以确保正式调研所使用量表的科学性。

一 预调研过程与样本描述

本书研究的预调研工作于 2015 年 3 月 1—20 日进行。预调研样本来自两部分:一是在厦门市旅游者较为密集的环岛路、南普陀、鼓浪屿等景区(点)向旅游者现场发放问卷,累计发放 50 份。参与调查的人员都是本专业具有丰富现场调研经验的硕、博研究生。为了保证所获取数据的真实性、可靠性,本次调查采取了以下措施:向问卷发放人员进行了全面的解释,使其了解本次问卷调查的内容与目的,学会核实被调查者的有效性;本次调查全部是在征得被调查者同意的情况下进行。问卷回收后对其进行全面的整理、录入与复核,删除其中的无效问卷。确定问卷无效的标准包括:未答题项达到 10% 以上;填写呈现明显规律的问卷,如连续选择同一题项或选择"一般"超过总题项 1/3 的问卷等。整理后共获得现场发放有效问卷 43 份。二是委托厦门当地旅行社向到访厦门的团队游客发放问卷,累计发放 100 份,回收整理获得有效问卷 54 份。两次问卷共获得有效问卷 97 份,有效率为 64.7%。有效样本的人口统计特征如表 6 - 4 所示。部分人口统计特征的统计变量存在少量缺失值,但这并不对影响整体样本的分析。

表 6 - 4 　　　　　　　　　预调研有效样本的基本特征

统计内容	内容分类	频次	百分比(%)	有效比(%)
性别	男	42	43.3	43.3
	女	55	56.7	56.7
	小计	97	100.0	100.0
年龄	18 岁及以下	8	8.2	8.2
	19—25 岁	23	23.7	23.7
	26—35 岁	37	38.1	38.1
	36—45 岁	16	16.5	16.5
	46—55 岁	6	6.2	6.2
	56 岁及以上	7	7.2	7.2
	小计	97	100.0	100.0

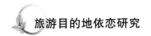

续表

统计内容	内容分类	频次	百分比（%）	有效比（%）
职业	学生	19	19.6	19.6
	企业职员	32	33.0	33.0
	政府工作人员	5	5.2	5.2
	专业/技术/文教人员	11	11.3	11.3
	个体经营者	9	9.3	9.3
	其他	21	21.6	21.6
	小计	97	100.0	100.0
文化程度	初中及以下	6	6.2	6.2
	高中/中专	19	19.6	19.6
	大专	34	35.1	35.1
	本科	32	33.0	33.0
	硕士及以上	6	6.2	6.2
	小计	97	100.0	100.0
月收入	1500 元及以下	14	14.4	14.6
	1501—3000 元	25	25.8	26.0
	3001—6000 元	37	38.1	38.5
	6001—10000 元	14	14.4	14.6
	10001 元及以上	6	6.2	6.3
	小计	96	99.0	100.0
旅游方式	参加旅游团	57	58.8	58.8
	自助旅游	40	41.2	41.2
	小计	97	100.0	100.0
旅游结伴方式	独自	8	8.2	8.2
	家庭	38	39.2	39.2
	朋友	33	34.0	34.0
	同事	16	16.5	16.5
	其他	2	2.1	2.1
	小计	97	100.0	100.0
旅游频率	第一次来	69	71.1	71.1
	以前来过	28	28.9	28.9
	小计	97	100	100

二 预调研信度与效度分析

（一）信度分析

信度是指测量的可信性或一致性，即测量中采用的方法和指标对同一对象或概念、变量重复测量后的结果的稳定性（仇立平，2008）。量表的信度是效度的必要条件。在李克特量表中，Cronbach's α 系数是最为常用的信度检验方法。根据 Nunnally 和 Bernstein（1994）的建议，Cronbach's α 系数值在 0.8 以上，表示数据信度达到满意水平，Cronbach's α 系数等于 0.7 是一个较低但可以接受的边界值，低于0.6 时，则完全不能接受，需要对问项进行删减调整以提高量表信度。一般而言，Cronbach's α 系数为 0.7 为问卷接受的衡量标准（Numally，1994）。但是在信度检验中只得到这样一个系数并不够用，不能为该问卷改进提供太多有用的信息，需要进一步剔除量表中的"垃圾题项"，对量表进行净化。剔除的方法为：①CITC（Corrected - Item Total Correlation）分析法。CITC 是指校正的项总计相关性。根据 Churchill（1979）的建议，CITC 可以用于测量题项的多因子载荷现象，通过对无效测量题项的删除实现量表信度的提升。一般认为，当CITC 系数大于 0.4 时，表明测量题项符合信度要求（Numally，1978）。②删除测量题项后观察 Cronbach's α 系数的变化。如果发现将某一测量题目删除后会显著提高内部一致性程度，则要考虑删除该测量题目。当删除题项后量表剩余问项的 Cronbach's α 系数超过 0.7，则说明量表信度符合要求。本书中各个变量测量题项的 CITC 与 Cronbach's α 系数分析结果如下。

1. 预调研旅游目的地依恋量表的信度分析

在旅游目的地依恋初始量表中，测量每个维度的题项均有 4 个。信度分析发现，题项 PI3、PS4 删除后，其信度水平提高，故将其删除，删除后其所在维度的 Cronbach's α 系数分别提高至 0.815、0.871，其余题项的 CITC 系数都在 0.4 以上，均达到了可接受的水平。将 PI3、PS4 两个题项删除后，整个量表的 Cronbach's α 系数为0.927。根据 Fomell 和 Laker（1981）的建议，对于有多个变量的量表，要求总量表信度大于 0.8，分量表信度大于 0.7。据此可以认为，删除 PI3、PS4 两个题项后的目的地依恋量表信度水平较高。

表 6 – 5 　　　　　　　预调研旅游目的地依恋量表信度分析结果

维度名称	题项编码	CITC	项目删除后的 Cronbach's α 系数	Cronbach's α 系数
地方依赖	PD1	0.704	0.874	0.888
	PD2	0.829	0.830	
	PD3	0.791	0.846	
	PD4	0.714	0.871	
地方认同	PI1	0.535	0.682	0.725
	PI2	0.513	0.699	
	PI3	0.655	0.865	
	PI4	0.412	0.755	
地方情结	PA1	0.728	0.748	0.827
	PA2	0.759	0.730	
	PA3	0.530	0.834	
	PA4	0.604	0.804	
社会联结	PS1	0.717	0.696	0.796
	PS2	0.667	0.720	
	PS3	0.725	0.688	
	PS4	0.399	0.871	

2. 预调研目的地形象量表的信度分析

在目的地形象初始量表中，共有 8 个题项，经过信度分析发现，题项 DI1 的 CITC 系数小于 0.4，且项目删除后 Cronbach's α 系数上升，故将其删除，剩余 7 个题项的 CITC 系数都在 0.4 以上，均达到可接受的水平。将剩余的 7 个题项进行信度分析显示，Cronbach's α 系数为 0.850，量表信度水平较好。

3. 预调研目的地品质量表的信度分析

在目的地品质初始量表中，共有 6 个题项，经过信度分析，所有题项的 CITC 系数在 0.4 以上，均达到可以接受的水平，整个量表的信度系数为 0.786，内部一致性水平可以接受。

表 6-6　　　　　　　预调研目的地形象信度分析结果

题项编码	题项内容	CITC	项目删除后的 Cronbach's α 系数
DI1	城市氛围	0.344	0.850
DI2	娱乐活动	0.467	0.838
DI3	多样化植物	0.644	0.817
DI4	民俗文化	0.595	0.823
DI5	人文景观	0.620	0.820
DI6	空气质量	0.687	0.813
DI7	城市环境	0.619	0.895
DI8	3S	0.596	0.825

表 6-7　　　　　　　预调研目的地品质信度分析结果

题项编码	题项内容	CITC	项目删除后的 Cronbach's α 系数
DQ1	旅游资源	0.607	0.737
DQ2	交通	0.567	0.747
DQ3	旅游服务质量	0.679	0.717
DQ4	信息咨询	0.600	0.737
DQ5	公共卫生	0.521	0.740
DQ6	接待价格	0.472	0.756

4. 预调研目的地个性量表的信度分析

在目的地个性初始量表中，共有 7 个题项，经过信度分析，所有题项 CITC 系数都大于 0.4，均达到可以接受的水平。整个量表的 Cronbach's α 系数为 0.867，信度水平非常理想。

表 6 – 8   预调研目的地个性信度分析结果

题项编码	题项内容	CITC	项目删除后的 Cronbach's α 系数
DP1	浪漫	0.594	0.856
DP2	文艺	0.694	0.841
DP3	温馨	0.621	0.852
DP4	美丽	0.555	0.860
DP5	精致	0.732	0.837
DP6	悠闲	0.619	0.852
DP7	现代	0.696	0.841

5. 预调研满意度和忠诚度量表的信度分析

在满意度初始量表中，有 3 个题项，经过信度分析，所有题项 CITC 系数都大于 0.4，均达到可以接受的水平。满意度量表的 Cronbach's α 系数为 0.855，信度水平较好。在态度忠诚初始量表中，有 2 个题项，经过信度分析，所有题项 CITC 系数都大于 0.4，均达到可以接受的水平。态度忠诚量表的 Cronbach's α 系数为 0.837，信度水平较好。在意向忠诚初始量表中，有 3 个题项，经过信度分析，所有题项 CITC 系数都大于 0.4，均达到可以接受的水平。意向忠诚量表的 Cronbach's α 系数为 0.894，信度水平较好。因此，对于满意度和忠诚度，由于使用已有研究成熟的量表，其可靠性较高。

表 6 – 9   预调研满意度和忠诚度量表的信度分析

变量名称	题项编码	CITC	项目删除后的 Cronbach's α 系数	Cronbach's α 系数
满意度	SA1	0.772	0.761	0.855
	SA2	0.686	0.837	
	SA3	0.731	0.795	
态度忠诚	AL1	0.720	—	0.837
	AL2	0.720	—	
意向忠诚	CL1	0.721	0.809	0.894
	CL2	0.884	0.769	
	CL3	0.775	0.863	

（二）效度分析

效度是指测量的准确性或有效性，即测量中采用的测量方法和指标能否准确地测量出概念或变量的特征和内涵。一个准确的量表意味着它的效度要高（仇立平，2008）。检验量表的有效性一般通过内容效度和结构效度两个方面来进行。在量表的内容效度方面，本书使用的测量量表是在文献研究和扎根理论发现的基础上，并在开发过程中征求了专业学者的意见，因此可以认为其内容效度是满足要求的。在量表的结构效度方面，探索性因子分析（Exploratory Factor Analysis，EFA）是对预调研数据结果进行分析的主要工具。通过对数据资料进行统计分析，以建构因子层面，且用最少的层面解释全部最大的总变异量。在探索性因子分析中，要保留多少个因子，常用的筛选原则有以下几种：Kaiser 的特征值大于 1、陡坡检验图、方差百分比决定法、事先决定准则法（吴明隆，2010）。探索性因子分析的步骤是根据抽样适当性参数（Kaiser – Meyer – Olkin measurement of Sample Adequacy，KMO）和 Bartlett 球形检验判断量表是否适合进行因子分析。通常认为，KMO 值大于 0.7 且 Bartlett 卡方值具有显著性，尚可进行探索性因子分析。

在决定因子抽取方面，主成分分析法（Principle Component Analysis，PCA）是最常用普遍的方式。它通过把线性方程式将所有变量加以合并，计算所有变量共同解释的变异量；在因子旋转方面，探索性因子分析有直交和斜交两种旋转方式。旋转的目的是协助因子更具解释意义，达到简单结构的原则。最常使用的方法为正交旋转，很重要的原因在于正交旋转的结果简单、易于解释，认为因素之间是没有相关的。本书使用主成分分析方法抽取因子，运用最大方差法进行正交旋转。

根据吴明隆（2010）的建议，如果题项的共同性低于 0.2、题项因子载荷低于 0.5、存在交叉负荷情况（载荷间差值小于 0.1），将删除该测量项目，并要求生成因子能够解释方差的累计比例大于 50%。Hair 等（2006）建议题项因子载荷值低于 0.4 时应予以删除，并且每个因子的题项数应尽量大于 2 项，且其包含题项的信度应大于 0.7。

考虑到当前的概念分析还处于探索性阶段，本书选取因子载荷值为0.4作为标准。需要注意的是，对测量题项的净化不是一个纯粹的技术问题，必须和理论结合起来。也就是说，所有题项的删除或归类都要参照理论，理论是量表净化的依据。而且，删除特定题项后，重新进行信度和效度分析，反复进行直至各项指标达到理想数值。考虑到具体测量问项的数量，本书将对目的地依恋量表进行单独分析，对目的地品质、形象和个性三个变量进行逐个处理；而满意度、态度忠诚和意向忠诚共有8个测量题项，采用合并处理的方式。

1. 预调研旅游目的地依恋量表的因子分析

研究者在修订或编制量表时，已将题项归类为数个明确的因子，因而可以在进行因子之前，可以设定所欲抽取共同因素的数目（吴明隆，2010）。因此，本书在对旅游目的地依恋量表进行因子分析，设定抽取因子数目为4。运用 SPSS22.0 软件对目的地依恋的14个题项进行探索性因子分析。在量表是否适合进行因子分析的判断上，KMO 值为0.888，Bartlett 球形检验的近似卡方值为922.995，自由度为91，显著性概率值 $p = 0.000 < 0.05$，达到显著水平，表示数据适合进行因子分析。初次运用主成分分析法和方差最大旋转法进行直交旋转后发现，原来在"地方情结"维度上的 PA3 旋转后显示在"地方认同"维度上。题项 PD4 存在明显的交叉负荷现象，其在两个因子上的载荷值之差小于0.1，考虑将其删除；同时 PI4 因子负荷值低于0.4，故将该题项删除。

表6-10   预调研旅游目的地依恋首次旋转后的成分矩阵

题项编号	成分			
	1	2	3	4
PD1	0.802			
PD2	0.813			
PD3	0.814			
PD4	0.577	0.550		
PI1		0.561		

题项编号	成分			
	1	2	3	4
PI2		0.860		
PI4		0.383		
PA1				0.632
PA2				0.730
PA3		0.658		
PA4				0.755
PS1			0.694	
PS2			0.854	
PS3			0.843	

注：抽取方法：主成分分析法；

旋转方法：含 Kaiser 正态化的 Varimax 法；

旋转在 7 次迭代后收敛。

表中只显示 0.4 以上的因子负荷系数，下同。

将题项 PD4、PI4 删除后进行第二次因子分析，获得了较为清晰稳健的因子结构，如表 6 – 11 所示。此次因子分析的 KMO 值为 0.878，Bartlett 球形检验的近似卡方值为 798.246，自由度为 66，显著性概率值 $p = 0.000 < 0.05$，达到显著水平。各个因子层面的题项变量的因子负荷值均在 0.5 以上，表示潜在变量可以反映各指标变量。4 个因子转轴后的特征值分别为 2.825、2.401、2.253、2.210，4 个因子的解释变异量分别为 23.538%、20.006%、18.775%、18.419%，累计解释变异量为 80.737%。确定了各个因子包含的题项变量后，对 4 个因子及整个量表的信度再次进行检验，Cronbach's α 系数分别为 0.871、0.824、0.834、0.871，整个量表的信度为 0.924，表明因子与量表的信度较好。此次因子分析结果显示，对于题项 PA3，数据分析显示，其在地方认同维度较为合理。经过与已有研究进行比对，发现这一结论与早期研究学者如 Williams 和 Vaske（2003）、Bricker 和 Kerstetter（2000）、Kyle 和 Graefe（2005）结论一致，因此，本书依据分析结果，将这一题项归为地方认同维度中。同

时，为了使题项编号显示清晰，在以后的数据分析中将 PA3 改为 PI3，将 PA4 改为 PA3。

表6-11 预调研旅游目的地依恋二次旋转后的成分矩阵

题项编号	成分			
	1	2	3	4
PD1	0.805			
PD2	0.820			
PD3	0.815			
PI1			0.559	
PI2			0.850	
PA3			0.795	
PA1				0.615
PA2				0.728
PA4				0.763
PS1		0.692		
PS2		0.855		
PS3		0.838		

注：抽取方法：主成分分析法；

旋转方法：含 Kaiser 正态化的 Varimax 法；

a. 旋转在 8 次迭代后收敛。

2. 预调研目的地属性变量量表的因子分析

首先对目的地形象的 7 个题项做 KMO 和 Bartlett 球形检验，KMO 值为 0.780，Bartlett 球形检验的近似卡方值为 270.750，自由度为 21，显著性概率值 $p = 0.000 < 0.05$，适合做因子分析。对目的地品质的 6 个题项检验的结果为：KMO 值为 0.741，Bartlett 球形检验的近似卡方值为 174.351，自由度为 15，显著性概率值 $p = 0.000$；而目的地个性 7 个题项检验的结果为：KMO 值为 0.860，Bartlett 球形检验的近似卡方值为 297.214，自由度为 21，显著性概率值 $p = 0.000$，均适合做因子分析。分别经过正交旋转后的因子分析结果显示，所有测量题项的因子荷载值都在 0.5 以上，具有良好的结构效度。数据分析结果如表6-12 所示。

表6-12　　　　　　　预调研目的地属性变量的因子负荷值

题项编码	因子负荷值	题项编码	因子负荷值	题项编码	因子负荷值
DI2	0.553	DQ1	0.754	DP1	0.703
DI3	0.737	DQ2	0.753	DP2	0.789
DI4	0.735	DQ3	0.816	DP3	0.735
DI5	0.745	DQ4	0.747	DP4	0.670
DI6	0.793	DQ5	0.539	DP5	0.826
DI7	0.798	DQ6	0.540	DP6	0.730
DI8	0.727			DP7	0.789

3. 预调研满意度和忠诚度量表的因子分析

对这一部分的8个题项进行因子分析。限定抽取因素为3，数据分析显示，KMO值为0.858，Bartlett球形检验的近似卡方值为608.185，自由度为28，显著性概率值 p=0.000。旋转后的特征值分别为2.819、2.302、1.637，解释变异量分别为35.236、28.780、20.457，累计解释变异量为84.473%，测量量表达到效度要求。

表6-13　　　　　　　预调研满意度和忠诚度旋转后的成分矩阵

题项编号	成分		
	1	2	3
SA1		0.829	
SA2		0.806	
SA3		0.705	
AL1			0.846
AL2			0.677
CL1	0.694		
CL2	0.885		
CL3	0.819		

注：抽取方法：主成分分析法；

旋转方法：含 Kaiser 正态化的 Varimax 法；

旋转在7次迭代后收敛。

（三）初始量表的净化

本书在信度、效度分析的基础上对初始问卷的测量题项进行了净化，最终得到有效题项 40 个，如表 6 - 14 所示，这些题项的单一因子载荷值都在 0.5 以上，而且没有明显的交叉负荷情况。其中，目的地依恋 12 个题项，目的地形象 7 个题项，目的地品质 6 个题项，目的地个性 7 个题项，满意度 3 个题项，态度忠诚 2 个题项，意向忠诚 3 个题项。通过对每个变量和整个量表进行信度分析发现，Cronbach's α 系数均超过 0.7，说明本书研究量表具有较好的内部一致性。

表 6 - 14　　　　经过信度、效度筛选后保留的题项及信度

变量	测量项目（项目编号）	题项数目	Cronbach's α 系数
旅游目的地依恋	PD1、PD2、PD3；PI1、PI2、PI3；PA1、PA2、PA3；PS1、PS2、PS3	12	0.924
目的地形象	DI2、DI3、DI4、DI5、DI6、DI7、DI8	7	0.850
目的地品质	DQ1—DQ6	6	0.786
目的地个性	DP1—DP7	7	0.867
满意度	SA1、SA2、SA3	3	0.855
态度忠诚	AL1、AL2	2	0.837
意向忠诚	CL1、CL2、CL3	3	0.894

第四节　本章小结

本章重点讲述旅游目的地依恋实证研究设计的具体过程以及量表的净化步骤。首先根据管理学领域量表开发的一般思路确定了本书量表开发的流程，其次根据研究问题和已有文献，生成模型中所有变量的测量题项，并开展小样本的预调研，对有效样本数据进行信度和效度分析，将量表进行净化，形成了最后的正式量表，为下一步正式调研和数据分析的开展做好了准备。

第七章

旅游目的地依恋理论
模型的实证分析

本章运用结构方程方法对旅游目的地依恋理论模型进行实证分析。首先运用正式调研数据对量表的信度和效度进行检验，在确定量表可靠性和有效性达到要求的情况下，再运用结构方程方法对概念模型中变量的结构维度以及潜变量之间的假设关系进行分析。

第一节　正式调研与样本统计

一　正式调研过程介绍

正式调研是实证研究的主要环节。正式调研的规范性和科学性直接影响到最终研究结论的准确性与实用性。本书的正式调研过程严格按照规范的调研程序，主要包括明确调研对象、确定样本规模、发放与收集问卷等环节。

（一）明确调研对象

本书以海滨城市厦门为研究地，从旅游者视角考察目的地依恋的结构维度、影响因素与作用结果。基于此，本书将调查对象确定为"近两年内到过厦门的旅游者"，将时间限定在两年之内，是考虑到调研对象是否拥有与目的地相关的信息、知识以及记忆十分重要，但是如果间隔时间较久，旅游者对目的地的形象、品质等细节影响因素可能会遗忘，尽管他们对目的地也可能会有依恋情感。

（二）确定样本规模

在制定抽样调查方案时，首先要确定样本规模，即确定调查样本中所包含的被调查者数量（风笑天，2007）。一般情况下，社会研究中的样本规模主要受到以下四个方面的影响：总体的规模、估计的把握性与精确性要求、总体的异质性程度和研究者所拥有的经费、人力和时间，正式的调查研究一般要达到 300—1000 的样本规模（风笑天，2009）。除此之外，样本规模还会受到所用研究方法的影响。本书所采用的数据分析方法——结构方程模型通常需要较大的样本才能维持估计的精确性以及代表性。Anderson 和 Gerbing（1988）认为，100—150 是最低标准，Boomsma（1982）认为 400 较为合适（黄芳铭，2005）。如果变量为正态分布且无缺失值，那么简单验证性因子分析模型所需的样本量约为 150。对于多组模型建模，通常的法则是每组 100 个观察对象（王济川，2011）。Gorsuch（1983）指出应该根据题项数目来确定最小样本规模，题项数与样本量的最小比为 1 : 5，能够达到 10—25 倍则评估效果会更好，同时样本规模不能小于 100。刘军（2008）提出，精确的样本量要随着观测值和模型的因子数变化而变化，但一个标准模型至少需要 200 个样本。

参照以上学者提出的样本规模标准，充分考虑本次调研的实际情况以及所用问卷的题项数量（40 个题项）及调研中可能出现的无效问卷，本书拟发放 800—1000 份调研问卷。这样的样本规模能够保证大样本调研的数量要求。

（三）发放与收集问卷

在正式调研阶段，为了保证旅游者来源的广泛性和代表性，本书以网络调研为主、现场发放为辅的形式发放问卷。网络调研在国内最大的在线问卷调研平台"问卷星"（网址：http：//www. sojump. com/）上进行，采取个人上传网站公开发布，并通过 QQ 好友、微信好友、朋友圈、二维码发送等渠道向外推送问卷。被试者可以通过手机、电脑终端点击链接即可开始答题。这样的调研方式既有利于问卷发放范围的扩展，也便于数据的统计处理。为了保证被试者符合本调研的目的，问卷在填写之前设计了前置性问题："请问您近两年内去过以下哪些国内城市旅游：西安、北京、南京、杭州、上海、青岛、厦门、成都、张家界、昆明、其他"，只有点选厦门的被试者才会进入正式的问卷作答环节。同时，研究者利用自己的社会关系，通过询问最近两年旅游的状况，向满足要求的被试者发送链接完成答卷。网上调研时间为 2015 年 3 月 24 日至 5 月 20 日，共发放问卷 807 份。为了防止重复，问卷星平台设定了同一个 IP 地址、同一台电脑只能填写一次，而且通过设置所用时间太少，陷阱题规则来筛选随意填写的答卷。最后获得有效问卷 690 份，网上调研问卷的有效率为 85.5%。

为了能够掌握被试者填写问卷的状况，在正式调研阶段采用了现场发放的辅助形式，通过便利抽样的方法获取样本。这种方式的优点是成本较低、高效省时，调查人员能够了解被试者填写问卷时的状况。当被试者对题意不清楚或不明了时，调查人员可随时随地加以解释说明，以增加被试者答题的正确性，并提高问卷的回收率，以期获得完整的资料。正式调查时间为 2015 年 5 月 10—20 日。调查地点为厦门市内主要景区，包括环岛路、鼓浪屿、南普陀和厦门大学等，累计发放问卷 100 份。为了鼓励旅游者答卷的积极性，提高问卷回收率，调研人员向被试者发送了小礼物，包括明信片、圆珠笔等。问卷回收以后，调查人员进行细致的整理与筛选，去除无效问卷后获得有效问卷 76 份，现场调研问卷的有效率为 76%。

综上所述，借助已有的社会关系和专业问卷平台的帮助对问卷进行了发放与回收，经整理共获得有效问卷 766 份。有效样本数量符合大样本统计分析要求。

二　正式调研样本统计

（一）样本描述性统计分析

正式调研样本情况如表 7-1 所示。在有效样本中，女性居多，占 56.0%；年龄上，主要集中在 19—25 岁、26—35 岁、36—45 岁这三个年龄层次，分别占 19.3%、57.8%、20.4%；职业上，以企业职员和专业/技术/文教人员为主，有效比例分别占 58.4%、18.6%；文化程度上，本科学历的有效比例占 70.7%；月收入上，以 3001—

6000元、6001—10000元为主，有效比例分别占36.1%、37.0%；旅游方式上，以自助旅游为主，有效比例占61.0%；旅游结伴方式上，以家庭、同事和朋友居多，有效比例分别占43.5%、36.1%、12.0%；有71.1%的游客表示是第一次游览目的地。可以看出，样本人口统计特征存在少量缺失值，但这并不影响整体数据的分析。

表7-1　　　　　　　正式调研有效样本的基本特征

统计内容	内容分类	频次	百分比（%）	有效比（%）
性别	男	337	44.0	44.0
	女	429	56.0	56.0
	小计	766	100.0	100.0
年龄	18岁及以下	0	0	0
	19—25岁	148	19.3	19.3
	26—35岁	443	57.8	57.8
	36—45岁	156	20.4	20.4
	46—55岁	17	2.2	2.2
	56岁及以上	2	0.3	0.3
	小计	766	100.0	100.0
职业	学生	71	9.3	9.3
	企业职员	446	58.2	58.4
	政府工作人员	42	5.5	5.5
	专业/技术/文教人员	142	18.5	18.6
	个体经营者	27	3.5	3.5
	其他	36	4.7	4.7
	小计	764	99.7	100.0
文化程度	初中及以下	1	0.1	0.1
	高中/中专	26	3.4	3.4
	大专	88	11.5	11.5
	本科	541	70.6	70.7
	硕士及以上	109	14.2	14.2
	小计	765	99.9	100.0

续表

统计内容	内容分类	频次	百分比（%）	有效比（%）
月收入	1500 元及以下	53	6.9	7.0
	1501—3000 元	57	7.4	7.5
	3001—6000 元	273	35.6	36.1
	6001—10000 元	280	36.6	37.0
	10001 元及以上	94	12.3	12.4
	小计	757	98.8	100.0
旅游方式	参加旅游团	298	38.9	39.0
	自助旅游	466	60.8	61.0
	小计	764	99.7	100.0
旅游结伴方式	独自	45	5.9	5.9
	家庭	333	43.5	43.5
	朋友	276	36.0	36.1
	同事	92	12.0	12.0
	其他	18	2.3	2.4
	小计	764	99.7	100.0
旅游频率	第一次来	542	70.8	71.1
	以前来过	220	28.7	28.9
	小计	762	99.5	100

注：由于四舍五入的原因，各分项百分比之和有可能不完全等于100%；下同。

（二）样本数据描述性统计分析

在进行统计分析之前，需要对输入的数据文件进行检查，观察是否有极端值或错误值。本书在数据检查过程中，发现有两处极端值，通过核实原始问卷对极端值进行了修改。接下来详细介绍有效样本数据的描述性统计分析结果。

1. 样本数据的描述性统计分析

本书量表各测量题项正式调研数据的描述性统计分析如表 7-2 所示，包括各测量题项的均值、标准差、偏度和峰度值。其中，均值表示各个测量题项的平均分值，标准差表示各个测量题项数据的离散程度。偏度系数和峰度系数是检验数据正态分布的两个常用指标。数据呈正态分布是运用结构方程模型进行数据分析的前提条件。根据黄芳铭（2005）的建议，样本数据偏度（skewness）的绝对值小于 3，同时峰度（kurtosis）的绝对值小于 10，即可认为样本数据属于正态分布。从统计结果可以看出，本书各个测量题项样本数据的偏度和峰度值均在可以接受的范围之内，可以进行后续结构方程模型的处理分析。

表 7 – 2　　　　正式调研各测量题项数据的描述性统计分析

题项编码	N	均值	标准差	偏度		峰度	
	统计量	统计量	统计量	统计量	标准误	统计量	标准误
PD1	761	3.80	0.883	− 0.647	0.089	0.406	0.177
PD2	766	3.82	0.903	− 0.608	0.088	0.374	0.176
PD3	766	3.78	1.020	− 0.668	0.088	0.046	0.176
PI1	766	3.92	0.950	− 0.800	0.088	0.410	0.176
PI2	766	3.98	0.938	− 0.905	0.088	0.735	0.176
PI3	766	4.07	0.925	− 1.111	0.088	1.238	0.176
PA1	766	3.94	0.975	− 0.804	0.088	0.297	0.176
PA2	766	3.62	0.975	− 0.500	0.088	− 0.094	0.176
PA3	766	4.01	0.952	− 1.031	0.088	1.011	0.176
PS1	765	4.04	0.934	− 1.045	0.088	0.974	0.177
PS2	766	4.10	0.903	− 1.045	0.088	0.988	0.176
PS3	766	3.96	0.938	− 1.004	0.088	1.048	0.176
DI1	766	3.91	0.895	− 0.866	0.088	0.927	0.176
DI2	766	4.12	0.901	− 1.164	0.088	1.596	0.176
DI3	766	4.07	0.912	− 1.237	0.088	1.885	0.176
DI4	766	4.06	0.923	− 1.215	0.088	1.766	0.176
DI5	766	4.18	0.919	− 1.320	0.088	1.879	0.176
DI6	766	4.14	0.911	− 1.298	0.088	1.966	0.176
DI7	766	4.08	0.958	− 1.161	0.088	1.255	0.176
DQ1	764	3.85	0.975	− 0.842	0.088	0.546	0.177
DQ2	765	3.90	0.924	− 0.821	0.088	0.622	0.177
DQ3	766	3.90	0.945	− 0.795	0.088	0.436	0.176

续表

题项编码	N	均值	标准差	偏度		峰度	
	统计量	统计量	统计量	统计量	标准误	统计量	标准误
DQ4	766	3.93	0.967	-1.019	0.088	1.028	0.176
DQ5	765	3.93	0.938	-0.899	0.088	0.714	0.177
DQ6	765	3.66	0.947	-0.464	0.088	-0.051	0.177
DP1	766	4.18	0.867	-1.358	0.088	2.475	0.176
DP3	766	4.11	0.874	-1.131	0.088	1.621	0.176
DP5	766	3.95	0.863	-0.765	0.088	0.548	0.176
DP6	765	4.29	0.905	-1.570	0.088	2.737	0.177
DP7	765	3.99	0.888	-0.869	0.088	0.796	0.177
SA1	766	4.16	0.905	-1.352	0.088	2.070	0.176
SA2	765	3.95	0.903	-0.946	0.088	1.092	0.177
SA3	766	4.21	0.904	-1.386	0.088	2.196	0.176
AL1	765	4.24	0.913	-1.472	0.088	2.388	0.177
AL2	766	4.23	0.905	-1.332	0.088	1.851	0.176
CL1	765	4.03	0.911	-0.944	0.088	0.734	0.177
CL2	766	4.13	0.900	-1.250	0.088	1.894	0.176
CL3	765	4.21	0.882	-1.325	0.088	2.024	0.177

2. 缺失值处理

如表 7 - 2 所示，正式调研中获得的有效样本数据存在少量的缺失值。一般情况下，处理缺失值的方式有三种：直接删除所在的观测样本、用常数置换、对其进行估计。在实际操作中，第三种方式经常使用，这种方式既保留了样本的信息，又避免了置换的随意性和主观性。SPSS22.0 统计分析软件提供了五种方法用于置换缺失值：序列均值（Series Mean）、临近点的均值（Mean of Nearby Points）、临近点的中位数（Median of Nearby Points）、线性内插法（Linear Interpolation）和点处的线性趋势（Linear Trend at Point）。本书选择了常用的序列均值法来估计替代缺失值。

3. 共同方法偏差检验

本书数据来自自我报告式的调研问卷，被调研者可能会对自变量与因变量做出反应,从而导致共同方法偏差问题。本书在问卷调查采取一系列措施,包括保护被调查者的匿名性、较小对测量目的的猜度、精心编制项目等,尽量控制共同方法偏差的产生。但是有些因素很难克服,如环境因素、答题者习惯等,所以需要对数据进行检验。参考以往研究,本书采用 Harman 单因素检验(Harmon's One Factor Test)方法来对共同方法偏差效应进行检验,即对所有变量进行探索性因子分析,检验未旋转的因子分析结果,如果只析出一个因子或者某个因子解释力特别大,即可判断存在严重的共同方法偏差问题。本书研究发现,在未旋转前析出特征值大于 1 的因子 5 个,第一个因子解释了 38.822% 的变异,没有出现只析出一个因子或某个因子解释方差特别大的情况,可以判定共同方法偏差问题在本书研究中并不突出。

第二节　信效度检验

本节运用正式调研数据对所有变量的信度进行分析,检验问卷的内部一致性程度;然后对正式调研的有效数据进行探索性因子分析,进一步评估量表的结构效度以及测量指标的计量性能。

一　信度检验

本书对量表的信度进行检验,使用的技术是 Cronbach's α 系数和 CITC 系数法,并对测量题项的计量特性做系统性的深入评估。首先对目的地依恋量表信度进行分析。正式调研的旅游目的地依恋量表有 12 个题项。如表 7-3 所示,所有题项的 CITC 系数都高于 0.4,均达到可以接受的水平,各个维度的 Cronbach's α 系数均高于推荐值 0.70,而且整个量表的内部一致性系数为 0.932,这表明经过预调研量表的净化,目的地依恋的子维度的内部一致性较好,并且校正的项总计相关性(CITC)均大于 0.5,表明各题项与共同因子间相关性较高。所以,本书所修正的目的地依恋量表的信度符合计量学的要求。

表7-3   正式调研旅游目的地依恋量表信度分析结果

维度名称	题项编码	CITC	项目删除后的 Cronbach's α 系数	Cronbach's α 系数
地方依赖	PD1	0.636	0.671	0.775
	PD2	0.601	0.706	
	PD3	0.601	0.713	
地方认同	PI1	0.582	0.758	0.786
	PI2	0.636	0.699	
	PI3	0.661	0.673	
地方情结	PA1	0.703	0.723	0.821
	PA2	0.646	0.783	
	PA3	0.676	0.752	
社会联结	PS1	0.608	0.743	0.791
	PS2	0.652	0.696	
	PS3	0.638	0.710	

本书运用正式调研阶段收集的数据进一步对总量表和其他变量的信度进行检验。分析显示，总量表的 Cronbach' α 系数为 0.973，表明数据内部一致性良好。目的地形象、目的地品质、目的地个性、满意度、态度忠诚、意向忠诚 6 个分量表的信度系数介于 0.785—0.889，符合 Fomell 和 Laker（1981）提出的总量表信度大于 0.8、分量表信度大于 0.7 的标准。校正的项总计相关性（CITC）均大于 0.5，说明本书研究的各个题项具有良好的内部一致性，量表具有较高的信度。

表7-4   正式调研其余变量的信度分析结果

变量名称	题项编码	CITC	项目删除后的 Cronbach's α 系数	Cronbach's α 系数
目的地形象	DI2	0.641	0.878	0.889
	DI3	0.676	0.874	
	DI4	0.697	0.871	

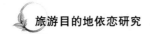

续表

变量名称	题项编码	CITC	项目删除后的 Cronbach's α 系数	Cronbach's α 系数
目的地形象	DI5	0.653	0.877	0.889
	DI6	0.722	0.868	
	DI7	0.733	0.867	
	DI8	0.661	0.876	
目的地品质	DQ1	0.566	0.855	0.862
	DQ2	0.698	0.831	
	DQ3	0.700	0.831	
	DQ4	0.684	0.834	
	DQ5	0.703	0.830	
	DQ6	0.583	0.852	
目的地个性	DP1	0.705	0.860	0.882
	DP2	0.605	0.872	
	DP3	0.695	0.861	
	DP4	0.750	0.854	
	DP5	0.634	0.869	
	DP6	0.699	0.861	
	DP7	0.590	0.874	
满意度	SA1	0.658	0.693	0.793
	SA2	0.579	0.776	
	SA3	0.668	0.681	
态度忠诚	AL1	0.646	—	0.785
	AL2	0.646	—	
意向忠诚	CL1	0.590	0.787	0.801
	CL2	0.688	0.683	
	CL3	0.663	0.711	

二　效度检验

此阶段探索性因子分析的目的是运用正式调研数据进一步评估量表的结构效度以及测量指标的性能。

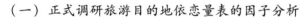

第七章 旅游目的地依恋理论模型的实证分析

（一）正式调研旅游目的地依恋量表的因子分析

运用正式调研数据对旅游目的地依恋量表进行探索性因子分析。采用限定因子个数、主成分抽取法，用正交方差极大值法旋转因子。数据分析结果显示：KMO 值为 0.960，Bartlett 球形检验的近似卡方值为 5139.146，自由度为 66，显著性概率值 p = 0.000 < 0.05，适合做因子分析。分析结果如表 7-5 所示。旋转后得到的 4 个特征值分别为 2.574、2.471、2.344、1.350，分别解释变异量为 21.450%、20.595%、19.535%、11.247%，累计解释变异量为 72.826%。表示抽取的因素相当理想。

表 7-5　　　　正式调研旅游目的地依恋旋转后的成分矩阵

题项编号	成分			
	1	2	3	4
PD1	0.753			
PD2	0.709			
PD3	0.688			
PI1		0.667		
PI2		0.764		
PI3		0.596		
PA1				0.623
PA2				0.668
PA3				0.610
PS1			0.710	
PS2			0.581	
PS3			0.770	

注：抽取方法：主成分分析法；

旋转方法：含 Kaiser 正态化的 Varimax 法；

旋转在 13 次迭代后收敛；

表中只显示 0.5 以上的因子负荷系数，下同。

（二）正式调研目的地属性变量的因子分析

运用正式调研数据对目的地属性变量进行因子分析。数据分析得

173

到的目的地形象的 KMO 值为 0.910，Bartlett 球形检验的近似卡方值
为 2357.281，自由度为 21，显著性概率值 p = 0.000；目的地品质的
KMO 值为 0.855，Bartlett 球形检验的近似卡方值为 1848.493，自由
度为 15，显著性概率值 p = 0.000；目的地个性的 KMO 值为 0.883，
Bartlett 球形检验的近似卡方值为 1911.367，自由度为 21，显著性概
率值 p = 0.000，从该数据统计数值来看，这些变量的量表都适合做探
索性因素分析。经过正交旋转后的因子分析结果显示所有测量题项的
因子荷载值都在 0.5 以上，具有良好的结构效度。

表 7 - 6 　　　　　　正式调研目的地属性变量的因子负荷值

题项编码	因子负荷值	题项编码	因子负荷值	题项编码	因子负荷值
DI2	0.738	DQ1	0.684	DP1	0.537
DI3	0.771	DQ2	0.714	DP2	0.600
DI4	0.786	DQ3	0.771	DP3	0.559
DI5	0.749	DQ4	0.824	DP4	0.597
DI6	0.809	DQ5	0.808	DP5	0.560
DI7	0.817	DQ6	0.763	DP6	0.612
DI8	0.756			DP7	0.538

（三）正式调研满意度和忠诚度量表的因子分析

对这一部分的 8 个题项进行因子分析。限定抽取因素为 3，数据
分析显示，KMO 值为 0.945，Bartlett 球形检验的近似卡方值为
3562.361，自由度为 28，显著性概率值 p = 0.000，量表适合做探索
性因素分析。结果显示，所有题项的因子荷载值都在 0.5 以上，表明
量表具有良好的结构效度。

表 7 - 7 　　　　　　正式调研满意度和忠诚度旋转后的成分矩阵

题项编号	成分		
	1	2	3
SA1		0.710	
SA2		0.907	

题项编号	成分		
	1	2	3
SA3		0.790	
AL1			0.783
AL2			0.731
CL1	0.898		
CL2	0.628		
CL3	0.771		

注：抽取方法：主成分分析法；

旋转方法：含 Kaiser 正态化的 Varimax 法；

旋转在 5 次迭代后收敛。

综上所述，经过信度、效度的检验，本书所使用的问卷均达到要求，可以进行后续的研究假设检验。

第三节　旅游目的地依恋结构维度模型的实证分析

从预调研、正式调研探索性因子分析的结果来看，理论建构所提出的旅游目的地依恋结构维度得到初步的检验。结果表明，因子结构较为清晰，各项指标符合计量学的要求。本节将采用验证性因子分析（Confirmatory Factor Anysis，CFA）对旅游目的地依恋 4 因子模型进行验证，考察验证性因子分析结果是否与研究的理论相吻合，即验证本研究的假设 H1。与探索性因子分析不同，验证性因子分析通常用于检验测量量表的因子结构，主要目的是检验事先定义因子的模型拟合实际数据的能力。如果假设的 CFA 模型数据拟合，则确认理论上的因子结构对于所研究样本时有效的，称为测量量表具有结构效度。结构效度是指某一测量工具能够测到理论概念的程度。CFA 是 SEM 的基础，CFA 可以用于分析概念的结构效度或评估测量量表的因子结构。运用 SEM 模型的第一步就是要保证有拟合数据良好的测量模型（王

175

济川，2011）。

此部分验证性因子分析的目的是：①模型验证，即四因子模型是否能够得到样本数据的支持；②模型比较，即对量表题项所有可能包含的结构模型进行比较，以确定四因子模型是否为最优模型。其中竞争模型包括单因子模型、二因子模型、三因子模型。为了进一步检验量表结构效度，首先对各个维度量表中的题项与各自维度的相关性进行分析。

一　旅游目的地依恋各个维度之间的相关性分析

本书中旅游目的地依恋题项与各自维度之间的相关结果如表7－8所示。可以发现，各个题项与各自维度总分之间的相关系数在0.817—0.946，均达到显著水平，说明各自维度内部的同质性较好。综合前文所述的因子分析结果，各项指标均符合测量学的要求，这都表明目的地依恋量表具有较好的结构效度。

表7－8　　　　题项与各自维度总分之间的相关关系（N＝766）

题项	地方依赖	地方认同	地方情结	社会联结
题项1	0.832**	0.817**	0.873**	0.829**
题项2	0.817**	0.842**	0.844**	0.946**
题项3	0.841**	0.853**	0.856**	0.845**

注：题项1表示相应维度中的第一个项目，其余类推。**表示P<0.01。

二　旅游目的地依恋模型验证性因子分析

结构方程模型的一个重要特征是用整体拟合指标（Overall Fitness Indexes）来检验整体模型与数据的拟合程度。结构方程模型拟合指标分为三种类型：绝对拟合指标、增值拟合指标和简约拟合指标。为了提高模型拟合结论的准确性，需要报告多种拟合指数来评估模型。至少应各报告一个绝对拟合指标、一个增值拟合指标和一个简约拟合指标（王济川，2011）。本书综合使用χ^2/df、RMSEA、TLI、CFI等拟合参数来衡量拟合效果。根据学者黄芳铭（2005）的建议，$\chi^2/df<5$，小于3更好；RMSEA<0.08，小于0.05更好；TLI、CFI通常则要大于0.9。

采用AMOS 22.0软件的极大似然估计程序（Maximum Likelihood

Estimation）对旅游目的地依恋 4 个维度进行验证性因素分析，在四因子模型、三因子模型、两因子模型、单因子模型与二阶模型之间进行对比。二阶模型是在理论上认为存在一级潜在因素可以再反映更高一层的潜在因素，即每一个一级潜在因素皆来自二级潜在因素的直接效果负荷在其因素上（黄芳铭，2005）。

　　验证性因子分析结果显示（见表 7 - 9），四因子模型的各项指标均优于其他竞争模型且达到了理想的水平（$\chi^2/df = 137.825$，df = 48，p < 0.05；RMSEA = 0.049，CFI = 0.983，TLI = 0.972）。从模型比较的重要参数 AIC 和 ECVI 来看，四因子模型的参数值最小，说明该模型的适配度最佳。对于旅游目的地依恋二阶模型拟合指标来看，虽然拟合指数都在可接受范围内，但是与四因子模型比较来看，二阶模型的拟合效果要稍差些。因此，正式样本数据支持旅游目的地依恋四因子的结构。这一研究成果与 Ramkissoon 等（2013）的研究并不一致，在该研究中作者在假设中将目的地依恋模型视为二阶模型，并通过验证性因子分析得出二阶模型的拟合效果是可以接受的，但是并没有与其他竞争性模型相比较。本书通过模型分析比较发现，旅游目的地依恋的四因子模型与数据拟合程度是最好的，也就是说四因子模型是最为理想的。

表 7 - 9　旅游目的地依恋结构验证性因子分析结果比较（N = 766）

模型类别	χ^2	df	χ^2/df	RMSEA	CFI	TLI	AIC	ECVI
零模型 （Null Model）[1]	5227.945	78	67.025					
单因子模型[2]	234.501	54	4.343	0.066	0.965	0.949	306.501	0.401
二因子模型[3]	158.454	53	2.990	0.051	0.980	0.970	232.454	0.304
三因子模型[4]	202.802	51	3.977	0.062	0.971	0.955	280.808	0.367
四因子模型	137.825	48	2.871	0.049	0.983	0.972	221.825	0.290
二阶模型[5]	197.398	51	3.871	0.061	0.972	0.957	275.398	0.360

　　注：1. 在零模型中，所有测量题项之间没有关系；

　　2. 将所有题项归属于同一个潜在因子；

　　3. 将地方依赖、地方情结合并为一个潜在因子，地方认同和社会联结合并为一个潜在因子；

　　4. 将地方情结和社会联结合并为一个潜在因子；

　　5. 认为地方依赖、地方认同、地方情结和社会联结可以反映更高一层的变量。

旅游目的地依恋模型的完全标准化解如图 7 - 1 所示。接下来运用验证性分析结果评估模型的结构效度（Construct Validity）。结构效度的评价指标主要有两个：收敛效度和判别效度。收敛效度是指同一维度不同测量条目之间的相关性（刘顺忠，2009）。根据 Hair 等（2006）的建议，收敛效度的判断标准为：①各题项的因子负荷应超过 0.6，并且 p 值显著；②每个变量的平均抽取方差（Average Variance Extracted，AVE）必须大于 0.5；③建构信度（Composite Reliability，CR）必须大于 0.6。建构效度是衡量潜在变量指标的一致性程度，表达的是信度的含义。根据图 7 - 1，所有题项的因子负荷均超过 0.6，并且 p 值显著。从表 7 - 10 来看，各个维度的建构效度和平均抽取方差均达到标准，而且表示各个题项信度的 R^2 范围 0.506—0.652。说明测量模型具有良好的收敛效度。

表 7 - 10   旅游目的地依恋题项信度和维度的
建构效度和平均抽取方差

维度名称	R^2	建构效度	平均抽取方差
地方依赖	0.548	0.774	0.538
	0.506		
	0.648		
地方认同	0.532	0.788	0.553
	0.549		
	0.579		
地方情结	0.652	0.821	0.605
	0.519		
	0.646		
社会联结	0.564	0.791	0.556
	0.579		
	0.532		

判别效度（Discriminant Validitiy）是指不同变量测量之间的可区分性。Fornell 和 Larcker（1981）认为，如果各个变量解释的方差大

于该变量与其他变量的共同方差，则说明量表有较高的判别效度。也就是说，每个变量的平均抽取方差的平方根要大于其与其他变量的相关系数。表7-11报告了各个维度之间的相关系数和每个维度的平均抽取方差平方根，结果显示所有维度均满足要求，说明不同维度之间具有较好的判别效度。

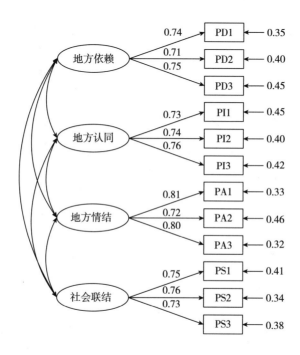

图7-1 旅游目的地依恋四因子模型完全标准化解

表7-11 旅游目的地依恋各维度相关系数与判别效度

维度名称	均值	标准差	地方依赖	地方认同	地方情结	社会联结
地方依赖	3.811	0.774	**0.733**			
地方认同	3.990	0.785	0.716**	**0.744**		
地方情结	3.857	0.830	0.661**	0.666**	**0.778**	
社会联结	4.053	0.777	0.676**	0.699**	0.733**	**0.746**

注：表格对角线上的加粗数字为对应变量的平均抽取方差平方根（$\sqrt{\text{AVE}}$），非对角线数字为变量间相关系数。**表示 P<0.01。

据此，旅游目的地依恋的四因子模型是比较理想的模型结构，与预先的理论模型吻合。而且通过探索性因子分析、验证性因子分析结果来看，目的地依恋四因子模型具有较好的信度和效度，具有一定程度的稳定性与预测力。所以，本书研究的假设 H1 得以支持。

三　旅游目的地依恋结构维度结论分析

本书在已有文献分析的基础上，结合扎根理论发现和问卷调查的方式归纳了旅游目的地依恋的构成维度，发展出一个有地方依赖、地方认同、地方情结和社会联结四个维度的本土文化背景下的旅游目的地依恋量表，再通过验证性因子分析进行了检验，最终确定旅游目的地依恋包括 4 个维度 12 个题项。

本书研究所得到的四个维度与西方相关研究成果既有相同之处，也有不同之处。地方依赖和地方认同两个基本维度在大量的研究中得以验证，而另外两个维度只有少数学者在研究中涉及，如 Kyle 和 Graefe（2005）在研究徒步旅游者发展了社会联结维度，Yuksel 等（2010）在分析度假游客的依恋情感时运用了地方情结维度，只有 Ramkissoon 等（2013）在探讨国家公园游客的地方依恋时提出了四个维度的框架结构。虽然本书的 4 个维度与 Ramkissoon 等（2013）的研究结果一致，但是本书研究数据更好地说明旅游目的地依恋是一个包括四个维度的一阶模型，这与 Ramkissoon 等（2013）所认为的二阶模型不同。此外，在维度内题项的表述上也与 Ramkissoon 等（2013）以及其他学者的研究结果存在很大差异。比如，Yuksel 等（2010）和 Ramkissoon 等（2013）在地方认同这一维度中，都包含"游览 X 在很大程度说明我是谁"，在本书量表初期发展阶段，因为受访者无法理解含义而被删除。本书研究保留下且得以验证的地方认同题项是早期研究学者如 Williams 和 Vaske（2003）、Bricker 和 Kerstetter（2000）所使用的题项，包括"我觉得此次厦门旅游对我很有意义""厦门对我来讲很特别"。还有些题项所在的因子与这些研究成果也有差别，如"我觉得此次厦门旅游对我很有意义"在本书研究中的因子分析中是在地方认同维度，而在 Yuksel 等（2010）和 Ramkissoon 等（2013）是在地方情结维度。关于地方联结维度，本书研究根据汉语表达的习惯进行了修改。这从很大程度上说明在运用源自西方学者的量表时需要进行相应的修正。

本书认为，旅游目的地依恋结构维度的发展体现了学者对这一概念认识的不断深入。"作为旅游者与特定的情感联结"，旅游目的地依恋到底包含哪些内涵，从最初的功能满足和自我认同，逐步发展到地方情结和社会联结，这都表明了旅游者与目的地的"互动"或"对话"过程的深层次演进过程。而且这些细腻的情感构成在中国本土背景中也得到验证，这说明国内游客在实施旅游活动或选择目的地时会有意识或无意识地从情感诉求角度考虑，并在旅游活动过程中追求这些情感诉求的实现。

第四节　旅游目的地依恋影响
关系模型的实证分析

本节目的是检验旅游目的地依恋影响关系模型，检验假设 H2 至 H11 是否成立。模型中共有 7 个潜变量，目的地形象、目的地品质、目的地个性、目的地依恋、满意度、态度忠诚和意向忠诚，而旅游频率和旅游方式是显变量，可以直接测量。根据学者 Anderson 和 Gerbing（1988）的观点，在检验结构方程模型之前，研究人员应首先评估测量模型，然后再对假设路径进行分析。因此，在目的地依恋影响关系模型的验证过程中，具体操作步骤为：运用验证性因子分析法评估测量模型的效度，然后在变量相关关系分析基础上检验结构模型与研究假设，并进一步分析变量影响路径之间的直接和间接关系。

一　旅游目的地依恋影响关系测量模型

运用 AMOS22.0 软件中的极大似然程序对旅游目的地依恋影响关系测量模型进行验证性因子分析。为了减少结构方程中待估计的参数数量，加强计量指标的可靠性和参数估计的稳定性，本书遵从 Mathieu 和 Farr（1991）的建议，用维度所有题项的均值来代表该维度。结果显示，测量模型的 $\chi^2 = 1417.231$，df = 493，$\chi^2/df = 2.875$，小于 3，RMSEA 为 0.050，CFI 为 0.942，TLI 为 0.931，均大于 0.9，拟合指标达到标准，表明测量模型与数据的拟合程度较好。

表 7 – 12 测量模型验证性因子分析结果

变量	题项	标准化因子负荷	t 值	平均抽取方差（AVE）	建构信度（CR）
目的地形象	DI2	0.699	—	0.537	0.890
	DI3	0.716	18.855		
	DI4	0.744	19.576		
	DI5	0.710	18.700		
	DI6	0.763	20.064		
	DI7	0.779	20.460		
	DI8	0.713	18.786		
目的地品质	DQ1	0.615	16.101	0.500	0.856
	DQ2	0.620	16.237		
	DQ3	0.703	18.237		
	DQ4	0.790	20.578		
	DQ5	0.781	20.366		
	DQ6	0.714	—		
目的地个性	DP1	0.669	17.011	0.495	0.871
	DP2	0.726	18.311		
	DP3	0.730	18.416		
	DP4	0.788	17.437		
	DP5	0.685	17.380		
	DP6	0.503	13.015		
	DP7	0.782	—		
目的地依恋	PD	0.819	28.732	0.745	0.921
	PI	0.899	34.254		
	PA	0.859	—		
	PS	0.873	32.355		
满意度	SA1	0.794	—	0.566	0.796
	SA2	0.693	20.627		
	SA3	0.767	23.469		

续表

变量	题项	标准化因子负荷	t 值	平均抽取方差（AVE）	建构信度（CR）
态度忠诚	AL1	0.797	—	0.647	0.785
	AL2	0.811	25.324		
意向忠诚	CL1	0.688	24.704	0.580	0.805
	CL2	0.798	20.462		
	CL3	0.794	—		

　　根据对测量模型的验证性因子分析来看，除 DP6 外，其余变量测量题项的因子负荷超过了 0.6（因子负荷值在 0.503—0.899），并且高度显著（t 值在 13.015—34.254）。关于每个变量的平均抽取方差，除目的地个性略低于 0.5 外，其余变量的平均抽取方差均大于 0.5。所有变量的建构信度均大于 0.6。因此，根据 Hair 等（2006）建议的收敛效度标准判断，测量模型具有较高的收敛效度。

　　通常情况下，具有因果关系的变量之间应具有一定的相关关系，相关分析结果可以初步验证变量之间的关系。因此，本书对各个变量之间的相关关系进行了分析。表 7 - 13 报告了测量模型所有变量的相关关系，可以看出，旅游目的地依恋与目的地形象（r = 0.703，p < 0.01）、目的地品质（r = 0.651，p < 0.01）、目的地个性（r = 0.663，p < 0.01）正向相关；同时，旅游目的地依恋与旅游者的满意度（r = 0.732，p < 0.01）、态度忠诚（r = 0.749，p < 0.01）和意向忠诚（r = 0.742，p < 0.01）呈正向相关。本书中所提假设初步得到了验证，具体的影响关系和影响大小将在接下来的结构模型分析中获得。同时，从该表中还可以看出，每个变量的平均抽取方差的平方根均大于其与其他变量的相关系数，说明变量之间具有较好的判别效度。

表 7 - 13　　　　　　　　　变量相关关系与判别效度

	目的地形象	目的地品质	目的地个性	旅游目的地依恋	满意度	态度忠诚	意向忠诚
目的地形象	**0.733**						

	目的地形象	目的地品质	目的地个性	旅游目的地依恋	满意度	态度忠诚	意向忠诚
目的地品质	0.730**	**0.707**					
目的地个性	0.701**	0.667**	**0.704**				
旅游目的地依恋	0.703**	0.651**	0.663**	**0.863**			
满意度	0.654**	0.657**	0.624**	0.732**	**0.804**		
态度忠诚	0.680**	0.665**	0.639**	0.749**	0.717**	**0.787**	
意向忠诚	0.661**	0.648**	0.661**	0.742**	0.686**	0.717**	**0.762**

注：表格对角线上的加粗数字为对应变量的平均抽取方差平方根（$\sqrt{AVE}$），非对角线数字为变量间相关系数。**表示 P < 0.01。

二　旅游目的地依恋影响关系结构模型

采用 AMOS22.0 软件进行结构方程模型分析，检验所提出的假设。数据结果显示：$\chi^2 = 1628.564$，df = 511，$\chi^2/df = 3.187$，小于 5，RMSEA 为 0.053，小于 0.08，CFI 为 0.930，TLI 为 0.919，均大于 0.9，拟合指标达到了要求，表明结构模型与数据的拟合程度较好。最终的模型分析结果与各个待估系数的标准化估计值见图 7 - 2。

假设 H2 提出目的地形象对旅游目的地依恋有显著的正向影响，结果显示 $\beta = 0.385$，t = 4.525，假设 H2 得以支持；假设 H3 提出目的地品质对旅游目的地依恋有显著的正向影响，结果显示 $\beta = 0.288$，t = 6.585，假设 3 得以验证；假设 H4 提出目的地个性对旅游目的地依恋有显著的正向影响，结果显示 $\beta = 0.325$，t = 4.609，假设 H4 得以支持；假设 H5 认为旅游频率对旅游目的地依恋有显著的正向影响，结果显示 $\beta = 0.046$，t = 2.626，假设 H5 得到支持；假设 H6 提出旅游方式对旅游目的地依恋有显著的正向影响，结果显示 $\beta = -0.008$，t = -0.432，假设 H6 未得到支持；假设 H7 提出旅游目的地依恋对满意度有显著的正向影响，数据显示 $\beta = 0.888$，t = 23.689，假设得到支持；假设 H8 提出旅游目的地依恋对态度忠诚有显著的正向影响，结果显示 $\beta = 0.096$，t = 1.184，假设未得到支持；假设 H9 提出旅游目的地依恋对意向忠诚有显著的正向影响，结果显示 $\beta = 0.232$，t = 3.074，假设得到支持；假设 H10、H11 提出满意度对态度忠诚、意向忠诚有显著的正向影响，结果显示 H10 的 $\beta = 0.831$，t = 9.437，H11 的 $\beta = 0.697$，t = 8.557，均得到支持。因此，在提出的 11 个假设中，除假设 H6、H8 外，其余假设均得到支持。

　　根据图 7 - 2 中所确定的路径关系，本书分别计算出变量之间的影响效应。从表 7 - 14 可以看出，满意度在旅游目的地依恋和忠诚度影响关系之间发挥的中介作用。对于忠诚度的两个维度，态度忠诚和意向忠诚，满意度在旅游目的地依恋和态度忠诚关系之间起着完全中介作用，而在旅游目的地依恋和意向忠诚关系之间起着部分中介作用。旅游目的地依恋对态度忠诚的影响是通过满意度的间接效应发挥作用的，而其对意向忠诚的影响，一部分来自两者之间的影响，另一部分是通过满意度而起作用。而且从影响效应系数来看，满意度所起到的间接影响效应均大于其直接影响效应。

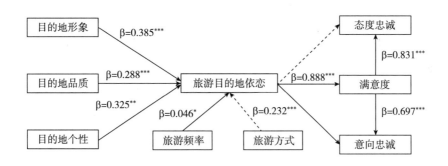

图 7 - 2　模型参数估计

注：＊表示 P＜0.1，＊＊表示 P＜0.05，＊＊＊表示 P＜0.01，双尾检验。

　　分析结果显示，复合相关系数（Squared Multiple Correlation，SMC）表明目的地形象、目的地品质、目的地个性和旅游频率的直接影响能解释旅游目的地依恋 89.6% 的变异（SMC = 0.896）；对于满意度，78.9%（SMC = 0.789）的变异能够被解释；对于态度忠诚，82.8%（SMC = 0.828）的变异能够被其他所有变量的总影响所解释，而对于意向忠诚，84.1% （SMC = 0.841） 的变异能够被其他所有变量的总影响所解释。

表 7 - 14　　　　　　　　　　变量之间的影响效应

假设	路径	直接影响效应	间接影响效应	总影响效应	检验结果
H2	目的地形象→目的地依恋	0.385	—	0.385	支持
H3	目的地品质→目的地依恋	0.288	—	0.288	支持
H4	目的地个性→目的地依恋	0.325	—	0.325	支持
H5	旅游频率→目的地依恋	0.046	—	0.046	支持
H6	旅游方式→目的地依恋	—	—	—	不支持
H7	目的地依恋→满意度	0.888	—	0.888	支持
H8	目的地依恋→态度忠诚	—	0.738	0.738	不支持
H9	目的地依恋→意向忠诚	0.232	0.619	0.851	支持
H10	满意度→态度忠诚	0.831	—	0.831	支持
H11	满意度→意向忠诚	0.697	—	0.697	支持

三　旅游目的地依恋影响关系机理分析

（一） 目的地属性变量对旅游目的地依恋的影响

由图 7 - 2 可以发现，在旅游者感知的目的地属性变量中，目的地形象、目的地品质和目的地个性均对旅游目的地依恋有不同程度的影响效应。其中，目的地形象是影响旅游目的地依恋形成最为重要的因子（$\beta = 0.385$）。旅游目的地依恋是旅游者对目的地自然和人文形象互动形成的情感反应。这一点与 Prayag 和 Ryan （2012） 和国内学者范钧等 （2014） 的研究相一致。而且从因子负荷量可以看出，目的地形象的两个题项（DI6 空气质量、DI7 城市环境） 分值较高，分别为 0.77、0.78，说明旅游者对目的地的整体环境形象的认知对目的地依恋的形成具有很大的贡献。目的地的空气质量、城市环境越高，旅游者对目的地依恋的强度越高。调查结果表明，86.06%[1]的被调查者

---

① 被调查者持 "完全同意" 和 "同意" 观点的比例之和，下同。

认为厦门的空气质量较高，有 85.55％ 的被调查者认为厦门的城市环境良好，说明在国内很多城市面临严重环境问题的现实背景下，追求宜人的生活环境、优美的自然风光是驱动人们前往游览进而产生目的地依恋情感的重要原因。本书认为，旅游地形象与旅游目的地依恋的这种关系反映了现代旅游者以追求情感体验为核心的旅游方式。经过多年的经济持续增长，国内全民旅游的时代已经到来，旅游者愈加重视旅游过程中的个体感受，而目的地依恋理论较好地解释了旅游的本质——追求愉悦，对于现代旅游者来讲，这种精神需要可以进一步细分为功能满足、情感认同、地方情结以及社会联结。旅游地不仅仅是旅游者参观游览、休闲娱乐的物质空间，更是他们追求释放压力、完善自我、建立情感的地方，而旅游目的地也由于大量游客的造访被赋予了新的意义和价值。

目的地个性对旅游目的地依恋的正向影响效应为 0.325。旅游者从自身感知的角度，赋予目的地一系列人格特质。旅游体验过程中引发的情感是决定旅游者游后行为的重要因素。实证研究结果，目的地个性是驱动旅游者依恋情感形成的另一重要因素。在调查中发现，旅游者赋予研究地——厦门的个性特征有浪漫、文艺、温馨、美丽、悠闲和现代等，在整理旅游者的点评帖子时发现，旅游者对目的地个性描述占据了点评总量的较大比例。这些个性特征在促进旅游者依恋情感虽然都起到显著作用，但是重要性有差别。根据结构方程模型分析结果，因子负荷值较高的个体特征为"DP2 文艺""DP3 温馨""DP5 精致""DP7 现代"，分别为 0.73、0.73、0.68、0.68。这说明，影响旅游者依恋情感产生的原因并非局限于旅游资源的吸引力，旅游者对目的地个性的认知也起着重要的作用。目的地个性体现了目的地的象征性意义，承载着旅游者的文化价值观和信念，更倾向于向旅游者提供象征性或自我表达功能，也就是说，目的地个性本身就代表了目的地的情感性价值。本书的调查地——厦门，有着鲜明的个性特征，以其"温馨""文艺"的外在特征和"精致""现代"的生活品位，更容易引起人们向往自由生活、追求高品质生活的情感共鸣，并借此产生依恋情感。

目的地品质对旅游目的地依恋的正向影响效应为 0.288。目的地品质展示了旅游者对目的地产品整体优越性的评价，这是旅游者在旅游过程最为直接关注的特征。目的地品质所展现的价值众多，如提供游客到访的理由、与其他目的地产品差异化及优质的服务、合理的价格等，对旅游目的地依恋情感的形成越有利。结构模型结果显示，目的地品质所在题项中"DQ3 旅游服务质量""DQ4 信息查询""DQ5 公共卫生""DQ6 旅游接待（如住宿、餐饮）价格合理"的因子负荷值较高，说明这些要素对于目的地品质和目的地依恋的影响关系起着更为重要的作用。再对这些题项的均值分析发现，均值结果均在 3.90 以上[①]，说明被调查者对研究地的这些要素给予了较高的评价。这一结果与研究地——厦门市的旅游发展实践相吻合。近年来，厦门市非常重视城市服务质量建设，构建了旅游服务质量、安全生产、教育培训、公共服务和市场监测五大保障体系（厦门市旅游局，2013），城市发展和旅游业发展的整体协同作用不断增强。随着城市服务水平的推进，国内外游客对厦门市的满意度一直处于较高水平，旅游到访人数持续增长。值得说明的是，到厦门旅游的游客中，大多数都为散客。在正式调研中，自助游客占 61%。相比于团队旅游，自助游客由于积累了一定的出行经验，对旅游活动的品质以及相应的情感诉求更高，他们对舒适的服务环境、及时准确的信息咨询以及方便快捷的交通等服务最为关注，而这些服务已经超越了传统的旅游行业管理范畴，涉及目的地整体的公共管理与服务水平。为现代旅游者提供便利化的旅游服务既是旅游目的地步入更高发展阶段的需要，也是旅游目的地管理部门所必须承担的职责。

（二）旅游者特征变量对旅游目的地依恋的影响

本书中使用旅游者特征变量中旅游频率和旅游方式作为旅游者与目的地互动程度的替代变量。路径分析结果显示，旅游频率对旅游目的地依恋具有显著的影响作用，但是路径系数较低，为 0.046。旅游

---

① 一般认为，李克特 5 点量表中，均值在 1—2.4 表示反对，2.5—3.4 表示中立，3.5—5 表示赞同。

频率代表了旅游者与目的地互动的强度，两者之间的显著关系已经得到本书的证实，也与Tsaur等（2014）的研究结论相吻合。这意味着，旅游者多次到访目的地的行为直接影响目的地依恋的形成，旅游频率越高，旅游目的地依恋情感会提升，与研究先验判断相同。在本研究中，有28.9%的旅游者是重游游客。重游游客和初游游客对目的地依恋的均值分别为4.02、3.89，对其进行方差分析发现，两者具有显著的差异（p = 0.025）。

对于另一个代表互动强度的特征变量是旅游方式，路径分析结果显示其对旅游目的地依恋的影响并不显著。这可能是因为，旅游目的地依恋作为旅游者一种较高层次的情感，主要取决于旅游者内心的感知和评价，无论是走马观花式的团体旅游，还是深度体验的自助旅游，其依恋情感都可以实现。就如同我国旅游业发展初期，旅游者旅游方式多是通过旅行社来实施，但是这种方式依然会给旅游者带来美好的回忆和体验，形成与目的地积极的情感联结。

（三）旅游目的地依恋的影响效应

旅游目的地依恋对旅游者满意度具有显著的正向影响，路径系数为0.888。在正式样本统计中，衡量旅游者满意度态度的题项均值都在3.80以上，说明随着目的地依恋的形成，旅游者会表现出更高的满意度。因此，可以说旅游者对目的地依恋的形成会产生一种类似与"晕轮效应"的影响，当人们怀着对目的地正面的情感时，会倾向于给予其旅游过程中的服务、活动等环节积极的评价，从而带来更高的满意度。

旅游目的地依恋对旅游者态度忠诚和意向忠诚具有不同的影响效应，仅对意向忠诚的影响是显著的，影响路径系数为0.232。这说明旅游目的地依恋会对旅游者未来的重游、积极评价以及口碑宣传行为产生积极的影响。这证明目的地依恋是驱动旅游者与目的地行为关系建立的重要因素。目的地依恋与忠诚度的影响关系反映了大众旅游时代旅游者情感诉求的重要性。随着旅游业的深入发展和旅游者的不断成熟，旅游是人们追求快乐和幸福的一种方式，个人的情感体验在其忠诚行为中发挥着显著作用。当旅游者与特定目的地建立情感联结后，就会表现出对这个特定地方的眷恋，并伴随多次重游行为的发生，成为目的地最为忠诚的客源市场。特别是对于旅游目的地依恋与重游行为的关系，在前面的影响关系中已经证明旅游次数越多，目的地依恋情感越高；在结果关系中发现目的地依恋情感会驱动旅游者再次游览目的地，这初步说明了旅游目的地依恋与重游行为是一种相互影响的关系，多次游览促进了依恋的形成，依恋的形成又会进一步驱动再次游览，两者之间的相互影响关系充分说明了旅游目的地依恋在建立积极的旅游者与目的地关系中发挥着重要的作用。

第五节　本章小结

本章在对正式调研数据质量检验的基础上，对旅游目的地依恋的结构维度模型和影响关系模型进行了结构方程模型分析，并对实证结果进行了详细讨论。整体来说，本书所建构的理论模型得到了数据的支持。实证分析表明本研究提出的旅游目的地依恋四个维度的结构模型是最为理想的。旅游者感知的目的地属性变量——目的地形象、目的地品质和目的地个性均对旅游目的地依恋有显著的正向影响，旅游频率对目的地依恋具有较小但显著的影响，而旅游目的地依恋的形成对旅游者的满意度和忠诚行为也具有不同程度的影响。所以，旅游目的地依恋在联结旅游者积极行为和目的地方面起着重要的作用。

第八章

研究结论与展望

在实证研究的基础上，本章概括了研究结论，对旅游目的地依恋概念和含义进行了深度认识，并对研究结论可能的应用前景以及对于目的地管理和营销的启示进行分析，最后归纳出本书的局限和不足，并提出未来的研究设想。

第一节　研究结论

一　研究结论

旅游社会学家 Urry（2002）认为，"旅游是一个消费地方的过程，除此无其他"。在"旅游成为美好生活方式"的时代背景下，旅游目的地是现代流动性社会的缩影，是深度审视现代社会目的地依恋的一个窗口。从建构主体上来看，短暂停留的旅游者对目的地的依恋可能更多源于对日常生活的逃离或对旅游世界的向往，扮演着消费地方环境、文化"外来者"的角色。旅游目的地依恋作为表达旅游者与特定旅游目的地情感联结的重要概念，是分析旅游者与目的地关系有效的理论工具。本书在系统梳理文献的基础上，建构了旅游目的地依恋模型，重点分析了目的地依恋的维度结构和影响关系机理。本书的结论主要体现在以下四个方面：

（一）旅游目的地依恋具有多维度特征

地方依恋的维度特征由 Williams 和 Roggenbuck（1989）首次提

出，该模型在大量的实证研究中得以应用。国内学者在使用这一概念时，采用的是直接的"拿来主义"的做法，尽管这样做保证了研究的信度，但是却没有对国内研究地的情境进行深入的考量。本书通过扎根理论研究、实证检验分析，发现国内研究地情境的旅游目的地依恋具有四维度的结构特征，分别是地方依赖、地方认同、地方情结和社会联结。这反映了国内旅游者与目的地情感联结包含着丰富的内涵，除了功能满足、情感认同，还包括与目的地的情结以及通过发展社会联系形成的对目的地持久的依恋情怀。这充分说明旅游者对目的地的情感诉求是多元化的。同时分析还发现，旅游者对研究地——厦门的社会联结维度的均值（M = 4.053）较高，其次是地方认同（M = 3.990），然后是地方情结（M = 3.857）和地方依赖（M = 3.811），所以旅游者非常重视社会联结。当然这一结论可能在不同类型的研究地中会有差异，在本书正式调查样本中，以家庭为旅游结伴方式的占43.5%，他们更希望通过参与此次旅游活动与家人共同分享美好的时光，发展更为和谐的家庭关系。而且本书研究所在的研究地——厦门更适合于携带亲人的休闲度假旅游。

（二）目的地属性特征对旅游目的地依恋具有显著的影响

人的行为会随着环境的不同而产生变化。虽然两者之间的联系十分复杂，但不可否认环境是影响行为模式的重要因素。旅游活动的异地性和暂时性决定了目的地依恋的形成必然会受到目的地属性的影响。以往研究中，学者对地方依恋的研究多关注于社会特征的影响，而对环境特征的关注相对较少。本书表明，目的地依恋会受到目的地形象、品质和个性的显著影响。这说明，目的地的属性是决定旅游者与目的地互动质量的重要因素。

（三）旅游目的地依恋对满意度和意向忠诚行为具有显著的影响

本书研究表明，旅游目的地依恋情感是其满意度和意向忠诚行为的显著影响因素，这是本研究的重要价值之一。旅游者具有较高水平的依恋情感时，其满意度和意向忠诚度就会越高。而且，从影响路径系数来看，目的地依恋对满意度、忠诚行为的影响强度很大。所以说，从人地关系的角度来看，"旅游者对目的地的依恋"和"旅游者对目的地的行为"具有直接的影响关系。对旅游者而言，个体与目的地在情感上的联结使旅游者逐渐形成"局内人"的心态，促使旅游者在旅行过程中产生情感上的满足和心理上的认同，与目的地建立起正面的情感，并在重游和推荐行为上表现出更强烈的意愿。

（四）满意度在旅游目的地依恋和忠诚度关系之间发挥着中介作用

"满意决定忠诚"这一结论在本书研究中得以验证，而且满意度在旅游目的地依恋和忠诚度关系中起到中介作用。但是，对于忠诚度的两个维度：态度忠诚和意向忠诚，满意度的中介作用并不相同。由于旅游目的地依恋对态度忠诚的影响效应不显著，因此满意度在旅游目的地依恋和态度忠诚的关系中起到完全中介作用，而在旅游目的地依恋和意向忠诚的关系中起到部分中介作用。而且从影响系数来看，尽管旅游目的地依恋直接影响满意度和意向忠诚，但是满意度中介作用的影响效应更大。该结论进一步厘清了旅游目的地依恋与满意度、忠诚度的具体关系，为深刻理解"旅游目的地依恋→满意度→忠诚"的复杂路径提供了客观的实证依据。

二 旅游目的地依恋再认识

本书研究结论对于深刻理解旅游目的地依恋的含义和本质有着重要意义，主要体现在以下两个方面：

第一，旅游目的地依恋是旅游者与目的地互动产生的一种积极的情感体验。

旅游目的地依恋是人地情感关系嵌入旅游目的地层面的重要课题。本书经过扎根理论研究发现，旅游目的地依恋包括地方依赖、地方认同、地方情结和社会联结4个方面，后续的实证研究验证了这一结构维度模型的科学性和合理性。旅游目的地依恋是旅游者与目的地互动产生的一种正面的情感体验，4个维度展示了旅游者情感体验的不同方面：地方依赖表达了旅游者对目的地功能方面的诉求；地方认同表达的是旅游者与目的地精神方面的互动结果；地方情结是旅游者对目的地直接的情感表达；社会联结则表明了旅游者的社会情感需要。旅游活动本身可以为人们带来情感上的满足，它不禁使人们去发现美，去寻求人生的真谛，让人们思考生活的价值，思考自由和责任的真正含义。与旅游目的地的情感联结是旅游者的基本需要，其丰富的内涵体现了现代旅游者情感诉求的多元化。

第二，旅游目的地依恋的本质是高质量的人地关系。

旅游目的地依恋是旅游者与特定目的地互动形成的情感关系。旅游世界逸出并独立于日常生活世界（谢彦君，2006）。旅游活动的异质性和暂时性决定了旅游者对目的地的依恋情感必然会受到目的地特征和属性的影响。本书提出了旅游目的地依恋影响关系模型揭示了旅游者与目的地的互动作用，实证结果验证了目的地层面中目的地形象、品质和个性对目的地依恋的显著影响，而且目的地依恋对旅游者的满意度和意向忠诚具有显著的影响效应。该结果充分说明了，目的地依恋更是一种高质量的人地关系，这种关系能带来积极正向的情感结果以及更高的游客忠诚。该结论对于丰富旅游地理学的人地关系理论具有重要意义。

第二节　研究应用前景

一　应用于旅游目的地营销领域

旅游目的地依恋研究可以应用于旅游目的地营销领域。目的地依恋研究的重要价值之一在于它有积极的行为驱动性。本书研究表明，目的地依恋对于旅游者的重游、积极评价和向他人推荐行为有显著影响。旅游目的地依恋表达了旅游者与目的地方属性互动作用形成的积极的情感联结。旅游者对目的地产生依恋，是与目的地建立个人联系的过程。这对于旅游目的地应对激烈的市场竞争、吸引和维持更多游客前来消费提供了有意义的指导。

尽管旅游目的地依恋情感具有较强的主观性，但是会受到旅游地属性特征的影响。旅游目的地管理者在维护与旅游者的情感联结方面应该注意以下三个方面：第一，旅游目的地宣传形象与实际形象要保持统一，若两者显然不一致，导致旅游者由宣传形象诱导形成的好感会受到削弱甚至消失，会对更具稳定性的依恋情感的形成带来很大的阻力。第二，目的地依恋的形成基于对目的地服务质量的评价以及对替代性目的地的比较评价。只有持之以恒地为旅游者提供高质量的旅游体验，才能真正维护与旅游者长久的情感联系。这需要旅游目的地管理部门及时关注旅游者的依恋水平和主要的影响因素，并积极通过访谈法和抽样调查收集游客意见，进行归纳和整理，为旅游目的地营销和管理提供持续改进的依据。第三，目的地依恋的形成还与旅游目的地的个性特征具有显著的关联。旅游者与目的地个性容易产生共鸣，从某种意义上这些个性也代表了旅游者的价值观和内心的情感诉求。因此，旅游目的地在塑造或传播自身的个性时，要充分考虑主要客源市场的偏好，以便使旅游者产生积极的联想与认同。

二 应用于旅游目的地资源管理领域

旅游目的地资源管理是国外地方依恋应用研究的重要领域。在国内的资源管理中还没有深入考虑该因素的影响。长期以来，在经济绩效为主要目标的发展理念指导下，国内旅游资源地的发展虽然一直强调经济效益、社会效益和环境效益的统一，但是在实际操作过程中，仍然以经济效益最大化为导向，资源与环境本身具有的历史价值、科学价值和艺术价值，以及地方情感和精神上的意义和价值往往被忽视。资源管理者一直将旅游者提供高质量的体验视为重要目标，但是在操作环节却无计可施，或者只是从自身角度考虑服务的水平、环境的质量，而对旅游者的真正需求以及偏好了解甚少，或者只是基于市场调研的分析结果采取针对不同细分市场的策略。

旅游目的地依恋研究表明，情感因素在旅游者选择目的地以及在目的地实施的行为中起着重要的影响。因此，对于资源管理者而言，需要获悉旅游者来到资源地的情感诉求是什么，这种情感诉求是来自哪些具体的方面，他们的定期到访行为有哪些具体的体现。特别是对于很多大规模的自然游憩区，旅游者的活动行为经常固定在几个有限的活动区域，这既有可能是因为旅游线路设计的问题，更有可能是旅游者在这些区域实施的旅游活动对他们而言有着特定意义。因此，旅游资源地在实施资源管理，甚至在处理旅游拥挤问题、疏散旅游客流等具体问题时，应该重点分析这些现象背后的真正原因，旅游者内心强烈的情感诉求使他们在目的地宁愿忍受拥挤、花费更多时间成本也要到期待已久的现场一睹为快。所以，旅游目的地依恋理论有助于资源地管理者识别旅游者的真正需求，调查获悉旅游者最为重视的空间，了解旅游者必须要游览的景区或景点，然后根据这些信息对旅游者的空间移动行为做出相应的预测，并采取更为人性化的措施对旅游者流动做出有效处理。

三　应用于旅游规划领域

旅游目的地依恋理论可以应用于旅游规划中。旅游规划的重要任务是对其进行差异化定位。成功的定位方式可以有效地避免旅游目的地产品之间的雷同和恶性竞争。在今天旅游目的地竞争愈加激烈的情形下，从市场或旅游者角度进行定位已经成为主流。因此，目的地依恋理论有助于规划者更为关注旅游者对目的地的情感诉求，寻找引起旅游者情感共鸣的因素，从而有效提升旅游规划的实际效用。

在实际的旅游规划中，旅游者的诉求以及目的地对于旅游者的情感价值要体现在旅游规划的不同环节中。比如，在旅游地资源的评价环节中，了解旅游者对资源的认知，对旅游者的情感诉求进行全面调查，并将这些情感诉求与目的地资源特点进行合理匹配，对资源地的价值进行全面的评估。在旅游定位环节，侧重于旅游者对目的地的文化认同，因为文化上的认同是最易引发人们共鸣的要素，对旅游者地方认同因素的挖掘和整理是最有市场影响力的定位方式。在具体的旅游活动项目策划中，既要评估旅游项目对目的地特质的影响，又要将资源地的精神因素或者地方意义合理地注入旅游活动中，实现旅游地资源特质与旅游者需求的有效结合。在旅游规划流程中，可在规划前期增加基于旅游者视角的依恋调查研究，了解旅游者最为关注的物质要素和精神意义，在规划过程中广泛征询社会各界的参与，从发展方向、项目建设和景观设计等多方面考虑旅游者诉求以及与其他利益群体的协调。在旅游形象宣传中，可以依据旅游者的情感诉求设计不同的宣传口号，或者根据不同旅游群体不同的情感诉求采取不同的形象宣传方式，提升旅游形象传播的效率。

第三节　研究局限与研究展望

一　研究局限

本书在全面梳理相关文献的基础上，运用质性研究方式构建了旅游目的地依恋理论模型，并采用严格的量化研究方法对理论模型进行了验证，希望得到更有解释力和说服力的模型。然而，由于时间、条件的限制以及个人能力的欠缺，本书尚存在以下三个方面的局限。

（一）研究方法的局限

本书对旅游目的地依恋的分析采用的是管理学的研究范式。尽管考虑到目的地依恋现象的复杂性，尝试使用了质性研究方法建构概念模型，量化的研究结果基本证实了概念模型的合理性，但是能否揭示现象内在的逻辑关系仍然需要画一个问号。本书采用的研究范式虽然做到了对研究变量测量的准确化和研究关系的数字化，但是这种偏重计量方法的研究传统，植根于科学实证的认识论，却缺乏对旅游者主观体验细节进行充分的描述。

（二）研究情境的局限

尽管研究结果显示旅游目的地依恋四维度模型和影响关系模型具有一定的预测性和稳定性。但是目的地依恋是一个情境化的问题，在不同的空间背景下仍然会存在差异。本书选择的是海滨度假地，这一研究情境本身具有的特点极有可能引发人们的依恋情感。而且本书的调查样本是近期内游览过厦门的旅游者，虽然这样做能有效控制目的地类型因素的影响，提升了研究的内部效度，但也使研究的外部效度受到一定影响。此外，本书对旅游目的地依恋的量表进行了科学的修正，仍然需要在不同的目的地类型中进行验证，从而总结出更具普适价值的旅游目的地依恋测量量表。

（三）研究广度的限制

旅游目的地依恋既根植于人文地理学的地方理论，又表征着旅游者心理活动的本质。本书主要探讨了目的地层面特征对目的地依恋的影响，以及目的地依恋对旅游者忠诚行为的影响。近年来，关于目的地依恋对个体其他行为的影响研究受到国外学者的重视。因此，目的地依恋作为一种情感现象，其影响机制是一个复杂的问题，既有个体因素也有情景因素，本书研究成果证实了部分影响变量的关系，未来的研究应做进一步的探索，以更深入地了解目的地依恋的作用机制。

二　研究展望

美国营销学者 Hausman 等（2006）认为，"依恋是一个充满希望、值得研究的重要课题"。由于旅游目的地依恋理论与目的地管理、旅游者行为学的紧密关系，目的地依恋理论可以为旅游目的地营销、游客管理提供理论导向，拓展当前相关研究的深度和广度。为此，应该关注旅游目的地依恋理论的未来发展方向，深化旅游目的地依恋理论和实证研究。本书认为需要在以下方面进一步深化。

（一）完善研究方法

目前，地方依恋研究多数采用量表测量、数量统计分析方法。但是目的地依恋是人类情感的表达，有着复杂的形成过程，也涉及认知、情感等心理过程的不同层面。未来的研究应该重视质性方法的影响，如现象学方法、案例研究、文本分析等，从历史发展的角度对旅游目的地依恋进行纵向的历时研究，结合科学客观的定量分析，对研究对象的发展变迁与现象还原或许更具解释力。此外，旅游目的地依恋涉及地理学、心理学、营销学等不同的学科，应该积极尝试相关学科的理论和方法进行多视角研究，推动旅游目的地依恋多学科融合研究的开展。

（二）分析实用价值

旅游目的地依恋研究的价值还在于解决一系列现实问题，比如旅游需求的增加、旅游资源的使用、旅游目的地建设等。本书研究表明，具有较高依恋情感的旅游者会有再次游览和向他人推荐的行为，因而会刺激旅游需求的增加；Kyle 等（2004）通过对 1561 名背包客的调查研究发现地方依恋的程度会影响人们对空间拥挤的认知。所以对于旅游目的地依恋的实用价值还需要进一步探讨。特别是在中国城市经济迅速发展和城镇化水平不断提高的现实背景下，旅游目的地依恋具有怎样的特殊性，以什么方式发挥自身的价值。对这些问题的深入研究，不仅有助于丰富旅游目的地营销理论和目的地依恋理论，而且对旅游目的地制订切实可行的目的地游客管理计划具有重要的指导意义。

（三）探讨旅游者心理因素的影响

本书虽然探讨了旅游频率、旅游方式等个体特征变量对于旅游目的地依恋的影响，但是并没有深入分析旅游者心理影响因素对旅游目的地依恋的影响。今后应对旅游者个性特质和心理变量展开研究，挖掘影响旅游目的地依恋形成的心理根源，寻找识别关键的影响因素，如旅游者的旅游经历、期望、态度等如何在旅游目的地依恋形成过程中发挥作用。旅游目的地依恋作为一种具有行为驱动性的变量，对旅游者的其他行为具有怎样的影响效应。对于这些问题的回答，还需要做更加深入和细致的研究。

（四）关注不同群体旅游目的地依恋的异质性

现代旅游者从传统的景区走向广泛的目的地空间，延伸到居民的日常生活，当地居民休闲活动和外地游客旅游已经交融在一起。这意味着在自然空间表现上，旅游目的地具有"居与游"双重功能，"居"表达了城市居民个体存在的"栖居性"，"游"则体现了外来游客存在的"流动性"，构成了旅游目的地"居/游"集合的画面。在人文场所意义上，旅游目的地不仅是旅游者观光游览、休闲度假的物质空间，还是他们追求愉悦、发展自我、寄托情感之所在，是旅游流动性下的"居/游"双重关系的展开以及现实表征的复杂性、叠加性以及冲突性，尤其是旅游者和本地居民在旅游需求和情感偏好上存在"异质性"，他们共同流动于旅游目的地空间中，彼此之间不可避免产生公共资源使用、利益诉求上的矛盾。因此，以共享理念引领旅游目的地发展，推动多元主体和谐共生，促进主客良好的社会互动实现价值共创，是现代旅游目的地转型升级中的关键。如何满足旅游者和居民多元化的情感诉求，打造"居"与"游"双重功能共生的旅游目的地空间，共享旅游发展成果是旅游目的地依恋未来研究的重要方向。

附　录

正式调查问卷

问卷编码□□□

各位游客朋友们：

　　由衷感谢您抽出时间填写此次问卷，本研究的目的在于了解您对厦门旅游目的地的评价。问卷采用匿名填写，所有答案均无对错好坏之分，仅做学术研究使用，我们将对您填写的所有信息严格保密，请放心填答。请您对题项的同意程度在合适的分数上画"√"。

　　　　　　　　　　　　　　　　　厦门大学管理学院旅游与酒店管理系

一　请问您对此次厦门之行的评价

	完全同意	同意	一般	不同意	完全不同意
1. 厦门的旅游资源很丰富	5	4	3	2	1
2. 厦门的交通比较便利	5	4	3	2	1
3. 厦门的旅游服务质量较好	5	4	3	2	1
4. 厦门的信息咨询比较方便	5	4	3	2	1
5. 厦门的公共卫生很好	5	4	3	2	1
6. 厦门的旅游接待（如住宿、餐饮）价格合理	5	4	3	2	1

二　请问您对厦门旅游环境的评价

	完全同意	同意	一般	不同意	完全不同意
1. 我喜欢厦门的旅游环境胜过其他旅游地	5	4	3	2	1
2. 厦门的旅游设施比其他旅游地更能满足我的要求	5	4	3	2	1
3. 厦门给我的旅游体验，其他旅游地无法替代	5	4	3	2	1
4. 我很认同厦门的生活方式	5	4	3	2	1
5. 我觉得此次厦门旅游对我很有意义	5	4	3	2	1
6. 厦门对我来讲很特别	5	4	3	2	1
7. 我对厦门非常留恋	5	4	3	2	1
8. 我对厦门有较强的归属感	5	4	3	2	1
9. 我希望在厦门停留更长的时间	5	4	3	2	1
10. 我的很多朋友或家人都很喜欢厦门	5	4	3	2	1
11. 来厦门旅游对我们而言很重要，因为每个人都很开心	5	4	3	2	1
12. 在厦门旅游中与家人或朋友建立的关系对我很重要	5	4	3	2	1

三　您认为厦门的形象

	完全同意	同意	一般	不同意	完全不同意
1. 厦门的娱乐活动很丰富	5	4	3	2	1
2. 厦门有多样化的植物	5	4	3	2	1
3. 厦门有独特的民俗文化	5	4	3	2	1
4. 厦门有著名的人文景观	5	4	3	2	1
5. 厦门空气质量很好	5	4	3	2	1
6. 厦门有著名的城市环境	5	4	3	2	1
7. 厦门有优美的"3S"（阳光、大海、沙滩）景观	5	4	3	2	1

四 您认为厦门的特征

完全同意→完全不同意					完全同意→完全不同意				
1. 浪漫	5	4	3	2	1	2. 文艺	5	4	3	2	1
3. 温馨	5	4	3	2	1	4. 美丽	5	4	3	2	1
5. 精致	5	4	3	2	1	6. 悠闲	5	4	3	2	1
7. 现代	5	4	3	2	1						

五 您对此次厦门旅游之行的评价

	完全同意	同意	一般	不同意	完全不同意
1. 我认为此次旅游所花费的时间和精力是值得的	5	4	3	2	1
2. 我对厦门的所有旅游预期都得以实现	5	4	3	2	1
3. 我认为来厦门旅游是正确的选择	5	4	3	2	1
4. 厦门是一个很好的旅游目的地	5	4	3	2	1
5. 我很喜欢厦门	5	4	3	2	1
6. 我很有可能未来一段时间再来厦门	5	4	3	2	1
7. 我会向他人积极评价厦门	5	4	3	2	1
8. 我很有可能将厦门推荐给他人	5	4	3	2	1

六 关于您

1. 性别：□男　　　　□女

2. 年龄：□18 岁及以下　□19—25 岁　□26—35 岁　□36—45 岁 □46—55 岁　□56 岁及以上

3. 职业：□学生　□企业职员　□政府工作人员　□专业/技术/文教人员　□军人　□个体经营者　□其他

4. 文化程度：□初中及以下　□高中/中专　□大专　□本科 □硕士及以上

5. 个人月收入（元）：□1500 元及以下　　□1501—3000 元
□3001—6000 元　　□6001—10000 元　　□10001 元及以上

6. 您来自＿＿＿＿＿省（市）

7. 本次旅游您采用的方式为：□参加旅游团　　□自助旅游

8. 您本次旅游同行情况是：□独自　　□家庭　　□朋友　　□同事
□其他

9. 您本次到厦门旅游主要出于以下哪种动机（单选）：

□休闲度假　　□观光游览　　□探亲访友　　□宗教朝拜　　□出差
□其他

10. 您本次到厦门停留＿＿＿＿＿天。

11. 请问您是第一次来厦门吗？□是的　　□不是，这是近两年之
内第＿＿＿＿＿次来厦门。

12. 请问您此次来厦门的交通方式为：□火车　　□飞机　　□自驾
□汽车　　□轮船　　□其他

再次感谢您的合作，祝您旅途愉快！

参考文献

阿巴斯·塔沙克里查、尔斯·特德莱：《混合方法论：定性方法和定量方法的结合》，重庆大学出版社 2010 年版。

艾尔·芭比：《社会研究方法》（第十一版），华夏出版社 2009 年版。

艾少伟等：《城市回族社区的地方性——基于开封东大寺回族社区地方依恋研究》，《人文地理》2013 年第 6 期。

安艳芳：《定性资料计算机分析软件 NVivo 应用解析》，《中国科技信息》2012 年第 5 期。

八城薰等：《个人性初始风景与心理差异对旅游地选择偏好的影响》，《人文地理》2005 年第 5 期。

白凯：《旅游者行为学》，科学出版社 2013 年版。

保罗·贝尔、托马斯·格林等：《环境心理学》，朱建军等译，中国人民大学出版社 2009 年版。

仇立平：《社会研究方法》，重庆大学出版社 2008 年版。

陈向明：《质的研究方法与社会科学研究》，教育科学出版社 2000 年版。

陈向明：《扎根理论的思路和方法》，《教育研究与实验》1999 年第 4 期。

陈悦等：《CiteSpace 知识图谱的方法论功能》，《科学学研究》2015 年第 2 期。

陈永昶等：《导游与游客交互质量对游客感知的影响——以游客感知风险作为中介变量的模型》，《旅游学刊》2011 年第 8 期。

陈振明：《社会研究方法》，中国人民大学出版社 2012 年版。

陈忠卫：《质化研究与量化研究的范式差异及融合趋势——兼论在管理学界的应用》，《管理学家（学术版）》2012 年第 3 期。

戴斌等：《游客满意：国家战略视角下的理论建构与实践进路》，《旅游学刊》2014 年第 7 期。

戴光全、梁春鼎：《基于扎根理论的节事场所依赖维度探索性研究》，《地理科学》2012 年第 7 期。

樊景立等：《实证研究的设计与评价》，载陈晓萍、徐淑英、樊景立：《组织与管理研究的实证方法》（第二版），北京大学出版社 2012 年版，第 125 页。

范钧：《旅游地意象、地方依恋与旅游者环境责任行为——以浙江省旅游度假区为例》，《旅游学刊》2014 年第 1 期。

范莉娜等：《三维视域下的国外地方依恋研究述评》，《人文地理》2014 年第 4 期。

冯声尧、谢姚妮：《扎根理论：一种新颖的质化研究方法》，《现代教育论丛》2001 年第 6 期。

范秀成等：《顾客满意带来什么忠诚？》，《管理世界》2009 年第 2 期。

风笑天：《方法论背景中的问卷调查法》，《社会学研究》1994 年第 3 期。

风笑天：《社会学研究方法》（第三版），中国人民大学出版社 2009 年版。

风笑天：《再谈样本规模和调查回收率》，《社会学研究》2007 年第 6 期。

高静、焦勇兵：《基于多案例扎根分析的旅游者—目的地品牌关系研究》，《旅游科学》2014 年第 5 期。

郭金玉、李峥：《量表引进的过程及评价标准》，《中华护理杂志》2012 年第 3 期。

古丽扎伯克力等：《地方依恋研究进展：概念、理论与方法》，《首都师范大学学报》（社会科学版）2011 年第 5 期。

高权、钱俊希：《"情感转向"视角下地方性重构研究——以广州猎德村为例》,《人文地理》2016 年第 4 期。

黄芳铭:《结构方程模式——理论与应用》,中国旅游出版社
2005 年版。

侯杰泰、成子娟:《结构方程模型的应用及分析策略》,《心理学
探新》1999 年第 1 期。

亨利·阿塞尔:《消费者行为和营销策略》,韩德昌等译,机械工
业出版社 2000 年版。

何琼峰:《中国国内游客满意度的内在机理和时空特征》,《旅游
学刊》2011 年第 9 期。

黄向、保继刚:《场所依赖(Place attachment):一种游憩行为现
象的研究框架》,《旅游学刊》2006 年第 9 期。

黄潇婷:《基于时空路径的旅游情感体验过程研究——以香港海
洋公园为例》,《旅游学刊》2015 年第 6 期。

黄潇婷等:《从地域人到区域人假设的提出——旅游移动视角下
关于地方感的思考》,《旅游学刊》2019 年第 6 期。

黄向、温晓珊:《基于 VEP 方法的旅游地地方依恋要素维度分
析——以白云山为例》,《人文地理》2012 年第 6 期。

何雨、石德生:《社会调查中的"扎根理论"研究方法探讨》,
《调研世界》2009 年第 5 期。

黄震方、黄睿:《基于人地关系的旅游地理学透视与学术创新》,
《地理研究》2015 年第 1 期。

胡正凡、林玉莲:《环境心理学》(第三版),中国建筑工业出版
社 2012 年版。

黄震方、李想:《旅游目的地形象的测量与分析——以南京为
例》,《南开管理评论》2002 年第 3 期。

贾旭东、谭新辉:《经典扎根理论及其精神对中国管理研究的现
实价值》,《管理学报》2010 年第 5 期。

姜岩、董大海:《品牌依恋理论研究探析》,《外国经济与管理》
2008 年第 2 期。

蒋逸民:《作为"第三次方法论运动"的混合方法研究》,《浙江

社会科学》2009 年第 10 期。

凯西·查马兹等：《扎根理论：客观主义与建构主义方法》，重庆大学出版社 2007 年版。

刘丹萍、金程：《旅游中的情感研究综述》，《旅游科学》2015 年第 2 期。

刘国华、王红国：《旅游目的地形象测量：基于国外文献的研究》，《旅游学刊》2010 年第 6 期。

李宏：《旅游目的地形象测量的内容与工具研究》，《人文地理》2007 年第 2 期。

李宏：《旅游目的地形象测量方法与应用研究》，南开大学出版社 2012 年版。

李杰、陈超美：《CiteSpace：科技文本挖掘及可视化》，首都经济贸易大学出版社 2016 年版。

梁健、樊景立：《理论构念的测量》，载陈晓萍、徐淑英、樊景立：《组织与管理研究的实证方法》（第二版），北京大学出版社 2012 年版。

刘军：《管理研究方法——原理与应用》，中国人民大学出版社 2008 年版。

林锦屏：《〈改变世界的十大地理思想〉评介》，《地理学报》2010 年第 4 期。

龙江智、王苏：《深度休闲与主观幸福感——基于中国老年群体的本土化研究》，《旅游学刊》2013 年第 2 期。

劳伦斯·纽曼：《社会研究方法——定性和定量的取向》，郝大海译，中国人民大学出版社 2007 年版。

刘顺忠：《组织学习能力对新服务开发绩效的影响机制研究》，《科学学研究》2009 年第 3 期。

梁宁建：《当代认知心理学》，上海教育出版社 2003 年版。

罗文斌等：《城市特征对城市游客满意度的影响——基于 Probit 模型的定量分析》，《旅游学刊》2013 年第 11 期。

吕晓峰：《环境心理学：内涵、理论范式与范畴述评》，《福建师范大学学报》（哲学社会科学版）2011 年第 3 期。

刘逸等：《基于大数据的旅游目的地情感评价方法探究》，《地理研究》2017 年第 6 期。

刘逸等：《游客对自然和人文旅游资源的情感画像差异研究》，《旅游学刊》2019 年第 10 期。

吕洋洋、白凯：《旅游交易网站消费者评价维度研究——以携程网为例》，《旅游科学》2014 年第 28 期。

骆泽顺、林璧属：《旅游情境下内隐—外显地方依恋模型研究——基于心理学视角》，《旅游学刊》2014 年第 12 期。

美国国家研究院地学、环境与资源委员会地球科学与资源局重新发现地理学委员会编：《重新发现地理学：与科学和社会的新关联》，黄润华译，学苑出版社 2002 年版。

明庆忠：《试论旅游学研究的理论基础》，《昆明大学学报》2006 年第 2 期。

母泽亮、李露苗：《基于旅游者感知的旅游目的地品牌个性研究——以重庆旅游品牌为例》，《重庆师范大学学报》（自然科学版）2013 年第 2 期。

马耀峰等：《旅游服务感知评价模型的实证研究》，《人文地理》2006 年第 1 期。

宁梅：《当代西方理论界对"地方"理论的建构》，《贵州社会科学》2011 年第 9 期。

潘莉等：《地方依恋元素和强度分析——基于青年游客的质性研究》，《旅游科学》2014 年第 2 期。

R. J. 约翰斯顿：《哲学与人文地理学》，蔡云龙、江涛译，商务印书馆 2001 年版。

R. J. 约翰斯顿主编：《人文地理学词典》，柴彦威等译，商务印书馆 2004 年版。

邵隽：《旅游者关系生命周期与目的地关系营销策略——以主题公园为例》，《旅游学刊》2007 年第 1 期。

苏珊·汉森编：《改变世界的十大地理思想》，肖平、王方雄译，商务印书馆 2009 年版。

孙九霞等：《跨学科聚焦的新领域：流动的时间、空间与社会》，《地理研究》2016 年第 10 期。

孙晓娥：《深度访谈研究方法的实证论析》，《西安交通大学学报》（社会科学版）2012 年第 3 期。

孙晓娥：《扎根理论在深度访谈研究中的实例探析》，《西安交通大学学报》（社会科学版）2011 年第 6 期。

宋秀葵：《段义孚人文主义地理学生态文化思想研究》，博士学位论文，山东大学，2011 年。

唐建南、郭楼庆：《"地方感"的失落：重读〈俄亥俄州瓦恩斯堡镇〉》，《外语研究》2011 年第 3 期。

［美］托马斯·库恩：《科学革命的结构》，金吾伦、胡新和译，北京大学出版社 2003 年版。

汤澍等：《深度休闲、游憩专门化与地方依恋的关系研究——以紫金山登山游憩者为例》，《生态经济》2014 年第 12 期。

唐文跃：《地方感研究进展及研究框架》，《旅游学刊》2007 年第 11 期。

唐文跃：《旅游地地方感研究》，社会科学文献出版社 2013 年版。

唐文跃：《皖南古村落居民地方依恋特征分析：以西递、宏村、南屏为例》，《人文地理》2011 年第 3 期。

唐雪琼等：《流动性视角下边界的空间实践及其意义：以云南省河口县中越边境地区 X 村为例》，《地理研究》2016 年第 8 期。

唐晓云：《繁荣遮盖下的旅游地社会分化——兼论民族旅游地的可持续发展》，《旅游学刊》2014 年第 4 期。

吴传钧：《人地关系地域系统的理论研究及调控》，《云南师范大学学报》（哲学社会科学版）2008 年第 2 期。

王长征、刘毅：《人地关系时空特性分析》，《地域研究与开发》2004 年第 1 期。

王济川等：《结构方程模型：方法与应用》，高等教育出版社 2011 年版。

万基财等：《九寨沟地方特质与旅游者地方依恋和环保行为倾向的关系》，《地理科学进展》2014 年第 3 期。

王佳果、王尧：《基于 NVivo 软件的互联网旅游文本的质性分析——以贵州黔东南肇兴的旅游者文本为例》，《旅游论坛》2009 年第 1 期。

王坤等：《文化旅游区游客涉入对地方依恋的影响测评》，《人文地理》2013 年第 3 期。

吴丽霞、赵现红：《旅华外国游客旅游体验质量评价实证研究》，《地理与地理信息科学》2007 年第 3 期。

吴明隆：《问卷统计分析实务：SPSS 操作与应用》，重庆大学出版社 2010 年版。

王跃伟、陈航：《基于 Logistic 增长模型的旅游目的地品牌流行度分析》，《旅游学刊》2009 年第 4 期。

王跃伟：《我国滨海旅游业的发展现状及对策分析》，《海洋信息》2010 年第 3 期。

王争艳等：《依恋内部工作模式的研究概述及探讨》，《心理科学进展》2005 年第 5 期。

熊帼：《大学生的地方依恋特征与形成机制——基于南京仙林大学城的调查》，《人文地理》2013 年第 5 期。

谢家琳：《理论构念的测量》，载陈晓萍、徐淑英、樊景立：《组织与管理研究的实证方法》（第二版），北京大学出版社 2012 年版。

徐伟等：《老字号品牌个性、认同与忠诚——个性量表开发与评价》，《财经论丛》2013 年第 7 期。

徐晓坤等：《社会情绪的神经基础》，《心理科学进展》2005 年第 4 期。

肖潇等：《基于 ITCM 的旅游者地方依恋价值评估——以九寨沟风景区为例》，《地理研究》2013 年第 3 期。

谢彦君：《基础旅游学》（第三版），中国旅游出版社 2011 年版。

谢彦君：《旅游体验的情境模型：旅游场》，《财经问题研究》2005 年第 12 期。

徐云杰：《社会调查设计与数据分析》，重庆大学出版社 2011 年版。

谢彦君、谢中田：《现象世界的旅游体验：旅游世界与生活世界》，《旅游学刊》2006 年第 4 期。

尤莉：《第三次方法论运动——混合方法研究 60 年演变历程探析》，《教育学报》2010 年第 3 期。

杨妮等：《基于 SEM 的城市旅游形象与游客行为意愿关系研究——以西安市为例》，《干旱区资源与环境》2015 年第 2 期。

杨昀：《地方依恋的国内外研究进展述评》，《中山大学研究生学刊（自然科学与医学版）》2011 年第 2 期。

余意峰、丁培毅：《旅游目的地忠诚度：一个历时态的概念模型》，《旅游科学》2013 年第 5 期。

余意峰、熊剑平：《国外旅游目的地忠诚度研究进展》，《世界地理研究》2010 年第 2 期。

张朝枝、张鑫：《流动性的旅游体验模型建构——基于骑行入藏者的研究》，《地理研究》2017 年第 12 期。

余勇、田金霞：《骑乘者休闲涉入，休闲效益与幸福感结构关系研究——以肇庆星湖自行车绿道为例》，《旅游学刊》2013 年第 2 期。

郑称德：《基于跨案例扎根分析的商业模式结构模型研究》，《管理科学》2011 年第 4 期。

张春晖、白凯：《乡村旅游地品牌个性与游客忠诚：以场所依赖为中介变量》，《旅游学刊》2011 年第 2 期。

左大康：《现代地理学辞典》，商务印书馆 1990 年版。

张红川：《论定量与定性研究的结合问题及其对我国心理学研究的启示》，《北京师范大学学报》（人文社会科学版）2001 年第 4 期。

朱竑：《城市空间变迁背景下的地方感知与身份认同研究——以广州小洲村为例》，《地理科学》2012 年第 1 期。

朱竑、高权：《西方地理学："情感转向"与情感地理学研究述评》，《地理研究》2015 年第 7 期。

赵慧娟、龙立荣：《个人—组织匹配的研究现状与展望》，《心理科学进展》2004 年第 1 期。

朱竑、刘博：《地方感、地方依恋与地方认同等概念的辨析及研究启示》，《华南师范大学学报》（自然科学版）2011 年第 1 期。

张宏梅等：《旅游目的地形象结构与游客行为意图——基于潜在消费者的本土化验证研究》，《旅游科学》2011 年第 1 期。

张敬伟：《扎根理论研究法在管理学研究中的应用》，《科学管理研究》2010 年第 1 期。

张凌云：《非惯常环境：旅游核心概念的再研究——建构旅游学研究框架的一种尝试》，《旅游学刊》2009 年第 7 期。

郑鹏：《旅游目的地整体形象认同的影响因素及差异研究——以郑州国内市场为例》，《干旱区资源与环境》2014 年第 7 期。

张天问、吴明远：《基于扎根理论的旅游幸福感构成——以互联网旅游博客文本为例》，《旅游学刊》2014 年第 10 期。

钟行明、喻学才：《国外旅游目的地研究综述——基于 Tourism Management 近 10 年文章》，《旅游科学》2005 年第 3 期。

邹永广：《"驴友"旅游安全事故成因机理研究——基于扎根理论范式的质性分析》，《旅游科学》2014 年第 3 期。

郑荣娟等：《基于扎根理论的美国游客中国意象研究》，《旅游科学》2014 年第 4 期。

张中华等：《国外旅游地感知意象研究的地方观解构》，《旅游学刊》2008 年第 3 期。

张姿、刘文：《成人依恋：研究取向、问题与展望》，《心理研究》2013 年第 3 期。

李娟等：《基于关系互动的绿色品牌权益测量维度构建》，《企业经济》2018 年第 5 期。

刘燕等：《感知价值对酒店品牌依恋的影响机制：一个有调节的中介模型》，《旅游学刊》2019 年第 4 期。

王兆峰、向秋霜：《景观感知和地方依恋对居民文化补偿认知的影响与分异》，《经济地理》2020 年第 5 期。

Aaker D. , A. , *Strategic Market Management* , （3rd Edition） New

York: John Wiley and Sons, 1984.

Aaker J. L. , "Dimensions of brand personality", *Journal of Marketing Research*, Vol. 34, No. 3, 1997.

Adey P. , *Mobility*, London and New York: Routledge, 2009.

Ainsworth M. , et al. , *Patterns of attachment: A Psychological Study of the Strange Situation*, London: Psychology Press, 1978.

Ajzen I. , *From Intentions to Actions: A Theory of Planned Behavior*, Berlin: Springer, 1985.

Albers P. C. , James W. R. , "Travel Photography: A Methodological Approach", *Annals of Tourism Research*, Vol. 15, No. 1, 1988.

Amir Y. , "Contact Hypothesis in Ethnic Relations", *Psychological Bulletin*, Vol. 71, No. 5, 1969.

Anderson J. C. , Gerbing D. W. , "Structural Equation Modeling in Practice: A Review and Recommended two – step Approach", *Psychological Bulletin*, Vol. 103, No. 3, 1988.

Auburn T. , Barnes R. , "Producing Place: A Neo – Schutzian Perspective on the 'Psychology of Place' ", *Journal of Environmental Psychology*, Vol. 26, No. 1, 2006.

Baker D. A. , Crompton J. L. , "Quality, Satisfaction and Behavioral Intentions", *Annals of Tourism Research*, Vol. 27, No. 3, 2000.

Ball A. D. , Tasaki L. H. , "The Role and Measurement of Attachment in Consumer Behavior", *Journal of Consumer Psychology*, Vol. 1, No. 2, 1992.

Baloglu S. , McCleary K. W. , "A Model of Destination Image Formation", *Annals of Tourism Research*, Vol. 26, No. 4, 1999.

Barcus, H. R. , Brunn, S. D. , "Place Elasticity: Exploring a New Conceptualization of Mobility and Place Attachment in Rural America", *Geografiska. Annaler: Series B, Human Geography*, Vol. 92, No. 4, 2010.

Beckley T. M. , "The Relative Importance of Sociocultural and Ecological Factors in Attachment to Place", *United States Development of Agricul-*

ture Forest Service General Technical Report, 2003.

Beerli A. , Martin J. D. , "Factors Influencing Destination Image", *Annals of Tourism Research*, Vol. 31, No. 1, 2004.

Benoit W. L. , "Another Visit to the Theory of Image Restoration Strategies", *Communication Quarterly*, Vol. 48, No. 1, 2000.

Billig M. , "Sense of Place in the Neighborhood, in Locations of Urban Revitalization ", *GeoJournal*, Vol. 64, No. 2, 2005.

Boǧaç C. , "Place Attachment in a Foreign Settlement", *Journal of Environmental Psychology*, Vol. 29, No. 2, 2009.

Bonaiuto M. , et al. , "Indexes of Perceived Residential Environment Quality and Neighbourhood Attachment in Urban Environments: A Confirmation Study on the City of Rome", *Landscape And Urban Planning*, Vol. 65, No. 1, 2003.

Bondi L. , "Making Connections and Thinking through *Emotions*: Between Geography and Psychotherapy", *Transactions of the Institute of British Geographers, New Series*, Vol. 30, No. 4, 2005.

Bowlby J. , *Attachment: Attachment and Loss vol.* 1, London: Hogarth, 1969.

Bowlby J. , *Attachment: Attachment and Loss vol.* 2, New York: Basic Books, 1973.

Bowlby J. , *Attachment: Attachment and Loss vol.* 3, New York: Basic Books, 1980.

Breakwell G. M. , *Coping with Threatened Identities*, London: Methuen, 1986.

Bricker K. S. , Kerstetter D. L. , "Level of Specialization and Place Attachment: An Exploratory Study of Whitewater Recreationists", *Leisure Sciences*, Vol. 22, No. 4, 2000.

Brislin R. W. , "Back – translation for cross – cultural Research", *Journal of Cross – cultural Psychology*, Vol. 1, No. 3, 1970.

Brown G. , Raymond C. , "The Relationship between Place Attachment and Landscape Values: Toward Mapping Place Attachment", *Applied Geography*, *Vol. 27*, *No. 2*, *2007*.

Buhalis D. , "Marketing the Competitive Destination of the Future", *Tourism Management*, Vol. 21 , No. 1 , 2000.

Burns J. P. , Bruner M. S. , "Revisiting the Theory of Image Restoration Strategies", *Communication Quarterly*, Vol. 48 , No. 1 , 2000.

Cai L. A. , Woods R. H. , "China's Tourism Service Failure", *Cornell Hotel and Restaurant Administration Quarterly*, Vol. 34 , No. 4 , 1993.

Carolyn M. Tennessen, Bernadine Cimprich, "Views to Nature: Effects on Attention", *Journal of Environmental Psychology*, Vol. 15 , No. 1 , 1995.

Changuklee C. , Allen L, "Understanding Individuals' Attachment to Selected Destinations: An Application of Place Attachment", *Tourism Analysis*, Vol. 4 , No. 3 − 4 , 1999.

Charmaz K. , *Constructing Grounded Theory: A Practical Guide Through Qualitative Research*, London: Sage. 2006.

Chen C. F. , Chen F. S. , "Experience Quality, Perceived Value, Satisfaction and Behavioral Intentions for Heritage Tourists", *Tourism Management*, Vol. 31 , No. 1 , 2010.

Chen C. F. , Phou S. , "A Closer Look at Destination: Image, Personality, Relationship and Loyalty", *Tourism Management*, Vol. 36 , 2013.

Chen C. F. , Tsai D. , "How Destination Image and Evaluative fFactors Affect Behavioral Intentions?", *Tourism Management*, Vol. 28 , No. 4 , 2007.

Churchill Jr G. A. , "A Paradigm for Developing Better Measures of Marketing Constructs", *Journal of Marketing Research*, Vol. 16 , No. 1 , 1979.

Cohen S. , Cohen E. , "New Directions in the Sociology of Tourism", *Current Issues in Tourism*, Vol. 22 , No. 1 , 2012.

Coles T. , Hall M. , "Editorial: The Geography of Tourism is Dead.

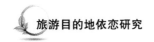

Long Live Geographies of Tourism and Mobility", *Current Issues in Tourism*, Vol. 9, No. 4 – 5, 2006.

Crawshaw C., Urry J., "Tourism and the Photographic Eye", *Touring cultures: Transformations of travel and theory*, 1997.

Crompton J. L., "An Assessment of the Image of Mexico as a Vacation Destination and the Influence of Geographical Location Upon that Image", *Journal of Travel Research*, Vol. 17, No. 4, 1979.

Dallago L., et al., "Adolescent Place Attachment, Social Capital, and Perceived Safety: A Comparison of 13 Countries", *American Journal of Community Psychology*, Vol. 44, No. 1 – 2, 2009.

Dall' Olmo Riley F., De Chernatony L., "The Service Brand as Relationships Builder", *British Journal of Management*, Vol. 11, No. 2, 2000.

Dann G. M., "Tourists' Images of a Destination – An Alternative Analysis", *Journal of Travel & Tourism Marketing*, Vol. 5, No. 1 – 2, 1996.

Davidson J., et al., "Introduction: Geography's Emotional Turn", *Emotional Geographies*, Burlington VT and Aldershot: Ashgate, 2005.

Devine – Wright P., Howes Y., "Disruption to Place Attachment and the Protection of Restorative Environments: A Wind Energy Case Study", *Journal of Environmental Psychology*, Vol. 30, No. 3, 2010.

Dixon J., Durrheim K., "Dislocating Identity: Desegregation and the Transformation of Place", *Journal of Environmental Psychology*, Vol. 24, No. 4, 2004.

Echtner C. M., Ritchie J. B., "The Measurement of Destination Image: An Empirical Assessment", *Journal of Travel Research*, Vol. 31, No. 4, 1993.

Ekinci Y., Hosany S., "Destination Personality: An Application of Brand Personality to Tourism Destinations", *Journal of Travel Research*, Vol. 45, No. 2, 2006.

Ekinci Y., "From Destination Image to Destination Branding: An Emerging Area of Research", *E – review of Tourism Research*, Vol. 1, No. 2,

2003.

Embacher J. , Buttle F. , "A Repertory Grid Analysis of Austria's Image as a Summer Vacation Destination", *Journal of Travel Research*, Vol. 27, No. 3, 1989.

Farh J. L. , et al. , "Approaches to Scale Development in Chinese Management Research", *Management and Organization Review*, Vol. 2, No. 3, 2006.

Fishbein M. , Ajzen I. , *Belief, Attitude, Intention and Behavior: An Introduction to Theory and Research Reading*, MA: Addison – Wesley, 1975.

Forgas – Coll S. , et al. , "Urban Destination Loyalty Drivers and Cross – national Moderator Effects: The Case of Barcelona", *Tourism Management*, Vol. 33, No. 6, 2012.

Fornell C. , Larcker D. F. , "Evaluating Structural Equation Models with Unobservable Variables and Measurement Error", *Journal of Marketing Research*, 1981.

Fornell C. , Larcker D. F. , "Structural Equation Models with Unobservable Variables and Measurement Error: Algebra and Statistics", *Journal of Marketing Research*, Vol. 18, No. 3, 1981.

Galliano S. J. , Loeffler G. M. , *Place Assessment: How People Define Ecosystems*, Portland, OR: US Department of Agriculture, Forest Service, Pacific Northwest Research Station, 1999.

Gartner W. C. , "Image Formation Process", *Journal of Travel & Tourism Marketing*, Vol. 2, No. 2 – 3, 1994.

Garvin D. A. , "Quality on the Line", *Harvard Business Review*, Vol. 61, No. 5, 1983.

George B. P. , "Past Visits and the Intention to Revisit a Destination: Place Attachment as the Mediator and Novelty Seeking as the Moderator", *Journal of Tourism Studies*, Vol. 15, No. 2, 2004.

Gieling J. , Haartsen T. , "Liveable villages: The Relationship between

Volunteering and Kiveability in the Perceptions of Rural Residents", *Sociologia Ruralis*, 2016.

Gorsuch R. L. , *Factors Analysis. 2nd ed.* , NJ: Lawrence Earlbaum Associates, 1983.

Gross M. J. , Brown G. , "An Empirical Structural Model of Tourists and Places: Progressing Involvement and Place Attachment into Tourism", *Tourism Management*, Vol. 29, No. 6, 2008.

Gu H. , Ryan C. , "Place Attachment, Identity and Community Impacts of Tourism—the Case of a Beijing Hutong", *Tourism Management*, Vol. 29, No. 4, 2008.

Gupta A. , Ferguson J. , *Culture, Power, Place: Explorations in Critical Anthropology*, Duke University Press, 1997.

Gustafson P. , "Place Attachment and Mobility", *Multiple dwelling and tourism: Negotiating place, home and identity*, 2006.

Hair J. F. , et al. , *Multivariate data analysis*, New Jersey: Pearson Prentice Hall Upper Saddle River, NJ, 2006.

Halpenny E. A. : Environmental Behaviour, Place Attachment and Park Visitation: A Case Study of Visitors to Point Pelee National Park, Ph. D. dissertation, University of Waterloo, 2006.

Hammitt W. E. , et al. , "Place Bonding for Recreation Places: Conceptual and Empirical Development", *Leisure Studies*, Vol. 25, No. 1, 2006.

Hammitt W. E. , Cole D. N. , *Wildland Recreation: Ecology and Management*, New York, NY: John Wiley, 1998.

Hausman A. , Bagozzi R. P. , "The Role of Social and Self – conscious Emotions in the Regulation of Business – to – business Relationships in Salesperson – customer Interactions", *Journal of Business & Industrial Marketing*, Vol. 21, No. 7, 2006.

Hay R. , "Sense of Place in Developmental Context", *Journal of Environmental Psychology*, Vol. 18, No. 1, 1998.

Hinds J. , Sparks P. , "Engaging with the Natural Environment: The role of Affective Connection and Identity", *Journal of Environmental Psychology*, Vol. 28, No. 2, 2008.

Hiscock J. , "Most Trusted Brands", *Marketing*, Vol. 1, No. 3, 2001.

Hosany S. , Ekinci Y. , Uysal M. , "Destination Image and Destination Personality", *International Journal of Culture, Tourism and Hospitality Research*, Vol. 1, No. 1, 2007.

Hou J. S. , et al. , "Antecedents of Attachment to a Cultural Tourism Destination: The Case of Hakka and Non – Hakka Taiwanese Visitors to Pei – pu, Taiwan", *Journal of Travel Research*, Vol. 44, No. 2, 2005.

Hummon D. , "Community Attachment—Local Sentiment and sense of Place", *Human Behavior & Environment Advances in Theory & Research*, No. 12, 1992.

Jeannerod M. , *Motor cognition: What Actions Tell the Self*, Oxford: Oxford University Press, 2006.

Johnston R. J. , Entrikin J. N. , "The Betweenness of Place: Towards a Geography of Modernity", *Transactions of the Institute of British Geographers*, Vol. 17, No. 4, 1992.

Jorgensen B. S. , Stedman R. C. , "Sense of Place as an Attitude: Lakeshore Owners Attitudes toward Their Properties", *Journal of Environmental Psychology*, Vol. 21, No. 3, 2001.

Kalevi M. Korpela K. , "Restorative Experience and Self – Regulation in Favorite Places", *Environment and Behavior*, Vol. 33, No. 4, 2001.

Kals E. , et al. , "Emotional Affinity toward Nature as a Motivational Basis to Protect Nature", *Environment and Behavior*, Vol. 31, No. 2, 1999.

Kals E. , Maes J. , "Sustainable Development and Emotions", In P. Schmuck & W. Schultz, *Psychology of Sustainable Development*, Norwell, MA: Kluwer, 2002.

Kaltenborn B. P., Bjerke T., "Associations between Landscape Preferences and Place Attachment: A Study in Røros, Southern Norway", *Landscape Research*, Vol. 27, No. 4, 2002.

Kaltenborn B. P., Williams D. R., "The Meaning of Place: Attachments to Femundsmarka National Park, Norway, among Tourists and Locals", *Norsk Geografisk Tidsskrift*, Vol. 56, No. 3, 2002.

Kaltenborn B. P., "Recreation Homes in Natural Settings: Factors Affecting Place Attachment", *Norsk Geografisk Tidsskrift – Norwegian Journal of Geography*, Vol. 51, No. 4, 1997.

Kaplan S., A Model of Person – environment Compatibility, Environment and Behavior, Vol 15, No. 3, 1983.

Kasarda J. D., Janowitz M., "Community Attachment in Mass Society", *American Sociological Review*, Vol. 39, No. 3, 1974.

Kelly G., Hosking K., "Nonpermanent Residents, Place Attachment, and 'Sea Change' Communities", *Environment and Behavior*, Vol. 40, No. 4, 2008.

Knez I., "Attachment and Identity as Related to a Place and its Perceived Climate", *Journal of Environmental Psychology*, Vol. 25, No. 2, 2005.

Konecnik M., Gartner W. C., "Customer – based Brand Equity for a Destination", *Annals of Tourism Research*, Vol. 34, No. 2, 2007.

Korpela K. M., "Place – identity as a Product of Environmental Self – regulation", *Journal of Environmental Psychology*, Vol. 9, No. 3, 1989.

Kristof A. L., "Person – organization Fit: An Integrative Review of its Conceptualizations, Measurement, and Implications", *Personnel Psychology*, Vol. 49, No. 1, 1996.

Kyle G. T., et al., "Linking Place Preferences with Place Meaning: An Examination of the Relationship between Place Motivation and Place Attachment", *Journal of Environmental Psychology*, Vol. 24, No. 4, 2004.

Kyle G., Chick G., "The Social Construction of a Sense of Place",

Leisure Sciences, Vol. 29, No. 3, 2007.

Kyle G. , et al. , "An Examination of the Relationship between Leisure Activity Involvement and Place Attachment among Hikers along the Appalachian Trail", *Journal of Leisure Research*, Vol. 35, No. 3, 2003.

Kyle G. , et al. , "Effect of Activity Involvement and Place Attachment on Recreationists' Perceptions of Setting Density", *Journal of Leisure Research*, Vol. 36, No. 2, 2004.

Kyle G. , et al. , "Effects of Place Attachment on Users' Perceptions of Social and Environmental Conditions in a Natural Setting", *Journal of Environmental Psychology*, Vol. 24, No. 2, 2004.

Kyle G. , et al. , "Testing the Dimensionality of Place Attachment in Recreational Settings", *Environment and Behavior*, Vol. 37, No. 2, 2005.

Lee J. , et al. , "Examining the Antecedents of Destination Loyalty in a Forest Setting", *Leisure Sciences*, Vol. 29, No. 5, 2007.

Lee T. H. , et al. , "Conceptualizing and Measuring Environmentally Responsible Behaviors from The Perspective of Community – Based Tourists", *Tourism Management*, No. 36, 2013.

Lee T. H. , Shen Y. L. , "The Influence of Leisure Involvement and Place Attachment on Destination Loyalty: Evidence from Recreationists Walking their Dogs in Urban Parks", *Journal of Environmental Psychology*, No. 33, 2013.

Lee, C. C. , "Predicting Tourist Attachment to Destinations", *Annals of Tourism Research*, Vol. 28, No. 1, 2001.

Lewicka M. , "Place Attachment: How Far have We Come in the Last 40 Years?", *Journal of Environmental Psychology*, Vol. 31, No. 3, 2011.

Lewicka M. , "Ways to Make People Active: The Role of Place Attachment, Cultural Capital, and Neighborhood Ties", *Journal of Environmental Psychology*, Vol. 25, No. 4, 2005.

Llosa S. , et al. , "An Empirical Study of Servqual's Dimensionality", *Service Industries Journal*, Vol. 18, No. 2, 1998.

Low S. M., Altman J., *Place Attachment*: *A Conceptual Inquiry*, Place attachemnt. New York: Plenum. 1992.

Low S. M., *Symbolic Ties that Bind*, Place attachment. New York: Plenum, 1992.

Lu W., Stepchenkova S., "Ecotourism Experiences Reported Online: Classification of Satisfaction Attributes", *Tourism Management*, Vol. 33, No. 3, 2012.

Lynch K., *The image of the city*, Cambridge, MA: MIT press, 1960.

Martin H. S., Bosque I., "Exploring the Cognitive – affective Nature of Destination Image and the Role of Psychological Factors in its Forma-tion", *Tourism Management*, Vol. 29, No. 2, 2008.

Marvin R., et al., "The Circle of Security project: Attachment – based Intervention with Caregiver – pre – school Child Dyads", *Attachment & Human Development*, Vol. 4, No. 1, 2002.

Mathieu J. E., Farr J. L., "Further Evidence for the Discriminant Validity of Measures of Organizational Commitment, Job Involvement, and Job Satisfaction", *Journal of Applied Psychology*, Vol. 76, No. 1, 1991.

Moore R. L., Graefe A. R., "Attachments to Recreation Settings: The Case of Rail – trail Users", *Leisure Sciences*, Vol. 16, No. 1, 1994.

Moore R. L., Scott D., "Place Attachment and Context: Comparing a Park and a Trail Within", *Forest Science*, Vol. 49, No. 6, 2003.

Morgan P., "Towards a Developmental Theory of Place Attachment", *Journal of Environmental Psychology*, Vol. 30, No. 1, 2010.

Munar A. M., Jacobsen J., "Motivations for Sharing Tourism Experi-ences through Social Media", *Tourism Management*, Vol. 43, 2014.

Murphy P., et al., "The Destination Product and its Impact on Travel-ler Perceptions", *Tourism Management*, Vol. 21, No. 1, 2000.

Nunnally J. C., "Psychometric Theory", *American Educational Re-search Journal*, Vol. 5, No. 3, 1978.

Nunnally J., Bernstein I., *Psychological Theory* (3rd, ed.) New

York: McGraw – Hill, 1994.

Oliver R. L. , "A Cognitive Model of the Antecedents and Conse-quences of Satisfaction Decisions", *Journal of Marketing Research*, Vol. 17, No. 4, 1980.

Oliver R. L. , "Whence Consumer Loyalty? " *The Journal of Market-ing*, 1999.

Pandit, "The Creation of Theory: A Recent Application of the Grouded theory Method", *The Qualitative Report*, No. 2, 1996.

Papathanassis A. , Knolle F. , "Exploring the Adoption and Processing of Online Holiday Reviews: A Grounded Theory Approach", *Tourism Man-agement*, Vol. 32, No. 2, 2011.

Park C. W. , MacInnis D. J. , Priester J. R. , "Beyond Attitudes: At-tachment and Consumer Behavior", Seoul National Journal, Vol. 12, No. 2, 2006.

Pike S. , et al. , "Visitor Relationship Orientation of Destination Mar-keting Organizations", *Journal of Travel Research*, Vol. 50, No. 4, 2011.

Pike S. , "Destination Image Analysis—a Review of 142 papers from 1973 to 2000", *Tourism Management*, Vol. 23, No. 5, 2002.

Pizam A. , et al. , "The Intensity of Tourist – host Social Relationship and its Effects on Satisfaction and Change of Attitudes: The Case of Working Tourists in Israel", *Tourism Management*, Vol. 21, No. 4, 2000.

Porteous J. D. , "Home: The Territorial Core", *Geographical Review*, Vol. 66, No. 4, 1976.

Prayag G. , Ryan C. , "Antecedents of Tourists' Loyalty to Mauritius: The Role and Influence of Destination Image, Place Attachment, Personal Involvement, and Satisfaction", *Journal of Travel Research*, Vol. 51, No. 3, 2012.

Proshansky H. M. , et al. , "Place – identity: Physical World Sociali-zation of the Self", *Journal of Environmental Psychology*, Vol. 3, No. 1, 1983.

Proshansky H. M., "The City and Self - identity", *Environment and Behavior*, *Vol. 10*, *No. 2*, *1978*.

Ramkissoon H., et al., "Testing the Dimensionality of Place Attachment and its Relationships with Place Satisfaction and Pro - environmental Behaviours: A Structural Equation Modelling Approach", *Tourism Management*, No. 36, 2013.

Ramkissoon H., et al., "Place Attachment and Pro - environmental Behaviour in National Parks: The Development of a Conceptual Framework", *Journal of Sustainable Tourism*, Vol. 20, No. 2, 2012.

Reis H. T., Judd C. M., *Handbook of Research Methods in Social and Personality Psychology*, UK: Cambridge University Press, 2000.

Relph E., *Place and Placelessness*, London: Pion, 1976.

Rezende - Parker A. M., et al., "Dazed and Confused? An Exploratory Study of the Image of Brazil as a Travel Destination", *Journal of Vacation Marketing*, Vol. 9, No. 3, 2003.

Riger S., Lavrakas P. J., "Community Ties: Patterns of Attachment and Social Interaction in Urban Neighborhoods", *American Journal of Community Psychology*, Vol. 9, No. 1, 1981.

Ross G. F., "Tourist Destination Images of the Wet Tropical Rainforests of North Queensland", *Australian Psychologist*, Vol. 26, No. 3, 1991.

Sampson K. A., Goodrich C. G., "Making Place: Identity Construction and Community Formation through 'Sense of Place' in Westland, New Zealand", *Society and Natural Resources*, Vol. 22, No. 10, 2009.

San Martín H., Del Bosque I., "Exploring the Cognitive - affective Nature of Destination Image and the Role of Psychological Factors in its Formation", *Tourism Management*, Vol. 29, No. 2, 2008.

Sarason S. B., *The Psychological Sense of Community: Prospects for a Community Psychology*, Jossey - Bass, 1974.

Saunders R. E., et al., "Personal transformation through Long - distance Walking", *Tourist Experience and Fulfilment: Insights from Positive*

Psychology, 2013.

Scannell L. , Gifford R. , "Defining Place Attachment: A Tripartite Organizing Framework", *Journal of Environmental Psychology*, Vol. 30, No. 1, 2010.

Schultz S. E. , et al. , " 'These are a few of my Favorite Things' : Toward an Explication of Attachment as a Consumer behavior construct", *Advances in Consumer Research*, Vol. 16, No. 1, 1989.

Seamon D. , "Body – subject, Time – space routines, and Place – ballets", *The Human Experience of Space and Place*, 1980.

Shamai S. , Ilatov Z. , "Measuring Sense of Place: Methodological Aspects", *Tijdschrift Voor Economische en Sociale Geografie*, Vol. 96, No. 5, 2005.

Shamai S. , "Sense of place: An Empirical Measurement", *Geoforum*, Vol. 22, No. 3, 1991.

Shumaker S. A. , Taylor R. B. , "Toward a Clarification of People – place Relationships: A Model of Attachment to Place", *Environmental Psychology: Directions and Perspectives*, 1983.

Smaldone D. , et al. , "An Exploration of Place as a Process: The Case of Jackson Hole, WY", *Journal of Environmental Psychology*, Vol. 25, No. 4, 2005.

Stedman R. C. , "Is it Really Just a Social Construction? The Contribution of the Physical Environment to Sense of Place", *Society & Natural Resources*, Vol. 16, No. 8, 2003.

Stedman R. C. , "Sense of Place and Forest Science: Toward a Program of Quantitative Research", *Forest Science*, Vol. 49, No. 6, 2003.

Stedman R. , et al. , "A Picture and 1000 Words: Using Resident – employed Photography to Understand Attachment to High Amenity Places", *Journal of Leisure Research*, Vol. 36, No. 4, 2004.

Stedman, R. C. , "Understanding Place Attachment Among Second Home Owners", *American Behavioral Scientist*, Vol. 50, No. 2, 2006.

Stephen Kaplan，"A Model of Person – Environment Compatibility"，*Environment and Behavior*，Vol. 15，No. 3，1983.

Stevens S. S.，"Measurement，Statistics，and the Schemapiric View"，*Science*，Vol. 161，No. 3844，1968.

Stoeckl R.，et al.，"Motivations to Produce User Generated Content：Differences between Webloggers and Videobloggers"，in Proceedings of the 20th Bled eConference，2007.

Strauss A.，Corbin J. M.，*Basics of Qualitative Research：Grounded theory Procedures and Techniques*，New Bury Park，CA：Sage Publications，1990.

Tasci A. D.，et al.，"Conceptualization and Operationalization of Destination Image"，*Journal of Hospitality & Tourism Research*，Vol. 31，No. 2，2007.

Taylor R. B.，et al.，"Neighborhood Naming as an Index of Attachment to Place"，*Population and Environment*，Vol. 7，No. 2，1984.

Tennessen C. M.，Cimprich B.，"Views to Nature：Effeets on Attention"，*Joumal of Environmental Psychology*，Vol. 15，Vol. 1，1995.

Thomson M.，et al.，"The Ties That Bind：Measuring the Strength of Consumers' Emotional Attachments to Brands"，*Journal of Consumer Psychology*，Vol. 15，No. 1，2005.

Tonge J.，et al.，"The Relation between Place Attachment and Management Preferences of Visitors at Remote Coastal Campsites in Western Australia"，*Visitor Studies*，Vol. 16，No. 1，2013.

Trauer B.，Ryan C.，"Destination Image，Romance and Place Experience—An Application of Intimacy Theory in Tourism"，*Tourism Management*，Vol. 26，No. 4，2005.

Tribe J.，Snaith T.，"From SEVQUAL to HOLSAT：Holiday Satisfaction in Varadero，Cuba"，*Tourism Management*，Vol. 19，No. 1，1998.

Trinke S. J.，Bartholomew K.，"Hierarchies of Attachment Relationships in Young Adulthood"，*Journal of Social and Personal Relationships*，

Vol. 14, No. 5, 1997.

Tsaur S. H., et al., "Conceptualization and Measurement of the Recreationist – environment fit", *Journal of Leisure Research*, Vol. 44, No. 1, 2012.

Tsaur S. H., et al., "Recreationist – environment fit and Place Attachment", *Journal of Environmental Psychology*, No. 40, 2014.

Tuan Y. F., Topophilia: *A Study of Environmental Perception, Attitudes and Values*, Englewood Cliffs NJ: Prentice – Hall Inc., 1974.

Tuan Y. F., "Place: An Experiential Perspective", *Geographical Review*, 1975.

Tuan Y. F., "Rootedness Versus Sense of Place", *Landscape*, Vol. 24, No. 1, 1980.

Um S., Crompton J. L.. "Measuring Resident's Attachment Levels in a Host Community", *Journal of Travel Research*, Vol. 26, No. 1, 1987.

Urry J., *The Tourist Gaze*, London: Sage, 2002.

Usakli A., Baloglu S., "Brand Personality of Tourist Destinations: An Application of Self – congruity Theory", *Tourism Management*, Vol. 32, No. 1, 2011.

Van Patten S. R., Williams D. R., "Problems in Place: Using Discursive Social Psychology to Investigate the Meanings of Seasonal Homes", *Leisure Sciences*, Vol. 30, No. 5, 2008.

Vermeulen I. E., Seegers D., "Tried and Tested: The Impact of Online Hotel Reviews on Consumer Consideration", *Tourism Management*, Vol. 30, No. 1, 2009.

Volo S., "Bloggers' Reported Tourist Experiences: Their Utility as a Tourism Data Source and Their Effect on Prospective Tourists", *Journal of Vacation Marketing*, Vol. 16, No. 4, 2010.

Walker A. J., Ryan R. L., "Place Attachment and Landscape Preservation in Rural New England: A Maine Case Study", *Landscape and Urban Planning*, Vol. 86, No. 2, 2008.

Wearing B. M. , Wearing S. L. . "Refocussing the Tourist Experience: The Flaneur and the Choraster", *Leisure Studies*, Vol. 15, No. 4, 1996.

Whipple T. W. , Thach S. V. , "Group Tour Management: Does Good Service Produce Satisfied Customers?", *Journal of Travel Research*, Vol. 27, No. 2, 1988.

Williams D. R. , et al. , "Beyond the Commodity Metaphor: Examining Emotional and Symbolic Attachment to Place", *Leisure Sciences*, Vol. 14, No. 1, 1992.

Williams D. R. , Roggenbuck J. W. , "Measuring Place Attachment: Some Preliminary Results", in *Leisure Research Symposium. Arlington*, VA: National Recreation and Park Association, 1989.

Williams D. R. , Vaske J. J. , "The Measurement of Place Attachment: Validity and Generalizability of a Psychometric Approach", *Forest Science*, Vol. 49, No. 6, 2003.

Wilson A. , et al. , "Hospitality and Travel: The Nature and Implications of User – generated Content", *Cornell Hospitality Quarterly*, Vol. 53, No. 3, 2012.

Wu M. Y. , Pearce P. L. , "Chinese Recreational Vehicle Users in Australia: A Netnographic Study of Tourist Motivation", *Tourism Management*, Vol. 43, No. 8, 2014.

Yang Y. , Galyak J. , "Sentimental Value and its Influence on Hedonic Adaptation", *Journal of Personality & Social Psychology*, Vol. 109, No. 5, 2015.

Yoo K. H. , Gretzel U. , "Influence of Personality on Travel – related Consumer – generated Media Creation", *Computers in Human Behavior*, Vol. 27, No. 2, 2011.

Yoon Y. , Uysal M. , "An Examination of the Effects of Motivation and Satisfaction on Destination Loyalty: A Structural Model", *Tourism Management*, Vol. 26, No. 1, 2003.

Yuksel A. , et al. , "Destination Attachment: Effects on Customer Satisfaction and Cognitive, Affective and Conative Loyalty", *Tourism Management*, Vol. 31, No. 2, 2010

Zeithaml V. A. , "Consumer Perceptions of Price, Quality, and Value: A Means – end Model and Synthesis of Evidence", *Journal of Marketing*, 1988.

Zia A. , Norton B. G. , Metcalf S. S. , et al. , "Spatial Discounting, Place Attachment, and Environmental Concern: Toward an Ambit – based Theory of Sense of Place", *Journal of Environmental Psychology*, No. 40, 2014.

后　记

　　回头想来，博士毕业已经整整 5 年，可是当时上学的情景还历历在目。有时候自己会想，攻读博士学位这段学习经历最重要的意义是什么？当然，发表了几篇论文、完成学业、拿到学位，除这些显现的结果外，这段经历最可贵的价值应该在于促进我个人成长方面的内在作用。就如同这篇论文中所探讨的目的地依恋这一主题，求学进步的动机让我们离开家来到了异地空间，在一次次来回的穿梭行走中不仅仅是丰富了个人履历表上的名目，更是收获了华丽丰满的意义，所到的城市也因为我们的流动以及感悟而被赋予了独特的价值。记得 2012 年刚踏进厦门大学的校门时，被这所美丽的校园所吸引，我的心情就如那火红的凤凰花一样无比激动。一路走来，有紧张、有彷徨，也有欢乐、有感动。走到今天要感谢太多的人，在此表示由衷的感谢。

　　感谢我的博士生导师林德荣教授，感谢他在做学问、做人和做事方面给予我的谆谆教诲和无私帮助。林老师不仅治学严谨，而且平易近人，温文尔雅。常记得我们师门同学围坐在老师的周围，喝着茶、吃着甜点一起交流问题，在宽松和谐的氛围中碰撞出学术思想的火花，有时我们会讨论得热火朝天，也会争论得面红耳赤，还会因为成功处理完难题而开怀大笑，这些场景都成为我美好的记忆。正是林老师的循循善诱，让我们紧张的学习生活充满阳光；也正是林老师的谆谆教诲，让我们有足够的勇气迎接学术上的挑战。本研究的选题也是受到林老师的启发和点拨。在研究过程中，林老师多次与我商讨论文的框架和研究方法，让我能够顺利完成论文写作。这份师生情谊铭记我心，终生难忘。唯有秉承老师思想，继续努力，才能报答恩师的教诲。

后　记

　　感谢我的硕士导师山东大学旅游管理系王德刚教授多年以来在学术成长、人生规划等重大事件方面给予的鼎力支持；感谢厦门大学旅游与酒店管理系的黄福才、林璧属、张进福、黄海玉等老师在研究进展中的中肯评价和指点；还要感谢管理学院的其他老师们，他们的传道、授业、解惑让我受益匪浅；在数据处理阶段还得到了美籍教师Maxwell 教授对我的无私帮助；感谢我的同门，感谢你们问卷调查和论文写作中给予我的倾力帮助。三年的时光，正是有你们的陪伴，才让我的求学时光如此充盈。最后要感谢家人对我的全力支持和鼓励；感谢父母帮我照顾孩子，让我有足够的时间投入学习中；感谢我的爱人，承担起了照顾家庭和孩子的重任，鼓励我继续读书；感谢我可爱的孩子们，他们天真可爱的笑脸不仅帮我驱散了疲惫，也让我更加明白努力坚持的意义。还有很多人在我成长的关键点给了我太多的鼓励和支持，在此不再一一列举。这一切我铭记于心。

　　本书的顺利出版得益于一个偶然的机会，让我又可以把自己的论文进行全面梳理，感谢单位同事以及出版社编辑的全力支持。

　　再次向您们表示衷心的感谢！